Grün in München

PLÄTZE, PARKS UND PARADIESE

Jakob Kachelmann
Claus Obermeier

Grün in München

PLÄTZE, PARKS UND PARADIESE

Buchendorfer Verlag München

Die Autoren

Jakob Kachelmann

* 1968, studierte Garten- und Lanschaftsarchitektur. Seit 1998 verschiedene (Forschungs-) Tätigkeiten im Bereich des Garten- und Landschaftsbaus und der Gartendenkmalpflege.

Claus Obermeier

* 1971, studierte Geographie. Heute geschäftsführender Vorstand der Gregor Louisoder Umweltstiftung und seit vielen Jahren engagiert im Naturschutz. Autor zahlreicher Fachbeiträge und Bücher.

Willibald Karl

* 1944, studierte Geschichte, Germanistik und Geographie. 1984 – 2004 Stadtbereichsleiter Ost an der Münchner Volkshochschule. Autor von Stadtteilbüchern u. a.

Lioba Betten

Gestaltung und Satz: Atelier Langenfass, Ismaning

Druck und Bindung: Mediengruppe Holtz, Neudrossenfeld

ISBN 3-934036-64-3

www.buchendorfer-verlag.de

Inhalt

Grußwort

München ist weltbekannt für seine besondere Lebensqualität. Diese beruht nicht nur auf der guten Erreichbarkeit der Berge und Seen, sondern auch auf dem großzügigen Grünangebot innerhalb der Stadt. Plätze, Parks, Gärten und Grünanlagen bieten den erholungssuchenden Münchnerinnen und Münchnern ein attraktives Freizeitangebot.

Das Buch „Grün in München“ stellt auf qualitativ hochwertigen Farbfotos und in einführenden Texten die kleinen und großen „grünen Paradiese“ vor. Die Isar als naturnahen Erholungsraum in bester Stadtlage, die von den bayerischen Kurfürsten und Königen errichteten Parkanlagen Nymphenburg und den Englischen Garten, aber auch Plätze, Gärten, Spielplätze und Friedhöfe.

Das Grün ist ein wichtiger Faktor für die Attraktivität Münchens nicht zuletzt auch als prosperierender Wirtschaftsstandort.

Ein Spaziergang an der frischen Luft, das Erlebnis von Naturräumen wie Fluss, Wald und Heide, das Beobachten von Pflanzen und Tieren ist für viele der Inbegriff von Freizeit und Erholung. Aber es geht auch um den Erhalt ökologischer Lebensräume für Tiere und Pflanzen und standorttypischer Naturschutzgebiete. Deshalb ist es das Ziel städtischer Umweltpolitik, die vorhandenen Grünflächen und Freiräume der Stadt auf Dauer zu sichern. Darüber hinaus soll durch grüne Verbindungsachsen ein Netz von Grünzügen geschaffen werden. Wir wollen die grünen Paradiese Münchens auch für die nächsten Generationen erhalten. Die Beschäftigung mit diesem Buch soll dazu beitragen.

Die übersichtliche Einteilung in die fünf Obergruppen Ost, Süd, West, Nord und Innenstadt sowie in Bezirke und Stadtteile erleichtert die Orientierung zu den vorgestellten Grünflächen. Die Wahl des nächsten Spaziergangs macht viel Spaß und wird leicht gemacht.

Ich wünsche allen Leserinnen und Lesern viel Freude mit diesem äußerst informativen und anregenden Buch über das grüne München!

Hep Monatzeder
Bürgermeister der Landeshauptstadt München

Hep Monatzeder

„Ein Garten sei die Erde den Menschen"

nach Genesis 2.8 – 17

EINLEITUNG

Der Garten, das Eingezäunte, Ein-Gefriedete, der Paradiesgarten östlich von Eden, der „Garten Eden", ist der ideale Ort, an dem ein Zustand der Vollkommenheit des Menschen gegeben war und wieder erreicht werden wird.

Diese Idealvorstellung – „ein Leben wie im Paradies" – von einem Ort, in dem sowohl der Baum des Lebens als auch der Baum der Erkenntnis von Gut und Böse wächst, ist eine mythische Grundvorstellung unseres Kulturkreises. Die vier Flüsse des Paradieses, Pison, Gichon, Tigris und Euphrat, weisen auf die geographische Lage und die historische Wiege dieser Kultur hin: Das Zwischenstromland, Mesopotamien, der heutige Irak. Dort in Babylonien liegen auch die „Hängenden Gärten der Semiramis", eines der antiken Sieben Weltwunder.

Die orientalischen Mythen haben über das Römische Weltreich und das Christentum Eingang in die europäische Kulturtradition gefunden, so über die symbolträchtige Ausformung von Klostergärten und über die herrschaftlichen Repräsentationsformen der Renaissance und des barocken Absolutismus.

München, knapp 500 Jahre lang die Hauptstadt des herzoglichen, kurfürstlichen, königlichen und republikanischen Bayern, ist heute berühmt für seine Gärten, Parks und Grünanlagen, nicht was ihre Ausdehnung anbelangt, wohl aber was ihre Qualität, ihre Vielfalt und ihre Pflege betrifft. Umso erstaunlicher ist es, dass das „Münchner Grün" noch keine umfassende wissenschaftliche Darstellung seiner Geschichte und Struktur gefunden hat, ganz zu schweigen von einem populären „Grün-Führer", der einer breiteren Öffentlichkeit die Schätze des Gartenbaus in Geschichte und Gegenwart ebenso aufschließt und nahe bringt, wie ein Architekturführer, Kunstführer oder allgemeiner Stadtführer. In diesen Letzteren ist von „Münchens Grün" – wenn überhaupt – auch nur am Rande die Rede.

Dem will diese Publikation abhelfen, indem sie einen fundierten Überblick über die wichtigsten Gärten und Parks und über nennenswerte oder beispielhafte Grünanlagen, Grünflächen und Naturräume gibt. Da sie ein breites Publikum und namentlich „den interessierten Laien" ansprechen will, verzichtet sie in der Regel auf die wissenschaftliche Fachsprache und auf Fußnoten und das Zitieren von Fachliteratur im Text. Vertiefende Lektüre und Zugang zu wissenschaftlichen Standardwerken und Spezialuntersuchungen vermittelt ein Literaturverzeichnis am Schluss dieses Buches.

BLICK IN DIE GESCHICHTE

Bis weit in die Neuzeit hinein sind Gärten und Parks Privilegien der Fürsten, des Adels, der hohen Geistlichkeit und des gehobenen Bürgertums. Die kleinen Gartenhöfe und Nutzgärten sind privat, die Kloster- und Institutsgärten sind exklusiv nur einem bestimmten Nutzerkreis vorbehalten. Die größte Anlage innerhalb der Stadt ist seit der Renaissance und dem Residenzneubau der Hofgarten, außerhalb der Stadtmauern seit dem Hochbarock ist es der Schlosspark von Nymphenburg. Dazu kommen im 18. Jahrhundert die Alleen zu den kurfürstlichen Jagdgebieten und Lustschlössern, zahlreiche Adelsgärten auf stadtnahen Landsitzen, bürgerliche Nutzgärten (Krautgärten, Hopfgärten) und andere Grünflächen (Blaichen, Holzgärten).

Eine neue Entwicklung beginnt mit dem Landschaftspark des Englischen Gartens und seiner

Öffnung für die Allgemeinheit in der Zeit der Französischen Revolution. Die Idee des Grafen Rumford wurde von den Gartenbaumeistern von Werneck und von Sckell weiter entwickelt.

Letzterer wurde von größter Bedeutung für die Stadtentwicklung Münchens nach Beseitigung der Befestigungsanlagen und Verfüllung der Stadtgräben. Auf ihn geht der Umbau des Schlossparks Nymphenburg und auch der Alte Botanische Garten zurück.

Die Verlagerung von Friedhöfen, Krankenhäusern, Sozialeinrichtungen, Bierkellern, Braustätten und anderen Industrieanlagen aus der Altstadt heraus schuf in den „Vorstädten“ neue, funktionale Grünbereiche: Nutzgärten und „Abstandsgrün“, Großfriedhöfe und Biergärten.

Das Jahrhundertprojekt der Isarregulierung schuf durch Dämme neue Grünbereiche, die bald nutzbringend angelegt wurden. Aus dem missglückten Projekt einer Pflanzung von Maulbeerbäumen für die Seidenraupenzucht entstand hier um 1840 die Stadtgärtnerei. Neben unmittelbarem wirtschaftlichen Nutzen trat immer mehr der Gesichtspunkt der Erholung in den Vordergrund. Ausschlaggebend für die zweite Hälfte des 19. Jahrhunderts war das explosionsartige Wachstum der Stadt mit seinen sozialen und hygienischen Problemen (Choleraepidemie 1854, Pettenkofer) und den städtebaulichen Auswirkungen (Wasserleitung, Kanalisation). In der Folge davon bildete sich ein neues Gesundheitsbewusstsein heraus, das den Nutzen frischer Luft und der Bewegung im Freien betonte, und das dann dem Sport, Schwimmen, Wandern, Bergsteigen, Radfahren, Schlittschuh- und Schifahren Bahn brach. Man fuhr mit der Eisenbahn oder dem Rad „in's Grüne“ oder holte sich neues privates oder sozial nutzbares Grün in die wuchernde Großstadt: Den „Schrebergarten“, die Freibäder entlang der Isar, die Stadtbäche oder den Nymphenburg-Biedersteiner-Kanal, Sportanlagen, ja schließlich „Gartenstädte“ in der Stadt nach englischem Vorbild.

Die Stadterweiterung auf der östlichen Isarseite mit der Eingemeindung (1854) von Giesing, der Au und Haidhausen schuf hier neue Isaranlagen und die Gründung der Stadtgärtnerei in den „Frühlingsanlagen“ (ab 1869). Auf Stadtgärtner Max Kolb geht die Ausstattung der bisher eintönigen Stadtplätze mit Schmuckbeeten und Rabatten zurück. Seit der Bestellung seines Nachfolgers (ab 1884) Jakob Heiler zum ersten Münchner Stadtgärtendirektor (1899) ist die Bedeutung des Gartenbaus für Gesundheit und soziales Leben der Stadt – mit Ausnahme von Stilfragen – unumstritten.

Die wichtigste Entscheidung für Münchens Grün aber war eine Entschließung des königlich bayerischen Innenministeriums aus dem Jahr

1898. In ihr wurde festgelegt, dass bei allen neu zu erstellenden Baulinien- und Flächennutzungsplänen fünf Prozent der Gesamtfläche als Grünanlagen oder Spielplätze auszuweisen und unentgeltlich an die Stadt abzutreten seien. Dies führte bei den großflächigen Projekten der Terraingesellschaften zur Freihaltung entsprechender Grundstücke, auf denen in der Folgezeit zahlreiche Stadtplätze – zum Teil in sehr einfacher Ausführung – entstanden. Der geometrische Gartenstil war vom landschaftlichen, „malerischen" und architektonischen Stil weitgehend abgelöst worden. Der gesamtkulturellen Entwicklung entsprechend entstanden um die Jahrhundertwende nicht nur die großen Münchner Regionalfriedhöfe, sondern auch viele gartenbauliche Mischformen, die im Luitpoldpark ihren entsprechenden Ausdruck fanden. Im Ersten Weltkrieg setzten notwendige Umnutzungen für Überlebenszwecke dieser Entwicklung ein vorläufiges Ende.

In der Folgezeit war für größere Park- und Gartenanlagen kein Geld vorhanden. Die Zwanziger und Dreißiger Jahre des letzten Jahrhunderts sind Jahrzehnte des Genossenschafts-Wohnungs- und Siedlungsbaus mit bescheidenen quartierbezogenen Grünplätzen.

Mit der Siedlung Neuharlaching entstand zwischen 1933 und 1936 auch der erste geschlossene Grünzug Münchens an der dortigen nacheiszeitlichen Geländeschwelle vom Hohen Weg bis zum Tiroler Platz, sowie die Grünanlagen Am Bienenkorb, Am Hollerbusch und Vollmarpark mit Verbindung zum Perlacher Forst. Andererseits wurden Naturbereiche mit Schwarzbauten und „wilden Siedlungen" durchsetzt, so dass der 1927 erstmals erstellte Münchner Grünflächenplan eine unbedingte Notwendigkeit darstellte.

NEUE STADTLANDSCHAFTEN

Der Zweite Weltkrieg wurde zum Ausgangspunkt der Neugestaltung der Münchner Stadtlandschaft, wenn auch zunächst Aufräumarbeiten und Wiederaufbau im Mittelpunkt standen. Die dabei entstehenden Schuttberge am Oberwiesenfeld, im Luitpoldpark und in Neuhofen, ja später auch die Mülldeponie zwischen Freimann und Fröttmaning, haben nicht nur das Relief Münchens mit neuen Merkmalen versehen, sondern die künstliche Reliefmodellierung auch zu einem wesentlichen Bestandteil der neueren Parkgestaltung in München gemacht.

Gegenüber dem Ringstraßensystem der „autogerechten Stadt" und den Trabantenstädten „im Grünen" entstehen ab Mitte der Sechziger Jahre in München neue große Parkanlagen zur Ausstattung „unterversorgter Stadtviertel" unter dem Stichwort Lebensqualität für eine stärkere Nutzbarkeit für Freizeit, Sport und Spiel. Den Anfang macht der Ostpark bei der Trabantenstadt Neuperlach (östlicher Teil 1965 bis 1975, Erweiterung nach Westen bis 1979).

Umfassend profitiert die ganze Stadt, aber vor allem der karge Münchner Norden, von der Olympiade 1972 mit dem Olympiapark auf dem Oberwiesenfeld und seinen spektakulären Sportstätten inmitten einer Kunstlandschaft, die sich ein ehemaliges Militär-, Bahn- und Flughafengelände, einen großen Schuttberg und den Nymphenburg-Biedersteiner-Kanal zunutze macht (Landschaftsarchitekt Günter Grzimek).

Wenige Jahre später folgt der als Landschaftspark für die Internationale Gartenbauausstellung (IGA) 1983 seit 1977 gebaute Westpark mit seinen Themengärten, Bauten und Freizeiteinrichtungen in einer Art durchgrüntem „Moränentrog" (Landschaftsarchitekt Peter Kluska). Den vorläufigen Endpunkt dieser Entwicklung markieren der neue Petuelpark mit seinen Skulpturen auf dem Tunnelbau über dem Mittleren Ring parallel zum Biedersteiner Kanal und der neue Landschaftspark Riem südlich der Messestadt, mit dem München die Besucherinnen und Besucher der Bundesgartenschau 2005 begrüßt.

„Münchens Grün" der letzten Generation ist getragen vom Bewusstsein schwindender Bodenresourcen und nachhaltiger Stadtentwicklung. Grünplanung ist zu einem Gütesiegel geworden. Darauf weisen nicht nur die Umgestaltung der Baggerseen im Münchner Norden zu einem Bade- und Freizeit-„Vierseenland", die Oberföhringer Isarinsel nach ihrer Befreiung von strittigem Baurecht und die Gestaltung der Außenanlagen der neuen Messe (Gartenarchitekt Hansjakob). Die Planungen für den alten Messepark und den Siemenspark, die Renaturierungsprojekte an der Würm, dem Hachinger Bach und vor allem an der Isar, die Herstellung durchgrünter Achsen und ihrer Verbindung mit Radwegen (z.B. Grünzug Ost, BUGA-Radl-Ring) zeigen auch in diese Richtung. Die Erhaltung der letzten natürlichen Grünbereiche – Magerwiesen, Tümpel, Moor- und Auengebiete mit noch vorhandener Pflanzen- und Tierwelt – innerhalb oder am Rand der Stadt ist vielen ein wichtiges Anliegen.

Den Menschen ist ihre grüne Umwelt wertvoller geworden: Sie kämpfen dafür in ihrem Stadtviertel, wie zum Beispiel für den Behr-Park in Berg am Laim oder den Bürgerpark in Oberföhring oder die noch so kleine und einfache Grünanlage mit Spielplatz in Wohnungsnähe.

Schwabing
Maxvorstadt
Englischer Garten
Lehel
Haidhausen
Au
Giesing
Bogenhausen
Herzogpark
Oberföhring
Hirschau
Parkstadt Bogenhausen
Arabellapark
Cosimapark
Fideliopark
Englschalking
Johanneskirchen
Denning
Daglfing
Zamdorf
Berg am Laim
Baumkirchen
Josephsburg
Ramersdorf
Perlach
Neuperlach Nord
Neuperlach Süd
Neuer Südfriedhof
Stadelheim
Neuharlaching
Fasangarten
Kustermannpark
Prinzregentenstr.
Leuchtenbergring
Innsbrucker Ring
Autobahn München-Salzburg (A8)
Chiemgaustr.
Ständlerstr.
Putzbrunner Str.
Bad-Schachener Str.
Heinrich-Wieland-Str.
Orleansplatz
Max-Weber-Pl.
Marienpl.
Odeonspl.
1
2
3
4
5
6
7
8
13
14
15
16
17
18
19
20
21
22
23
24
25
26
27
28

Münchner Osten

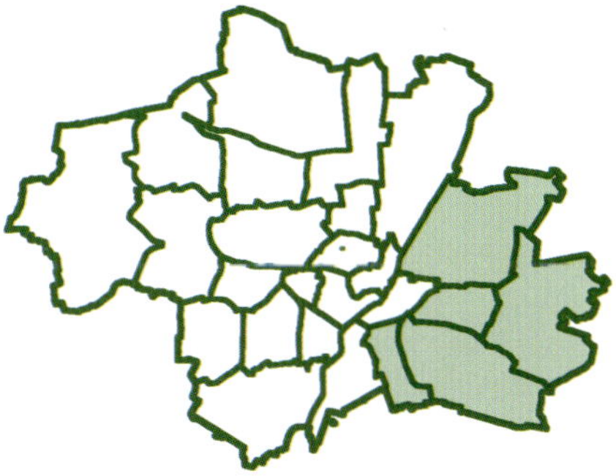

GRÜN IM OSTEN MÜNCHENS

1. Prinzregententerasse mit Friedensengel
2. Shakespeareplatz
3. Böhmerwaldplatz
4. Denninger Anger
5. Pachmayrplatz
6. Normannenplatz und Schlösselgarten
7. Wahnfriedallee
8. Rienziplatz und Tannhäuserplatz
9. Im Moosgrund / Hüllgraben
10. Riempark, Bundesgartenschau 2005 und Neue Messe München
11. Friedhof Riem
12. Friedenspromenade
13. Gnadenwaldplatz und Grünanlage am Zwieselbergweg
14. Truderinger Wald
15. Ostpark
16. Wohnring Neuperlach mit Theodor-Heuss- Platz
17. Perlachpark
18. Park an der „Mustersiedlung Ramersdorf"
19. Park an der Wilramstraße
20. Kustermannpark
21. Kaiserslauterner Platz
22. Park an der Bad Dürkheimer Straße
23. Grünstadter Platz
24. Neuer Südfriedhof
25. Ostfriedhof
26. Walchenseeplatz
27. Freizeitpark an der Setzberger Straße
28. Friedhof am Perlacher Forst

● Weitere Plätze im Osten

Von der Innenstadt gelangt man nur über mehr oder minder elegante und steile Zugänge in den Münchner Osten. Vom Giesinger Berg, Nockherberg, Gebsattelberg, Lilienberg, Rosenheimer Berg, Gasteig bis hin zum Bogenhauser Berg und zur Haidhauser- und Oberföhringer Kreppe, ist der Gasteig wohl der älteste Zugang, sind die Luitpoldterrassen am Friedensengel, wo sie die Maximiliansanlagen durchschneiden, der eleganteste Zugang. Die „östlichen Vorstädte“ sind mit Ausnahme des Leprosenspitals am Gasteig ja erst im Jahr 1854 Teil Münchens geworden.

Eine Tagebuchnotiz des späteren König Maximilian II. (1848–1864) vom Jahr 1832 überliefert den Plan, „auf der Isarhöhe bei München einen großen Nationalbau, einen Park, vielleicht einen neuen herrlichen Stadtteil mit ganz großen Quais anzulegen ...“ Mit dem Maximilianeum (ursprünglich „Athenäum“), den Gasteig- und Maximiliansanlagen samt königlichem Beamtentöchterstift in Neuberghausen/Bogenhausen wurde dies realisiert.

Die alten Ortskerne sind im Münchner Osten mit ihren ehemaligen Kirchen und Friedhöfen noch – zumindest in Resten – erhalten: Im Stadtbezirk 13 (Bogenhausen) mit Bogenhausen-St.-Georg, Oberföhring, Englschalking und Daglfing, im Stadtbezirk 14 (Berg am Laim) mit St.-Stephan-Baumkirchen, im 15. Stadtbezirk mit Kirchtrudering und Riem, im 16. Stadtbezirk mit Perlach-St.-Michael und St.-Maria-Ramersdorf und in Obergiesing (17. Stadtbezirk) mit einer Grünanlage mit Spielplatz bei Heilig-Kreuz und der Allee am zugehörigen Bergsteig.

Von großer nicht nur kulturgeschichtlicher Bedeutung sind hier die ausgedehnten Regionalfriedhöfe Ostfriedhof, Friedhof am Perlacher Forst und Neuer Südfriedhof mit ihrer positiven Auswirkung auf das Stadtklima, oder – wie das Ensemble von neuem und altem Riemer Friedhof – mit bemerkenswertem stadtplanerischem und künstlerischem Akzent.

Der Münchner Osten weist auch noch Straßendämme als Überbleibsel des alten Lehm- und Ziegellands und früherer Parks und Gärten (Herzogpark, Bürgermeistergarten, Odinshain) auf, und besitzt mit dem Truderinger Wald und dem Moosgrund größere zusammenhängende Naturlandschaften. Den Wert des Stadtgrüns bezeugen viele Quartiersnamen: Waldtrudering, Parkstadt, Herzog-, Arabella-, Cosima-, Fidelio-, Zamila- und Bürgerpark – auch wenn nicht alles Park ist, was Park heißt. Am Stadtrand gibt es landwirtschaftlich genutzte Flächen am gesamten Stadtrand – vom Nordosten bis nach Riem, Trudering und Perlach.

Von zentraler Bedeutung ist der Ostpark und der neue Landschaftspark Riem (Architekt Gilles Vexlard) mit seinen naturnahen Gestaltungselementen und Sichtbeziehungen einschließlich seiner Freizeitnutzungen mit Rodelhügel und Badesee sowie der den Stadtbereich in nordsüdlicher Richtung von Perlach bis Johanneskirchen durchziehende „Grünzug Ost“.

Angelegter Garten seitlich von der Prinzregententerrasse bei der Isar

Blick von der Terrasse auf die Prinzregentenstraße

1 Prinzregententerrasse mit Friedensengel

Teil der Maximiliansanlagen

1890 liess Prinzregent Luitpold eine Brücke über die Isarerbauen bzw bauen. Die von der Altstadt kommende Prinzregentenstraße sollte durch den Park nach Osten verlängert werden. Der Amtsnachfolger Effners, Hofgartendirektor Möhl und sein Mitarbeiter Wilhelm Zimmermann, entwarfen die Pläne zu einer Terrasse mit zwei seitlich begleitenden formalen Gärten als Teil der Maximiliansanlagen (siehe dort). Nach dem Terrassenbau 1891 bis 1894 wurde 1895 ein Wettbewerb zum Andenken an die 25-jährige Friedenszeit nach dem Deutsch-Französischen Krieg von 1870/71 ausgeschrieben, dem eine Skizze von Theodor Fischer zugrunde lag. 1896 bis 1899 entstand das 38 Meter hohe Monument mit dem vergoldeten „Friedensengel“ auf einem würfelförmigen Unterbau, der von Stufen getragen wird. Der Bau ist der Korenhalle in Athen nachempfunden. Zwei rampenförmige Treppen führen hinauf zur Halle, die an den Wänden die Allegorien von Krieg, Sieg, Frieden und dem Segen der Kultur in Form von Mosaiken zeigt. Davor stehen jeweils zwei weibliche Figuren auf Sockeln. Sie tragen das Gebälk und stehen jeweils spiegelbildlich zueinander. Die Medaillons an den Eckpfeilern zeigen die Porträts der Kaiser und Herrscher aus dem Hause Wittelsbach, Otto von Bismarck, Moltke und Roon. Danach die Generäle von der Tann, Hartmann und Franckh. Auf weiteren Medaillons sieht man die zwölf Taten des Herakles. Mythologisch betrachtet handelt es sich bei dem „Friedensengel“ um die griechische Siegesgöttin Nike (oder römisch „Victoria“). 1983 erfolgte die

PRINZREGENTEN-TERRASSE

• **Stadtbezirk 13:**	Bogenhausen
• **Adresse:**	Prinzregentenstr.
• **Zugänglichkeit:**	öffentlich
• **Erreichbarkeit:**	Tram 17 und 18 (Prinzregentenstr.)
• **Einkehrmöglichkeit:**	Gaststätten und Cafés Ismaninger Str. (5 Minuten)
• **Größe in Hektar:**	ca. 0,85 ha

Prinzregenterrasse mit Brunnen und „Friedensengel“

Restaurierung des Engels mit der Erneuerung des Standbeins und der beiden Flügel.

Östlich des Friedensengels führt eine lang gestreckte Rasenfläche in Richtung Europaplatz und östliche Prinzregentenstraße. Der Rasen wird an den Längsseiten von je einer Baumreihe aus Winterlinden begleitet. Von der Aussichtsterrasse am Friedensengel hat man einen weiten Blick auf die Luitpoldbrücke und die westliche Prinzregentenstraße. Ein Treppenabgang führt auf beiden Seiten zu einem tiefer liegenden Platz mit Brunnen. In der Futtermauer der Treppenanlage befindet sich eine kleine „Grotte“ mit zwei flankierenden Nischen. Der Brunnen besteht aus einem Wasserbecken mit Fontäne und vier wasserspeienden Figurengruppen. Sie zeigen auf Fischen sitzende Putten. Vom Platz gelangt man in zwei seitlich anschließende, tiefer liegende längliche Gärtchen. Zwischen dem Platz und den Gärtchen befindet sich jeweils eine halbrunde Rasenfläche mit Winterlinden und geschnittenen Hainbuchenhecken. Die Gärtchen haben einen umlaufenden Weg, der von Kugelrobinien begleitet wird. Das Ende der Gärtchen besteht aus einem Rondell von Kugelrobinien. Als Heckeneinfassung dient geschnittener Hartriegel.

Vom Platz führen nochmals Stufen zur Luitpoldbrücke über die Isar. Die liegenden Brückenskulpturen symbolisieren die Landesteile Schwaben, Bayern, Pfalz und Franken. Die Gesamtanlage wird durch die ovale Straßenführung eingeschlossen. Geschnittene Hecken begleiten die Straße und den Fußweg. Städtebaulich gesehen hat die Prinzregententerrasse mit dem Friedensengel eine „Gelenkfunktion“ zwischen der westlichen und der östlichen Prinzregentenstraße.

❷ Shakespeareplatz

Possartplatz oder ehemals Holbeinplatz

1907 sollten an der Stelle der heutigen Anlage mehrere Tennisplätze innerhalb der umgebenden Bebauung entstehen. Die Stadt München lehnte das Vorhaben jedoch ab und ließ 1912 nach der Eigentumsübertragung den Platz von Otto Multerer beplanen. 1913 begann man mit der Ausführung einer Grünanlage mit heute noch erkennbaren streng geometrischen Formen. Der annähernd quadratische Platz ist gestalterisch und funktional in zwei Bereiche geteilt. In einen von Bäumen umgebenen, erhöhten Rasenspielplatz und einen vorgelagerten, tiefer liegenden Schmuckplatz an der Holbeinstraße. Diese Art der Trennung von Plätzen in Spielbereiche und Erholungsflächen begann ab 1900 unter Stadtgartendirektor Jakob Heiler. Sein Nachfolger Otto Multerer setzte diesen Trend fort und führte ihn anhand des Shakespeareplatzes deutlich vor.

Die erhöht liegende, große Rasenfläche wird von einem umlaufenden Weg mit begleitender Lindenallee begrenzt. Ursprünglich diente der große Rasen als Spielwiese. In der nordöstlichen Ecke steht am Weg das von Münchens Partnerstadt Verona gestiftete Bildnis der Julia. In der gegenüberliegenden Ecke wurde zum Ende der 1980er Jahre ein Kinderspielplatz errichtet, der den von 1964 ersetzte. Er ist heute von einer geschnittenen Hainbuchenhecke umgeben.

Der westliche Bereich an der Holbeinstraße ist zugleich Entrée des Platzes. Er ist gärtnerisch aufwändiger gestaltet und liegt unterhalb der großen Rasenfläche auf Straßenniveau. Dieser Teil gliedert sich in zwei quadratische Rasenflächen, die von einer Sommerblumenrabatte eingefasst werden. Vormals grenzten Beetrosen die Rasenflächen ab. Im Zentrum befindet sich ein quadratisches Wasserbecken mit einer kleinen Fontäne und einer dominierenden weiblichen Brunnenfigur. Auf dem Kopf trägt sie eine Schale mit Meeresfrüchten. Der Beckenrand ist auf der Wasserseite abgestuft. Hinter dem Brunnen ist der Platz halbkreisförmig ausgeweitet. Von dort führen Stufen zur höher gelegenen Rasenfläche. An der Holbeinstraße begrenzen fünf Pyramidenpappeln und eine nachgepflanzte Säuleneiche den Platz. Den Abschluss zur Straße bildet eine hüfthoch geschnittene Ligusterhecke und ein vor dem Wasserbecken liegendes Rosenbeet im Eingangsbereich.

Der Shakespeareplatz ist eine sehenswerte und gärtnerisch wertvolle Grünanlage, die von der dortigen Bevölkerung gern als Rückzugsort angenommen wird.

SHAKESPEAREPLATZ

- **Stadtbezirk 13:** Bogenhausen
- **Adresse:** Shakespeareplatz/ Possartstr./ Holbeinstr.
- **Zugänglichkeit:** öffentlich
- **Erreichbarkeit:** U 4 Prinzregentenplatz, Bus 54
- **Einkehrmöglichkeit:** Rund um den Prinzregentenplatz
- **Größe in Hektar:** ca. 0,64 ha

Pyramidenpappeln und Sommerblumen bestimmen den Eingangsbereich

Magnolie und Rosen im westlichen Bereich

3 Böhmerwaldplatz

Der Böhmerwaldplatz ist 1912 als Schmuckplatz entstanden und wurde in den 1930er Jahren überarbeitet und weiter entwickelt. Die lang gestreckte Grünanlage besteht aus einer großen Rasenfläche und einer umlaufenden, mannshohen Schnitthecke aus Hainbuchen. In Höhe der Lusen- und Zwieselerstraße unterbrechen zwei Querwege die Rasenfläche. Im Westen der Anlage markiert der Heckenquerriegel einen gärtnerisch geprägten Raum. Am Ende der Längsachse stehen zwei Magnolien, die seitlich von Rosenbeeten begleitet werden. Der Rasen ist dort etwas erhöht. Versteckt unter Sträuchern erinnert ein Granitfindling an „Dr. Jur. Otto Seemüller Berufsm. Stadtrat der Landeshauptstadt München *1911 † 1987".

An der Nordgrenze steht ein Denkmal für Adalbert Stifter mit der Inschrift „Was je Gutes oder Böses über die Menschen gekommen ist haben die Menschen gemacht – Adalbert Stifter". Am Säulenfuß erkennt man Stadtwappen der ehemals deutsch-böhmischen Städte Neuern, Bergreichenstein, Prachatitz, Krummau, Kaplitz und Budweis. Im Ostteil des Platzes liegt ein Kinderspielplatz. Drei Baumreihen von Winterlinden begrenzen die Anlage zur Straße. An den Längsseiten fassen Lindenalleen außerhalb der Hainbuchenhecke den Platz ein.

BÖHMERWALDPLATZ

- **Stadtbezirk 13:** Bogenhausen
- **Adresse:** Böhmerwaldplatz
- **Zugänglichkeit:** öffentlich
- **Erreichbarkeit:** U 4 Böhmerwaldplatz
- **Größe in Hektar:** ca. 1,5 ha

❹ Denninger Anger

„Bürgerpark“

Der Denninger Anger liegt nördlich der Parkstadt Bogenhausen und ist ein wichtiger Grünzug für den Stadtteil Bogenhausen in Richtung Osten. Die Anlage ist zu Beginn der 1960er Jahre entstanden und in den 1980er Jahren fortgeführt worden. Sie ist ein landschaftlicher, weitläufiger Stadtpark mit weiten modellierten Wiesenflächen und einem vernetzten Wegesystem. Einzelbäume, Baum- und Strächergruppen gliedern den Raum.

Es gibt viele Sichten über die Wiesenfläche, dann wieder unüberschaubare Bereiche. Sie ermöglichen viele Sichtbeziehungen und versperren an anderer Stelle den Blick. Der Park grenzt im Süden an eine Kleingartenanlage. Dort gelangt man im Bereich der Westgrenze der Tennisplätze über einen Durchgang zum Schreber Weg im Süden. Im Osten des Parks steht ein kleines Denkmal in Form einer Windrose. Im Westteil befinden sich ein Bolz- und ein Spielplatz. Es dominieren Stieleiche, Rotbuche, Winterlinde, Esche, Bergahorn und Spitzahorn.

DENNINGER ANGER

- **Stadtbezirk 13:** Bogenhausen
- **Adresse:** Denningerstr./ Richard-Strauss-Str./ Schreber Weg
- **Zugänglichkeit:** öffentlich
- **Erreichbarkeit:** U 4 Richard-Strauß-Str.
- **Einkehrmöglichkeit:** Rothof Sportanlage, Denninger Str. 120
- **Größe in Hektar:** ca. 20 ha

Blick über die Wiesenflächen im Denninger Anger

❺ Pachmayrplatz

Die lang gestreckte Grünanlage verläuft in Ost-West-Richtung. Im Osten auf Höhe der Ignaz-Günther-Straße erkennt man den landschaftlichen Übergang zur Umgebung. In der Anlage liegt ein Spielplatz. Mehrere Gehölzriegel gliedern die Anlage an verschiedenen Stellen, dadurch entsteht gewisse Kleinteiligkeit. Die Abpflanzung zur Straße besteht aus Bäumen und Großsträuchern. Ein umlaufendes Wegesystem erschließt den Platz.

Das Zentrum der Anlage lässt Parkcharakter erkennen. Am Rand der großen Rasenfläche stehen Solitärbäume wie Kastanie, Hainbuche, Stieleiche, Rotbuche und gelbbunter Bergahorn. Im Westen schließt sich ein Bolzplatz an. Weitere Bäume sind Winterlinde, Esche, Feldahorn, Birke, Bergahorn, Schwarzkiefer, Baumhasel und Spitzahorn.

PACHMAYRPLATZ

- **Stadtbezirk 13:** Bogenhausen
- **Adresse:** Pachmayrplatz
- **Zugänglichkeit:** öffentlich
- **Erreichbarkeit:** Busse 159 Elektrastr., 187 Vollmannstr.
- **Größe in Hektar:** ca. 0,73 ha

Der große Spielplatz am Normannenplatz

6 Normannenplatz und Schlösselgarten

am Odinwäldchen

Normannenplatz und Schlösselgarten ergeben zusammen mit der nördlich gelegenen Wahnfriedallee (siehe dort) einen kleinen Grünzug. Der Normannenplatz ist eine lang gestreckte Grünanlage mit Rasenfläche und beidseitig verlaufenden Wegen. Die Randbereiche zur Straße bestehen aus einer Abpflanzung von mittleren bis hohen Sträuchern und Bäumen. Im nördlichen Teil befindet sich ein Kinderspielplatz. Zweiteilung ergibt sich durch die Muspelheimstraße. Nördlich der Straße liegen Rasenfläche mit dominierenden Kastaniensolitären. In der Anlage stehen Winterlinde, Robinie, Stieleiche und Silberpappel. Nördlich der Odinstraße gelangt man zur Parkanlage am städtischen Altenheim Schlösselgarten am Odinwäldchen. In ihrer Nachbarschaft liegt weiterhin die Kleingartenanlage „Schlösselgarten". Auf den Rasenflächen stehen Einzelbäume wie Kastanien, Bergahorn und Stieleiche. Birke und Hainbuche gesellen sich in den Randbereichen hinzu und Gebüsche gliedern den Raum. Nahe der Odinstraße befindet sich ein Kinderspielplatz. Der Fußweg führt von der Odinstraße durch die Anlage vorbei am Altenheim und einer Wohnanlage zur Parkanlage an der Wahnfriedallee.

NORMANNENPLATZ

- **Stadtbezirk 13:** Bogenhausen
- **Adresse:** Normannenplatz – Odinstr.
- **Zugänglichkeit:** öffentlich
- **Erreichbarkeit:** U4 Arabellapark, dann Teutonenstr.
- **Größe in Hektar:** ca. 0,9 ha und 2 ha

7 Wahnfriedallee

Die Wahnfriedallee bildet mit den im Süden anschließenden Grünräumen „Schlösselgarten“ und Normannenplatz sowie dem im Osten folgenden Tannhäuserplatz und Rienziplatz einen wichtigen städtischen Grünzug im 13. Stadtbezirk (Bogenhausen). Die schmale, lange Anlage erstreckt sich in west-östlicher Richtung entlang der Wahnfriedallee und wird durch die Effner-Straße in zwei Teile getrennt. Im östlichen Teil besteht der Park aus einem gepflegten Wiesenraum mit umlaufenden Wegen. Das Gelände ist dort leicht modelliert und wird durch Einzelbäume und Baumgruppen gegliedert. Auf Höhe der Gralstraße quert ein Fußweg die Wiese. Im westlichen Teil zwischen König-Heinrich-Straße und Effner-Straße besteht die Anlage aus einer naturnahen, ungemähten Fläche mit Weidenbestand.

Zwischen Effner- und Oberföhringer Straße wird der Park fortgeführt. Die Anlage ist im landschaftlichen Stil gestaltet. Am Rand einer gepflegten und teilweise modellierten Wiesenfläche befinden sich Spielplätze und eine Sitzgruppe mit einer Bronzeskulptur der Daphne. Sie wurde 1975 von Marlene Neubauer-Woerner geschaffen und blickt zum kleinen Sitzplatz mit zwei einzelnen Hainbuchenbäumen. Ursprünglich stand die Daphne am Orleansplatz. Der Platz wird von einer runden Schnitthecke aus Hainbuche umgeben. Ein rundes Rosenbeet gibt zur Blütezeit den nötigen Farbtupfer. Die Einfassung zur Wahnfriedallee besteht aus einer Doppelreihe Rosskastanien. Weitere Baumarten sind Robinie, Spitzahorn, Winterlinde, Mehlbeere, Pyramidenpappel, Stieleiche, Rotbuche und Esche

WAHNFRIEDALLEE

- **Stadtbezirk 13:** Bogenhausen
- **Adresse:** Wahnfriedallee
- **Zugänglichkeit:** öffentlich
- **Größe in Hektar:** ca. 6 ha

Skulptur der Daphne von Marlene Neubauer-Woerner (1975)

Wiesenlandschaft am Tannhäuserplatz

8 Rienziplatz und Tannhäuserplatz

Der Rienziplatz ist an drei Seiten von Wohnbebauung umgeben. Er erstreckt sich nach Westen und geht dort in den Tannhäuserplatz über. Der zentrale Wiesenraum ist an den Seiten hügelig modelliert. Zur Straße schließt er mit einem breiten Baum- und Strauchgürtel ab. Ein asphaltierter Weg führt um die Anlage. Gehölze: Winterlinde, Hainbuche, Kirsche, Schwarzpappel, Schwarzkiefer, Bergahorn, Stieleiche, Spitzahorn, Feldahorn, Hartriegel, Haselnuss.

Der Tannhäuserplatz schließt sich im rechten Winkel an den Rienziplatz in Nord-Süd-Ausrichtung an. Das Wegesystem beschreibt mehrere Wiesenflächen.

Im Norden befindet sich ein Spielplatz. Von diesem Spielplatz zieht sich ein Grünzug mit einer großen Wiesenfläche in Richtung Westen zur Grünanlage an der Wahnfriedallee. In diesem Bereich befinden sich an beiden Seiten Wege und Schutzpflanzungen aus Bäumen und Sträuchern.

Am südlichen Ende des Tannhäuserplatzes ist ein zweiter Kinderspielplatz mit einem vertieft liegendem Rasenplatz. Gehölze: Winterlinde, Hainbuche, Kirsche, Schwarzpappel, Schwarzkiefer, Bergahorn, Stieleiche, Spitzahorn, Feldahorn, Hartriegel, Haselnuss, Weide, Kastanie, Birke, Roteiche, Esche.

RIENZI- UND TANNHÄUSERPLATZ

• **Stadtbezirk 13:**	Bogenhausen
• **Adresse:**	Rienziplatz und Tannhäuserplatz
• **Zugänglichkeit:**	öffentlich
• **Erreichbarkeit:**	U 4 Arabellapark, dann Busse Cosima- und Fideliopark
• **Größe in Hektar:**	ca. 1,4 ha und ca. 0,88 ha

9 Im Moosgrund
Hüllgraben

Im Moosgrund bewegt man sich im Bereich des Johanneskirchner Mooses. Aus Richtung Erding und Ismaning reichten die Ausläufer des Erdinger Mooses im Osten weit in das heutige Stadtgebiet. Davon ist leider nichts mehr übrig geblieben. Mit dem Bau des so genannten Abfanggrabens (ein Kanal zur Entwässerung des Hinterlands des Ismaninger Speichersees) wurde das Moor vernichtet. Anschließend konnten diese Flächen intensiv landwirtschaftlich genutzt und in Ackerland umgewandelt werden. Seitdem dominiert hier intensiver Ackerbau ohne beson-

IM MOOSGRUND

- **Stadtbezirk 13/15:** Bogenhausen/ Trudering - Riem
- **Adresse:** Zugang über Johanneskirchner Str./ Apenrader Str.
- **Zugänglichkeit:** öffentlich
- **Erreichbarkeit:** S 8 Daglfing/ S 6 Riem

Im Moosgrund pflanzte der Landesbund für Vogelschutz in der ausgeräumten Feldflur Hecken, die heute von vielen Vogelarten als Brutplatz und zur Nahrungssuche genutzt werden.

BESONDERS INTERESSSANT

- **Hecken und Feldgehölze** in der Agrarlandschaft
- **Hüllgraben, Abfanggraben**
- **Alter Bahndamm** einer stillgelegten Bahnlinie zwischen Johanneskirchen und Dornach

TIPPS FÜR NATURFREUNDE

- **Mai:** Vogelbeobachtung (Kiebitze auf den Feldern)
- **Frühling, Herbst:** Vogelzug (rastende Vögel auf Äckern und Hecken)

dere Rücksicht auf die Natur, was zu einer ausgeräumten Landschaft und dem Aussterben vieler Tier- und Pflanzenarten geführt hat. Andererseits muss man im dicht besiedelten Münchner Osten selbst um solche Freiflächen froh sein, denn die schnell voranschreitende Ausweisung neuer Gewerbe- und Baugebiete hat schon vielerorts zu einem Siedlungsbrei mit den Umlandgemeinden geführt, bei dem die Stadtgrenze überhaupt nicht mehr erkennbar ist.

Im Moosgrund wurden vom Landesbund für Vogelschutz mehrere lange Feldhecken und Obstbaumreihen gepflanzt, die von vielen Vogelarten angenommen wurden. Zur Zeit kommen im Umfeld Feldvogelarten wie Wachtel, Rebhuhn, Feldlerche und Neuntöter vor.

Zudem gibt es im Moosgrund außerhalb der Felder interessante Biotope zu entdecken: In mehreren stillgelegten Kiesgruben haben sich dichte Gehölze angesiedelt, in denen zum Beispiel die Goldammer, ein kleiner Singvogel, brütet. In vielen Gruben entstanden Kleingewässer und Grundwasserseen, Laichgebiete mehrerer Amphibienarten. Interessant ist auch der Bahndamm einer stillgelegten Strecke zwischen Johanneskirchen und Dornach.

Den Moosgrund durchläuft ein Bach, der Hüllgraben. Aus Richtung Daglfing kommend mündet er in den Abfanggraben. Er wird aus dem Wasser des Hachinger Baches gespeist, der im Hachinger Tal entspringt und durch die östlichen Münchner Stadtteile teils offen, teils in Rohren fließt. Der Abfanggraben selbst wurde zusammen mit dem Ismaninger Speichersee gebaut, und dient der Entwässerung des ganzen Münchner Ostens zwischen der Stadtgrenze und dem Ismaninger Speichersee.

Die Gewässer selbst sind nur als Rastplätze für Wasservögel von Bedeutung, interessanter sind die Böschungs- und Saumbereiche, die beim Abfanggraben stellenweise dicht mit Gehölzen bewachsen sind. Sie stellen wie die Säume des Hüllgrabens in der ansonsten sehr intensiv genutzten und ausgeräumten Agrarlandschaft des Münchner Ostens wichtige Verbindungslinien für Tiere dar und dienen somit der Biotopvernetzung.

WANDERVORSCHLAG

Von Johanneskirchen (S-Bahnhof) zum alten Bahndamm an der Apenrader Straße. Anschließend geht es über den Feldweg „Am Moosgrund“ in die Feldflur Richtung Aschheim.

STICHWORT

LANDWIRTSCHAFT IN MÜNCHEN

Während sich aus dem engeren Stadtgebiet die Landwirtschaft schon früh zurückgezogen hat, blieb sie in den lange Zeit selbständigen Dörfern des Münchner Umlands noch lange der entscheidende Wirtschaftsfaktor. Mit ihrer Eingemeindung nach München erhielt auch die Landeshauptstadt viele Bauernhöfe, von denen einige auch heute noch in den mittlerweile verstädterten ehemals selbständigen Dörfern weiter wirtschaften. Außerdem verfügt auch die Stadt selbst über mehrere landwirtschaftliche Betriebe inner- und ausserhalb der Stadtgrenzen, die auf ökologische Landwirtschaft umgestellt wurden und so für ein umweltverträgliches Wirtschaften auf den stadteigenen Äckern und Wiesen sorgen.

Auf den konventionell bewirtschafteten Höfen dominiert meistens leider eine sehr intensive und oft nicht an die Standortbedingungen angepasste Landwirtschaft. Es wird großflächig Mais auf den dafür eher ungeeigneten Böden des ehemaligen Moorgürtels um München angebaut. Dies führt zu einer starken Belastung von Grund- und Oberflächenwasser mit Agrarchemikalien und Düngemitteln und hat zum Aussterben der meisten Tier- und Pflanzenarten der offenen Feldlandschaft geführt.

⑩ Riempark, Bundesgartenschau 2005 und Neue Messe München

Ehemaliger Flughafen München – Riem

Zwischen 1936 und 1939 wurde im Rahmen der „Neugestaltung der Hauptstadt der Bewegung" der alte Flughafen auf dem Oberwiesenfeld (späterer Olympiapark) nach Riem verlegt. Die Entwürfe von Ernst Sagebiel orientierten sich an dessen Plänen für die Flughäfen Stuttgart und Berlin-Tempelhof. Hierbei symbolisierte das ovale Rollfeld das „Stadion der Luftfahrt". Tribünen von etwa 850 Meter Länge boten bis zu 100.000 Zuschauern Platz. Die Hochbauten waren leicht gekrümmt und etwa 1,7 Kilometer lang. Sie ähnelten von der Formensprache dem vier Kilometer langen „KDF-Seebad" in Prora auf Rügen (1937/38). Ab 1948 wurde der zerstörte Flughafen wieder aufgebaut, sein Ende 1969 beschlossen. Nach der Eröffnung des neuen Flughafens „Franz-Josef-Strauß" im Erdinger Moos, wurde der Flugverkehr in München-Riem 1992 eingestellt.

Seitdem entsteht auf dem ehemaligen Flughafengelände der neue Stadtteil „Messestadt" mit Anschluss an das öffentliche Nahverkehrsnetz. Die jeweiligen Nutzungen Wohnen, Gewerbe/Messe und Grünflächen wurden zu je einem Drittel aufgeteilt. So entstanden die Neue Messe im Norden (1997 Umzug von der Theresienhöhe) mit den benachbarten Gewerbeansiedlungen und das „Wohngebiet Messestadt" mit den Einkaufsmöglichkeiten in den „Riemarkaden" sowie die Grünanlagen im Landschaftspark Riem. Diese wurden als künftiges Naherholungsgebiet für die Bevölkerung im Zusammenspiel mit der

Zellengarten „Der Wetterwechsel"

Blick über den Messe-See zum alten Flughafentower mit der „Neuen Messe“

BUGA 2005 unter dem Motto „Nachhaltige Entwicklung eines neuen Stadtteils“ geplant. Parallel zur BUGA wurde ein etwa 170 Kilometer langer „Radlring“ um München geschlossen, der Naturlandschaften, Erholungsgebiete und kulturelle Sehenswürdigkeiten an ausgewählten Punkten miteinander verbindet.

MESSESTADT

Vom ehemaligen Tower des Flughafens im Norden erstreckt sich entlang der Olof-Palme-Straße ein architektonischer Grünzug nach Süden bis zum Willy-Brandt-Platz. Vor den Eingängen der Messehallen wurde der „Messe-See“ mit Fontänen und begleitenden Grünflächen angelegt. Geschnittene Hecken, Säulenformen der Bäume und Betonmauern unterstreichen den formalen Charakter der Anlage.

RIEMPARK UND BUGA

Das BUGA-Gelände und der Riempark umschließen die Gebäude der Messestadt im Westen, Süden und Osten. Der Riempark wurde 1995 vom französischen Landschaftsarchitekten Gilles Vexlard mit geradlinigen, architektonischen Formen geplant und seit Juni 1998 umgesetzt. Er beschreibt den südlichen Teil der BUGA und bleibt nach deren Ende erhalten. Die drei Ausstellungsbereiche am Westeingang werden nach der BUGA zurückgebaut und durch Wohnbebauung ersetzt. Sie wurden 2000 vom Landschaftsarchitekten Rainer Schmidt geplant und seit September 2002 gebaut. Vom Westeingang gelangt man zu den Blumenbeeten für Wechselpflanzungen („Blütenteppich“). Es folgt der „Zellengarten“. Er besteht aus einer großen Fläche, auf der zwölf amorphe Zellengärten über Stege miteinander verbunden sind. Die einzelnen amorphen Zellen sind Themengärten. Sie werden von 2,5 Meter hohen Wällen aus Kies und Kalk umgeben, und sind über erhöhte Wege miteinander verbunden. Der Besucher nimmt dabei den Blickwinkel einer bestimmten Tierart an und erlebt die Gärten aus einer neuen Perspektive. Beispielsweise als Maulwurf im „Maulwurfshügel“, oder als Vogeljunges im „Nest“. Rückgrat und zentrales Element ist die „Große Promenade“ auf der Parkterrasse im Süden der Wohnbebauung. Entlang

ihres Verlaufs reihen sich im „Aktivitätenband" Spielplätze, die „Senkgärten" und die „Parallelen Gärten" aneinander. Die „Senkgärten" sind einzelne Themengärten vor einer etwa drei Meter hohen Mauer.

Die beiden Hauptwege auf der Parkterrasse sind an die zwei Kilometer lang und erinnern an die Geradlinigkeit der ehemaligen Start- und Landebahn. Sie liegen jedoch nicht auf deren ehemaligem Verlauf. Vom alten Wegesystem des Flughafens sind neben dem Tower und einer Halle nur noch Teile des Ovals um die Landebahnen erhalten. Der Verlauf der Landebahn wird durch die Struktur der die Promenade von Nordost nach Südwest kreuzenden Baumpflanzungen nachgezeichnet. „Blattgarten", „BUGA-See" (zehn Hektar), „Blühfelder" und die beiden „Rodelhügel" schließen die BUGA, bzw. den Riempark, nach Osten ab.

Das BUGA-Thema „Perspektivenwechsel" wird klar, wenn man das Gelände von den Gondeln der Seilbahn aus betrachtet. Diese spannt sich knapp drei Kilometer vom Westen über die zentrale Wegeachse hinüber in den Südosten. War man im Zellengarten noch kleiner Teil des Ganzen, überblickt man nun die Szenerie aus 25 Meter Höhe. Die Perspektive hat gewechselt.

Eichen, Kiefern und Hainbuchen sind verschieden angeordnet. So wechseln Einzelbäume mit formalen Hainen und „Waldmassiven". Mit der Auswahl der Gehölze im Park orientierte man sich an den Arten der nahen Waldgesellschaften. Ähnliches gilt für die Blumenwiesen, für die beispielsweise die Garchinger Heide Pate stand.

MESSESTADT RIEM, BUGA 2005

- **Stadtbezirk 15:** Trudering - Riem
- **Zugänglichkeit:** öffentlich
Eintritt BUGA 2005
vom 28.04 / 9.10.2005
- **Erreichbarkeit:** U 2 Messestadt West und Messestadt Ost,
S 3/4 Gronsdorf
- **Einkehrmöglichkeit:** BUGA-Gastronomie
Biergarten Badesee
- **Größe in Hektar:** 200 ha Landschaftspark mit 130 ha BUGA-Anteil
- **Infos:** www.buga2005.de

„Zwerg und Riesenlauch" im „Garten der Potenz 10^{-5}"

Tor und Böschung mit Trockenrasen im neuen Teil

11 Friedhof Riem

Alter und Neuer Teil

Der Friedhof wurde 1913 von der Gemeinde Riem angelegt und im Rahmen der Eingemeindung von der Stadt München 1937 übernommen. Danach erfolgten drei Erweiterungen: Der neue Teil entstand im Zug der Planungen zur Messestadt und ist noch jung. Beide Friedhofseingänge liegen sich Am Mitterfeld gegenüber.

Aussegnungshalle im alten Teil

FRIEDHOF RIEM

- **Stadtbezirk 15:** Trudering - Riem
- **Adresse:** Am Mitterfeld 68
- **Zugänglichkeit:** öffentlich
- **Erreichbarkeit:** U 2 Moosfeld, zu Fuß über Truchtarianger/ Mitterfeld, S 2 Riem, Bus 38
- **Größe in Hektar:** 2,57 ha

Alter Teil

Vom Eingang führt eine Lindenreihe in den traditionell gestalteten Friedhof. Dieser ist in weiten Teilen von Hecken gegliedert (Hartriegel, Feldahorn, Liguster) und von einem Holzzaun umgeben. Die Wege verlaufen parallel und senkrecht zueinander. Überwiegend herrscht ein lockerer aber dennoch großräumig Schatten spendender Baumbestand vor. Meist einfache Grabsteine. Bäume: Robinie, Bergahorn, Spitzahorn, Silberahorn und Linde.

Neuer Teil

Der Neue Teil des Riemer Friedhofs erstreckt sich in Nord-Süd-Richtung und ist in vier von einander getrennten „Schollen“ aufgeteilt. Die Schollen sind von hohen Natursteinmauern aus Gneis befriedet und über einen Fußweg miteinander verbunden. Zwischen den Schollen verlaufen breite, tiefer liegende Fuß- und Radwege in Ost-West-Richtung. Böschungen führen hinauf zu den Trockenmauern und so hat man gelegentlich den Eindruck durch einen Schießwall zu gehen. Dieser Effekt wird durch den Charakter des Trockenrasens verstärkt.

Die nördlichen Schollen sind derzeit noch unbelegt. Die späteren Schattenbäume wie Stieleiche, Hainbuche, Weichselkirsche, Kiefer und Birke stehen noch allein. Und so vermitteln die

Wiesenflächen auf den späteren Gräberfeldern im Zusammenspiel mit den Trockenmauern bei Sonnenschein einen mediterranen Eindruck. Im Zentrum der Schollen befinden sich Brunnen und die Wege laufen an den Mauern entlang. Dort werden die Wege von Alleen begleitet. Die Arten wechseln von Scholle zu Scholle. Insgesamt wurden Kirsche, Hainbuche, Birke, Kiefer und Apfel gepflanzt. An den Eingängen der Schollen führt der Weg zu einem tiefer liegenden Tor aus Cortenstahl. Die Eingänge werden auf der Gräberseite von kurzen Eibenhecken markiert.

In der ersten Scholle steht eine Urnenmauer. Geschnittene Hecken aus Feldahorn gliedern den Raum. Am südlichen Ende ragt „Das Kreuz im Nichts“ in den Himmel. Es dient als Orientierungsmal und wurde im Jahr 2000 von Hermann Bigelmayr geschaffen. Auf dem Eichenkreuz liegt ein großer Gneisfindling.

Weg durch die Schollen im neuen Teil

Denkmal zur Erinnerung an das Gründungsjahr der Siedlung

12 Friedenspromenade

Die Friedenspromenade ist ein lang gestreckter Grünzug mit Fuß- und Radwegen. Sie erstreckt sich im Norden von der Wasserburger Landstraße bis Am Hochacker im Süden. Dazwischen wird sie von querenden Straßen unterbrochen. In den nördlichen Bereichen gibt es Kinderspielplätze. Die Abschnitte sind von Rasenflächen, Baumreihen, Baumgruppen und Einzelbäumen geprägt. Zwischen Ottilien- und Markgrafenstraße befindet sich ein Neubaugebiet. Zwischen Bebauung und Straße wurden Bäume und Sträucher neu gepflanzt.

Zwischen Markgrafen- und Vogesenstraße hat die Friedenspromenade einen Parkcharakter mit Rasen und Solitären. Eine Lindenallee begrenzt den Rasen, Baum- und Strauchgruppen gliedern den Raum. An der Vogesenstraße steht ein Gedenkstein mit folgender Inschrift: „Zur Erinnerung an das Gründungsjahr der Siedlung Gartenstadt Trudering, gestiftet von Herrn Math. Grundler, zur Erinnerung an die Eingemeindung im Jahr 1932, Landeshauptstadt München“. Richtung Süden gibt es keine umlaufende Lindenallee mehr. Der Baumbestand ist dort mit großen Solitäreichen aufgelockert.

Im Süden endet der Grünzug mit der Straße Am Hochacker. Dort stehen in einer Rasenfläche unterpflanzte Baumgruppen aus Fichte, Linde, Buche und Kiefer.

Entlang des Grünzugs wachsen Rotbuche, Eiche, Winterlinde, Hainbuche, Esche, Birke, Bergahorn, Robinie, Schwarzkiefer, Stieleiche und Eberesche.

FRIEDENSPROMENADE

- **Stadtbezirk 15:** Trudering - Riem
- **Adresse:** Friedenspromenade
- **Zugänglichkeit:** öffentlich
- **Erreichbarkeit:** U/S-Bahn Trudering, Busse 192 und 193 Friedenspromenade
- **Größe in Hektar:** ca. 4,5 ha

13 Gnadenwaldplatz und Grünanlage am Zwieselbergweg

Waldstraße

Der Gnadenwaldplatz ist Teil eines Grünzugs entlang der Waldstraße und St.- Augustinus-Straße. Ein Weg führt durch die Platzmitte zur Waldstraße. An der südlichen Längsseite ist der Platz von einer Strauchabpflanzung begrenzt. Im Nordosten geht der Park in die Grünanlage an der Waldstraße über. Bäume: Hainbuche, Stieleiche und Spitzahorn.

Nach der Waldstraße gelangt man zur Anlage am Zwieselbergweg. Dieser führt durch den Park. Die Anlage ist landschaftlich gestaltet. Auf großen Wiesenflächen stehen Einzelbäume. An der nördlichen und südlichen Seite besteht die Schutzpflanzung aus hohen Sträuchern und Bäumen. An der Sonnwendjochstraße steht ein alter Hochbunker als markantes Baudenkmal. Bäume: Feldahorn, Esche, Rotbuche, Hainbuche, Rosskastanie, Winterlinde, Catalpa und Fichte.

GNADENWALDPLATZ

- **Stadtbezirk 15:** Trudering - Riem
- **Adresse:** Gnadenwaldplatz, Waldstr., Zwieselbergstr.
- **Zugänglichkeit:** öffentlich
- **Erreichbarkeit:** U 2 Kreillerstr., U 5 Michaelibad, dann Bus 195
- **Einkehrmöglichkeit:** Michaeligarten, MIchaeliburgstr.

Fichtenkultur im Truderinger Wald. Solche Fichtenbestände kommen natürlicherweise im Großraum München nicht vor und sind sehr anfällig gegenüber Stürmen und Borkenkäferepidemien.

⓮ Truderinger Wald

Beim Truderinger Wald handelt es sich um den größten zusammenhängenden Wald im Stadtgebiet – die großen Forste wie der Forstenrieder Park und der Ebersberger Forst liegen außerhalb der Stadtgrenze. Auch im Truderinger Wald käme wie im ganzen Großraum München natürlicherweise ein Laubwald aus Buchen und Eichen vor, statt dessen wurden aber seit dem 19. Jahrhundert schnell wachsende und ertragreiche Fichten kultiviert. Sie sind sehr anfällig gegen Stürme und Borkenkäfervermehrung, außerdem spielen sie als Lebensraum bedrohter Tier- und Pflanzenarten keine Rolle.

Die meisten Tiere und Pflanzen sind auf die bei uns natürlich vorkommenden Buchenwälder eingestellt. Nachdem die großen Stürme des letzten Jahrzehnts und Borkenkäferprobleme hier große Schäden anrichteten, entschlossen sich viele Waldbesitzer, ihre Wälder in naturnahe Mischwälder aus Buche, Eiche und Fichte umzugestalten. Dieser Prozess ist auch im Truderinger Wald gerade im Gange.

TRUDERINGER WALD

- **Stadtbezirk 15:** Trudering - Riem
- **Adresse:** Zugang über Friedrich-Panzer-Weg
- **Zugänglichkeit:** öffentlich
- **Erreichbarkeit:** U 5 / U 8 Neuperlach Zentrum, Bus 195 bis Gefild/Truderinger Wald

STICHWORT

WALD ODER FORST ?

Wald ist nicht gleich Wald! Die heutigen Wälder in Mitteleuropa sind größtenteils Forste, also von Menschen zum Zwecke der Holzgewinnung verändert oder angelegte Flächen mit Baumbestand. Dies zeigt sich an der Baumartenzusammensetzung (schnell wachsende Bäume wie Fichten anstelle der natürlichen Artenvielfalt), dem Altersaufbau (Einschlag der Bäume lange vor der Altersphase) und dem Umgang mit abgestorbenem Holz (Entfernung von umgestürzten Bäumen und Ästen).

Ein oft viel zu hoher Rehbestand verhindert zusätzlich, dass junge Laubbäume und Büsche einen dichten Unterwuchs bilden können. Viele bedrohte Tiere Mitteleuropas, zum Beispiel Spechte, Eulen und die meisten Säugetiere, sind auf großflächige Laubwälder angewiesen und haben in Forsten keine Überlebenschance.

Nachdem die Stürme der letzten Jahrzehnte und Borkenkäferepidemien in den Fichtenwäldern große Schäden anrichteten und ganze Bereiche völlig verwüsteten, entschieden sich viele Förster für den Umbau in naturnahe Mischwälder. Dieser Prozess ist in vielen Wäldern um München gerade im Gange und ist aus Naturschutzsicht sehr positiv zu bewerten.

Urwaldentwicklung am Beispiel der streng geschützten Ostseeinseln Vilm: Auch im Großraum München entwickelt sich ohne den Einfluss des Menschen im Laufe der Jahrzehnte ein Urwald aus Buchen und anderen heimischen Baum- und Straucharten.

Eine große ehemalige Kiesgrube bleibt hier der natürlichen Entwicklung überlassen. Der Grundwassersee ist wichtiger Laichplatz für Amphibien wie Erdkröte und Bergmolch. Allerdings stellt der starke Fischbesatz ein echtes Problem dar, denn die von Menschen eingesetzten Fische bevorzugen den Laich und die Kaulquappen der einheimischen Frösche und Molche.

Während der geschlossene Fichtenforst sehr artenarm ist und für Naturfreunde wenig zu bieten hat, lohnt sich dafür ein Spaziergang entlang der Waldlichtungen im Bereich der ehemaligen Kiesabbaugebiete und unter den Stromtrassen.

BESONDERS INTERESSANT

- **Kiesgrube** mit Grundwassersee

TIPPS FÜR NATURFREUNDE

- **Frühling:** Zur Vogelbeobachtung eignet sich besonders die Zeit vor der Belaubung der Bäume. Später bieten sich morgendliche Vogelstimmenwanderungen an. Beachtenswert sind auch laichende Amphibien im See der Kiesgrube.
- **Sommer:** Schmetterlinge im Bereich der Waldlichtungen und unter den Stromtrassen.

Ehemalige Kiesgrube im Truderinger Wald: Werden Kiesgruben nach der Ausbeutung nicht verfüllt, entstehen oft wertvolle Lebensräume für seltene Tier- und Pflanzenarte

15 Ostpark

Bereits 1918 war die Anlage einer größeren Grünfläche für die Stadtteile im Münchner Osten angedacht. Doch die Planungen hierfür wurden erst 1962 mit der Bebauung von Neuperlach für etwa 80.000 Einwohner konkret. Nach einem Vorentwurf von Landschaftsarchitekt Römer, etlichen Änderungen der Vorgaben und Überarbeitung des Konzepts kam es zwischen 1965 bis 1975 zur schrittweisen Umsetzung im östlichen Teil des Parks. Die angrenzenden U-Bahn-Zugänge wurden mit 20 Meter hohen Hügeln aus Straßen- und Bauschutt überbaut und landschaftlich in den Park integriert.

Bei der Gehölzauswahl griff man auf Arten des Eichen-Hainbuchenwaldes und Erlen-Auwaldes zurück. 1974 bis 1979 wurde im Westteil der zweite Bauabschnitt fertiggestellt. Dort entstand ein See und eine Vielzahl an Spiel- und Freizeiteinrichtungen. Im letzten Bauabschnitt wurde der Hachinger Bach freigelegt und in ein naturnahes Bachbett umgeleitet. Nach den Trümmerbergen auf dem Oberwiesenfeld (Olympiapark), im Luitpoldpark und in Neuhofen, bilden die Hügel im Ostpark eine weitere Geländemodellierung als Aussichtsberg und Rodelhügel.

Im Zentrum des Parks wurde ein künstlicher See mit umgebenden Wiesenflächen angelegt. Einzelbäume und Baumgruppen gliedern den Raum. In der Mitte des Sees liegt eine große Insel, die über einen Weg und zwei Brücken erreichbar ist. Westlich des Sees finden sich zahlreiche modellierte Wiesenräume mit Gehölznischen, die zum Grillen einladen. Auf einer betonierten Fläche wurde ein Bolzfeld, eine Hockeyfläche und eine Skaterbahn eingerichtet. Im Norden des Parks kann man vom Biergarten auf die Fontäne im See blicken.

Vom bewaldeten Schuttberg hat man eine schöne Sicht auf die Umgebung. Der Berg wird auch als Rodelhügel genutzt. Es führen Rasenpflasterwege hinauf und im Sommer werden nur schmale Streifen seitlich der Wege gemäht. So kann man eine sehenswerte Schmetterlingswiese am östlichen Hang bewundern. Im östlichen Teil liegt das „Theatron“. Eine Wiese im Süden wurde zur „Hundewiese“ erklärt. Es handelt sich um ein Pilotprojekt der Landeshauptstadt München. Im gesamten Areal finden sich Hainbuche, Feldahorn, Spitzahorn, Trauerweide Stieleiche, Lärche, Winterlinde, Kiefer und Esche.

An der Peripherie des Ostparks liegen das Michaelibad, eine Eisschnelllaufbahn und die Bezirkssportanlage.

OSTPARK

- **Stadtbezirk 16:** Ramersdorf-Perlach
- **Adresse:** Heinrich-Wieland-Str./ Staudinger-Straße
- **Zugänglichkeit:** öffentlich
- **Erreichbarkeit:** U 5 / U 8 Michaelibad oder Quiddestr., Bus 195 Staudinger Str. und Ostpark
- **Einkehrmöglichkeit:** Biergarten am See
- **Größe in Hektar:** 60 ha

16 Wohnring Neuperlach

mit Theodor-Heuss-Platz

Zwischen 1967 und 1985 entstand mit Neuperlach eine unabhängige Trabantenstadt für etwa 60.000 Menschen. Im Zentrum dieser Neustadt liegt der zwischen 1974 und 1978 erbaute „Wohnring“ für etwa 4.500 Menschen. Er ist ein mit 450 Metern Durchmesser monumentaler, ringförmiger Plattenbau, ähnlich einer Wagenburg oder riesenhaften Burgmauer. Die Einzelgebäude im Ring sind zwischen neun und achtzehn Geschosse hoch und wirken auch heute noch, trotz der Begrünung, aus der Ferne wuchtig. Die Fläche im Ring ist durch die Wegeführung in ungleiche Teile geviertelt. Im autofreien Zentrum liegt der Theodor-Heuss-Platz. Dort treffen sich die von außen herangeführten Kastanienalleen. Sie begleiten den dominierenden Fußweg in Ost-West-Richtung. Entlang der Gebäude führt ein umlaufender, geschlängelter Erschließungsweg. Am Platz befinden sich eine Grundschule, ein Kirchenzentrum, eine ZAK-Kinderspielhütte und eine ausgedehnte Grünanlage mit zahlreichen Kinderspielplätzen.

Zur Straße erfolgt die Abgrenzung durch Baumreihen aus Bergahorn und Stieleiche. An den Gebäuden zur Straßenseite stehen Großbäume wie Linde und Robinie. Bereiche an der Straße werden durch geschnittene Hainbuchenhecken gegliedert. Weitere Baumarten sind Hainbuche, Spitzahorn und Platane.

WOHNRING NEUPERLACH

- **Stadtbezirk 16:** Ramersdorf-Perlach
- **Adresse:** Theodor-Heuss-Platz
- **Zugänglichkeit:** öffentlich
- **Erreichbarkeit:** U 5 / U 8 Neuperlach
- **Größe in Hektar:** ca. 14 ha (Innenraum)

„Brunnenfiguren“ am Theodor-Heuss-Platz

Globus im Wohnring

Gießkanne im Teich

17 Perlachpark

Der Park ist in mehrere Rasenflächen aufgeteilt. Einzelbäume, Baum- und Strauchgruppen gliedern den Raum. Im Zentrum der Anlage liegt ein Teich mit der übergroßen Skulptur einer Gießkanne. Ein Rundweg durch den Park erschließt alle Bereiche. In der Anlage befinden sich ein Bolzplatz und ein Spielplatz.

Die Hauptgehölze sind Spitzahorn, Stieleiche, Weißdorn, Trauerweide, Esche, Platane, Zitterpappel, Robinie, Schwarzkiefer und Birke.

PERLACHPARK

- **Stadtbezirk 16:** Ramersdorf-Perlach
- **Adresse:** Gustav-Heinemann-Ring
- **Zugänglichkeit:** öffentlich
- **Erreichbarkeit:** U 5/S 6 Perlach Süd, U5 Neuperlach, Bus 196
- **Größe in Hektar:** ca. 3 ha

⑱ Park an der Mustersiedlung Ramersdorf

Die Siedlung wurde zwischen 1933 und 1934 von Guido Harbers anlässlich der „Deutschen Siedlungsausstellung“ errichtet und folgte dem Gedanken der Gartenstadt. Einerseits ist die Siedlung auf den Ortskern Ramersdorf mit dem hohen Kirchturm ausgerichtet und dadurch mit der „Großstadtlandschaft verbunden“. Andererseits ist sie mit „Kirche und Anger als Gemeinschaft strukturiert“. Die gleichzeitig stattfindende Ausstellung „Heim und Garten“ zeigte Gärten zeitgenössischer, namhafter Gartengestalter und lieferte Ideen für die eigene Gartengestaltung. Die „Mustersiedlung Ramersdorf“ steht im architektonischen Gegensatz zu der in der Weimarer Republik zwischen 1928 und 1930 entstandenen benachbarten Siedlung Neu-Ramersdorf. Die Mustersiedlung besteht aus knapp 200 kleinen Einfamilienhäusern in 34 unterschiedlichen Typen.

In der Siedlung sind die Straßenzüge über schmale Gassen entlang hoher Hecken und Hauswände verknüpft. Sie führen zu einem zentralen Spielplatz oder nach Westen zu einem kleinen quartierbezogenen Park zwischen der Herrenchiemseestraße und der Chiemgaustraße (Mittlerer Ring). Im Norden knüpft die Anlage an den Park an der Wilramstraße an. Dort befinden sich Bänke und ein rechteckiges Wasserbecken mit einem Brunnen.

Die Vierkantsäule wurde 1934 nach einem Entwurf von Guido Harbers errichtet. Weiter führt der Weg nach Süden, wo die Anlage in einem Spielplatz westlich eines Tennisplatzes endet. Die weite Wiesenfläche wird zu beiden Seiten von hohen Sträuchern begrenzt. Einzelbäume und Baumgruppen gliedern den Raum.

PARK MUSTERSIEDLUNG RAMERSDORF	
• **Stadtbezirk 16:**	Ramersdorf-Perlach
• **Adresse:**	Hohenaschauer Str./ Herrenchiemseestr./ Chiemgaustr.
• **Zugänglichkeit:**	öffentlich
• **Erreichbarkeit:**	U-/S-Bahn Ostbahnhof, dann Bus 145 bis Klagenfurter Str.
• **Größe in Hektar:**	ca. 2,5 ha

19 Park an der Wilramstraße

Die lang gestreckte Grünanlage verläuft in Ost-West-Ausrichtung. Dies gilt auch für die beiden parallel angelegten Hauptwege. Zum Straßenraum wurde eine Schutzpflanzung aus frei wachsenden Sträuchern und einzelnen Bäumen angelegt. Auf den Wiesenflächen stehen vereinzelt Solitärbäume. Der Park wird entlang seiner Längsachse durch Gehölzinseln aus Bäumen und Sträuchern sowie Freizeiteinrichtungen räumlich geteilt. Eine weitere „Teilung" von Norden nach Süden erfolgt durch einen Fußweg in Höhe der Wageneggerstraße. Im Osten der Anlage befindet sich ein Kinderspielplatz und auf der Wiese stehen „Indianerzelte" aus Holz. Im Westen zieht ein Bolzplatz die älteren Kinder und Jugendlichen an. Im Anschluss an diesen Bolzplatz verlängert sich die Anlage über die Hohenaschauer-Straße mit Restflächen auf Höhe Laibacher-Straße. Im Park finden sich Bergahorn, Spitzahorn, Esche, Birke, Hainbuche, Platane und Linde.

Hauptweg durch den Park an der Wilramstraße

PARK AN DER WILRAMSTRASSE

- **Stadtbezirk 16:** Ramersdorf-Perlach
- **Adresse:** Wilramstr.
- **Zugänglichkeit:** öffentlich
- **Erreichbarkeit:** U 2 / U 7 Karl-Preis-Platz
- **Größe in Hektar:** ca. 3 ha

20 Kustermannpark

Die Grünanlage ist eingebettet in die 1983 entstandene Wohnanlage „Kustermannpark" und die umgebende Rosenheimer Straße und St.-Cajetan-Straße. In einigen Bereichen ist das Gelände leicht modelliert. Durch das Wegenetz werden einzelne Rasenflächen definiert. Die Randbepflanzung besteht aus lockerem Baumbestand. In der Anlage stehen Einzelbäume, Baum- und Strauchgruppen. Im Bereich an der Rosenheimer Straße befinden sich ein Kinderspielplatz und zwei Bolzplätze.

STICHWORT

BÄUME

Es gibt hier Baumhasel, Kiefer, Pappel, Birke, Hainbuche, Linde, Kastanie, Walnuss, Spitzahorn.

KUSTERMANNPARK

- **Stadtbezirk 16:** Ramersdorf-Perlach
- **Adresse:** Rosenheimer Str./ St. Cajetan-Str.
- **Zugänglichkeit:** öffentlich
- **Erreichbarkeit:** U-/S-Bahn Ostbahnhof
- **Einkehrmöglichkeit:** Ostbahnhof und Rosenheimer Str.
- **Größe in Hektar:** ca. 1,8 ha

Kaiserslauterner Platz mit begrenzenden Linden

21 Kaiserslauterner Platz

KAISERSLAUTERNER PLATZ

- **Stadtbezirk 16:** Ramersdorf-Perlach
- **Adresse:** Kaiserslauterner Platz
- **Zugänglichkeit:** öffentlich
- **Erreichbarkeit:** S 5 und S 6 St.-Martin-Straße
- **Größe in Hektar:** ca. 1,2 ha

Der lang gestreckte Platz entstand 1933. Er besteht aus einer Rasenfläche und ist von einer Baumreihe aus Linden umgeben. Eine geschnittene Hainbuchenhecke grenzt die Grünanlage zur Straße ab. Zwischen Hecke und Linden liegt ein vier- bis fünf Meter breiter Rasenstreifen. Im Norden des Platzes befindet sich ein Kinderspielbereich. Die Grünfläche ist von Wohnbebauung umgeben und wird überwiegend von der dort wohnenden Bevölkerung genutzt. Man erreicht die Anlage sehr gut über die Germersheimer Straße.

22 Park an der Bad-Dürkheimer Straße

PARK BAD-DÜRKHEIMERSTRASSE

- **Stadtbezirk 16:** Ramersdorf-Perlach
- **Adresse:** Bad-Dürkheimer Str.
- **Zugänglichkeit:** öffentlich
- **Erreichbarkeit:** U2, U8, S5, S6 Giesing
- **Einkehrmöglichkeit:** „Gleiswirtschaft" Giesinger Bahnhof
- **Größe in Hektar:** ca. 2,6 ha

Staudenrabatte mit Taglilien und Storchschnabel

Das Wegenetz unterteilt die nahezu quadratische Grünanlage in mehrere Wiesenflächen. Auf den Wiesen befinden sich Baumgruppen und Einzelbäume. Die älteren Exemplare sind Linden und Rotbuchen. Im Zentrum des Parks ist ein Hügel mit einer Felsengruppe. Die übrigen Parkbereiche sind flach ausgebildet. Als Schutzpflanzung zur Straße hin dienen hohe Sträucher und einzelne Bäume. An der Balanstraße befindet sich ein Staudenbeet mit Sitzgelegenheiten.

Der Park ist stark frequentiertes Ziel der umliegenden Bevölkerung. Ein Kinderspielplatz erhöht die Beliebtheit des Parks bei Familien.

Der Grünanlage schließt sich im Osten gegenüber der Balanstraße eine weitere Grünfläche an. Dort befindet sich eine große Wiese mit wenigen Baumsolitären. Eine Hecke aus Sträuchern und Einzelbäumen fasst die Anlage ein. Der umlaufende Weg begrenzt die Wiese. Im Süden der Bad-Dürkheimer-Straße gelangt man zum Grünstadter Platz.

Blick über den Grünstadter Platz

23 Grünstadter Platz

Der Grünstadter Platz ist eine nahezu quadratische Grünfläche mit einer weiten Wiese. Wenige Solitärbäume gliedern den Raum. Bergahorn und Holunder bestimmen den Platz. Die umgebende dichte Schutzpflanzung besteht aus mittleren und hohen Sträuchern. Einziges „Highlight“ des Grünstadter Platzes sind zwei Rasenkuppen, eine im Westen und eine im Osten der Anlage.

Eine der westlichen Rasenkuppen besteht aus einem kreisrunden gepflasterten Kreis mit Sitzblöcken aus Granit.

GRÜNSTADTER PLATZ

- **Stadtbezirk 16:** Ramersdorf-Perlach
- **Adresse:** Oggersheimer-/ Maikammer-/ Forsterstr.
- **Zugänglichkeit:** öffentlich
- **Erreichbarkeit:** U2, U8, S5, S6 Giesing
- **Einkehrmöglichkeit:** „Gleiswirtschaft“ Giesinger Bahnhof
- **Größe in Hektar:** ca. 0,81 ha

24 Neuer Südfriedhof

Der Südfriedhof entstand in den Jahren 1972 bis 1976 nach Plänen von Gottfried Hansjakob. Am Zugang vom Parkplatz an der Hochäcker-Straße aus führt eine Bergahornallee (Neupflanzung) in den Friedhof. Er ist landschaftlich gestaltet mit wellig modelliertem Gelände, weiten Wiesenflächen und Solitärbäumen. Im Südosten und Osten liegen potenzielle Erweiterungsflächen mit begleitenden Urnenmauern.

Im mittleren Teil des Friedhofs befindet sich der u-förmige Teich mit einer Brücke und einer Insel. Hier markiert die Aussegnungshalle auf einem Hügel das optische Zentrum des Friedhofs. In diesem Bereich erinnert die Anlage eher an einen Stadtpark, da die Flächen nicht belegt sind, und nur vereinzelt Grabsteine sichtbar werden. Im Westen ist die Belegungsdichte höher, dort sind die Grabfelder von Flieder- oder Eibenhecken eingefasst. Im Neuen Südfriedhof fand Quizmaster Lou van Burg (Quizsendung „Der goldene Schuss") seine letzte Ruhe.

Im Südosten befindet sich die so genannte „Keltenschanze". Ein etwa 1.000 Quadratmeter großer vertiefter quadratischer Rasenplatz mit im Raster gepflanzten Winterlinden. Die Fläche wird von einem etwa kniehohen Wall umgeben. Die Wegführung im Friedhof verläuft auffällig gewinkelt, nie gebogen, bzw. kurvig, aber es treten keine rechten Winkel auf. Verbreitete Baumarten sind Linde, Spitzahorn, Stieleiche, Hainbuche, Birke und Esche.

Alter Gedenkstein mit Goethe-Zitat

NEUER SÜDFRIEDHOF

- **Stadtbezirk 16:** Ramersdorf-Perlach
- **Adresse:** Hochäcker Straße
- **Zugänglichkeit:** öffentlich
- **Erreichbarkeit:** U/S-Bahn Giesing, dann Bus 139 bis Neuer Südfriedhof
- **Größe in Hektar:** ca. 36 ha

25 Ostfriedhof

Die Erstanlage durch die Stadtgemeinde Au stammt aus dem Jahr 1821. Dieser damalige Friedhof befand sich in den heutigen Gräberfeldern eins bis neun. Im Rahmen der Eingemeindung von Au und Giesing wurde der Friedhof 1854 von der Stadt München übernommen und erweitert. Die heutige Form entstand zwischen 1894 und 1900 unter Hans Grässel, der ihn im monumentalen Stil der neo-klassischen griechisch-römischen Antike erbaute. Der vom Krieg 1944 schwer beschädigte zentrale Kuppelbau wurde von Hans Döllgast in schlichteren Formen wieder hergestellt.

Dem zentralen Kuppelbau ist ein Portikus mit seitlichen Flügelbauten und dorischen Säulen angegliedert. Der symmetrisch aufgebaute Vorplatz an der Straßenseite wird durch eine halbkreisförmige Auffahrt bestimmt. Die seitlichen Flügelbauten beschreiben einen dreiseitigen Hof. Zwei Pyramidenpappeln und Eiben gliedern die Zufahrt. An den seitlichen Wegen stehen zwei Bergahornbäume. Weiterhin befinden sich in diesem Bereich Linden und Silberahorn.

OSTFRIEDHOF

- **Stadtbezirk 17:** Obergiesing
- **Adresse:** Sankt-Martins-Platz 1
- **Zugänglichkeit:** öffentlich
- **Erreichbarkeit:** S 5 / S 6 St. Martin-Str., Tram 15, 25 und 27 Salvatorkeller / Nokherberg
- **Einkehrmöglichkeit:** „Zum Tegernseer“, Bonifatiusstr.
- **Größe in Hektar:** ca. 30 ha

Aussegnungshalle des Ostfriedhofs mit symmetrisch gepflanzten Pappeln vor dem Portal

Auch auf der Friedhofseite beschreibt der Zentralbau mit seinen beiden Seitenflügeln einen dreiseitigen Schmuckhof. Den Seitenflügeln ist jeweils ein Zierbrunnen mit drei Pyramidenpappeln zugeordnet. Von hier führen zwei Rampen in den tiefer liegenden Friedhofsbereich. Es schließt sich eine lang gestreckte Rasenfläche mit sechs Urnen tragenden Säulen an. Am Ende des Rasens steht ein Denkmal des gekreuzigten Christus. Es stammt von 1912 und wurde vom Münchner Bildhauer Georg Müller angefertigt.

Von diesem mittleren Bereich führt das Wegesystem fächerartig nach Westen und Osten und wird dort dann regelmäßig rechteckig. Wie in anderen Friedhöfen, so gliedern auch hier in vielen Quartieren Alleen und geschnittene Hainbuchenhecken den Raum.

STICHWORT

PROMINENTE GRÄBER

Im Ostfriedhof finden sich zahlreiche sehenswerte Grabmale. Der Allgemeinheit bekannte Persönlichkeiten liegen hier begraben: So u.a. Rex Gildo, Klaus Löwitsch, Barbara Valentin – Schauspielerin und „Deutsche Jane Mansfield“, Ludwig Wilhelm, Herzog in Bayern, der älteste Bruder von Kaiserin „Sissi“, Rudolph Mooshammer...

Der Ostteil des Friedhofs liegt etwas niedriger und ist über Rampen und Treppenanlagen erreichbar. Hier sind zwei bemerkenswerte Abgänge zu nennen. Das Gelände wird jeweils über drei halbkreisförmige Terrassen mit seitlichen Stufen und begleitenden Balustraden überwun-

Stufenanlage mit Indischem Blumenrohr

den. In den etwa 50 Zentimeter hohen Stützmauern befinden sich je ein bis drei Wasserspeier mit einer Schale und seitlichem Rundornament. Den Abschluss jeder Stufenanlage bildet eine Steinbank im Halbkreis. Die Stufenanlagen und Rampen werden im Sommer durch Pflanzkübel mit Indischem Blumenrohr betont. Im Bereich des Grabfeldes 92 a befindet sich ein Ehrenplatz für gefallene Soldaten mit einer Löwenstatue und einer prächtigen Trauerbuche. Am östlichen Ende des Friedhofs gelangt man auf freie Rasenflächen und zahlreiche Urnengräber. Sie sind mit niedrigen Hartriegelhecken eingefasst. Der Platz vor der Urnenhalle ist der Kreuzungspunkt der Spitzahornalleen von Nord nach Süd, und der von Westen kommenden Lindenallee.

Im hauptsächlich dichten Baumbestand treten überwiegend Winterlinde, Spitzahorn, Buche, Birke, Fichte, Stieleiche, Esche, Feldahorn, Rosskastanie und Baumhasel auf.

26 Walchenseeplatz

Der Walchenseeplatz ist aus einer ehemaligen Kiesgrube entstanden, an der bereits vor 1914 eine Lindenallee gepflanzt worden war. Die gärtnerische Überarbeitung erfolgte erst mit der Errichtung der „GEFOWAG-Siedlung Walchenseeplatz“ 1928 bis 1930. Der Platz besteht aus einer lang gestreckten Fläche mit einem großen Rasen. Seine Form wird von der umgebenden Bebauung bestimmt. Im östlichen Teil quert ein Fußweg den Platz von Norden nach Süden und führt auf einen Torbogen der benachbarten Wohnanlage. An der östlichen und westlichen Stirnseite ist der Platz durch eine geschnittene Hartriegelhecke eingefasst. An den beiden Längsseiten besteht die Schutzpflanzung jedoch aus frei wachsenden Blütensträuchern. Auf der großen Wiese stehen nur wenige Baumsolitäre. Sie dient als Liegewiese und zum Ballspiel. In den beiden östlichen Platzecken stehen in den beiden quadratischen Nischen Kastanien. Die übrigen Bäume in der Anlage bestehen überwiegend aus Linde und Spitzahorn. Der östliche Bereich ist durch eine Rabatte aus Bodendeckern zweigeteilt. Der nördliche Teil ist einfach gestaltet, der südliche hingegen besteht aus einem Wasserbecken mit einer Brunnenfigur („Brunnenbuberl“) von 1930 nach einem Entwurf von Walter von Hattingberg. Nahe dem Becken steht eine Zierkirsche.

Der westliche Platzbereich besteht aus einem großen Kinderspielplatz. An den Spielgeräten verläuft auch hier ein Weg von Norden nach Süden. Wie im Ostbereich sind diese beiden Platzecken als quadratische Nischen ausgerichtet.

Am Walchenseeplatz sind heute noch typische Gestaltungsideen aus der Entstehungszeit erkennbar. Die Grundform wird von der Bebauung vorgegeben und die Ausgestaltung ist relativ einfach. Meist ist es ein Rasenkarree mit zur Straße abgrenzenden Hecken und Bäumen, bzw. einer Baumreihe. An den Stirnseiten befinden sich häufig Sitzplätze und Spielbereiche mit Sandkästen und Bänken. Die übrige Fläche ist Spielwiese. Typisch ist in den 1920er Jahren auch die Absenkung der Rasenfläche um etwa 50 Zentimeter. Gegen Ende dieser Periode erhalten die Plätze Schmuckelemente wie Brunnen, Statuen und Denkmäler. Gelegentlich wurden in den größeren Anlagen formale Blumenbeete angelegt.

„Brunnenbuberl“ am Walchenseeplatz

WALCHENSEEPLATZ

- **Stadtbezirk 17:** Obergiesing
- **Adresse:** Walchenseeplatz
- **Zugänglichkeit:** öffentlich
- **Erreichbarkeit:** U 2 / U 8 Silberhornstr.
- **Einkehrmöglichkeit:** „Orama“, Walchenseeplatz, „Schinkenpeter“, Perlacher-/Untersbergstr.
- **Größe in Hektar:** ca. 1,6 ha

27 Freizeitpark an der Setzberger Straße

Der Freizeitpark ist zwischen 1988 und 1990 entstanden. Kommt man von der Tegernseer Landstraße, dann gelangt man zunächst am Fr.-Eigl-Weg zu einer Grünfläche mit Kinderspielplatz. Es handelt sich um eine große Wiesenfläche, die vom höher gelegenen Weg über eine Böschung hinunter zum Spielplatz führt. In der Anlage stehen überwiegend Linden („Katzenbuckl").

Über die Weißenseestraße gelangt man in den Freizeitpark. Er ist eine annähernd quadratische Anlage mit umlaufendem Weg und zentraler Wiesenfläche. Entlang des Weges wechseln sich Kinderpiel- und Sportflächen mit Nischen zum Erholen ab. Eine Wiese wurde zur „Hundewiese" erklärt. Es handelt sich um ein Pilotprojekt der Landeshauptstadt München. Dort haben Hunde keinen Leinenzwang. In einem weiteren Sonderbereich führt ein Tälchen von einer Aussichtsplattform hinüber zu einem Feuchtbiotop. Unterhalb des Aussichtspunktes steht eine Holzskulptur. Nahe dem naturnahen Feuchtbiotop befindet sich ein weiteres, leicht erhöhtes und offensichtlich künstliches „Feuchtbiotop": Ein Wasserloch in Folienbauweise. Die Folie ist sichtbar. Der Freizeitpark scheint eine wichtige Naherholungsfunktion zu erfüllen, ist aber aufgrund des hohen Nutzungsdrucks in einem augenscheinlich vernachlässigten Zustand.

Die Bäume bestehen überwiegend aus Flügelnuss, Robinie, Kastanie, Fichte, Feldahorn, Bergahorn, Apfel, Trauerweide, Hainbuche und Birke.

PARK AN DER SETZBERGER STRASSE

- **Stadtbezirk 17:** Obergiesing
- **Adresse:** Weißensee-/ Untersberg-/Setzberg-/ Sintpertstr.
- **Zugänglichkeit:** öffentlich
- **Erreichbarkeit:** U 2 / U 8 Untersbergstr.
- **Einkehrmöglichkeit:** „Schinkenpeter" Ecke Perlacher-/ Untersbergstr.
- **Größe in Hektar:** ca. 1,5 ha

Blick von der Holzskulptur zum Aussichtsplateau

28 Friedhof am Perlacher Forst

Nach der Phase der monumentalen, historisierenden Großfriedhöfe Hans Grässels entstand zwischen 1929 und 1931 der Friedhof am Perlacher Forst. Die Planer Beblo und Leitenstorfer setzten in diesem Friedhof eine schlichtere, jedoch ebenfalls geometrisch architektonische und historisierende Formensprache um. Zudem wurde die Leichen- und Trauerhalle in das Zentrum des Friedhofs gelegt. Der Friedhof wurde 1935/36 erweitert. Nach dem Zweiten Weltkrieg konnte durch den Bau einer Wohnanlage für US-Streitkräfte die geplante Erweiterung nach Süden in den Waldbereich des Perlacher Forstes nicht realisiert werden.

Im nördlichen Bereich am Haupteingang sind die Gräber mit geschnittenen Hartriegelhecken abgeteilt. Eine Lindenallee führt vom Haupteingang zum Zentrum des Friedhofs mit der Verwaltung. Dort am Ende der Lindenallee öffnet sich ein offener Raum mit einer großen Rasenfläche und einem zwölfeckigen Turm, der die Leichen- und Trauerhalle (Aussegnungshalle) aufnimmt. Neben dem burgartigen Turm steht eine Halle in Form einer römischen Markthalle, bzw. frühchristlichen Basilika. Vom Zentrum führen die Wege strahlenförmig nach Süden. Westlich des Turmes befindet sich eine weitere, quadratische Rasenfläche mit einer weiblichen Skulptur. Der Rasen ist von einem umlaufenden Band aus Lavendel, Rosen und Eibe umgeben. Im Schnittpunkt der vom Turm abgehenden Wegeachse nach Süden und der von Lindenreihen begleiteten querenden Ost-West-Achse liegt der Ehrenhain für die KZ-Opfer. Er ist eine mit Linden bepflanzte rasterförmige quadratische Rasenfläche. In seinem Zentrum befindet sich ein Wasserbecken mit einem Gedenkstein.

Die Hauptwege werden von Lindenalleen oder Lindenreihen begleitet. Im gesamten Friedhof wechseln sonnige Flächen mit hainartiger Bepflanzung. Die Hauptbaumarten bestehen aus Birke, Rotbuche, Linde, Fichte, Esche, Eberesche und Robinie.

Auf dem Friedhof sind die Mitglieder der „Weißen Rose“ (Hans und Sophie Scholl) beerdigt. Sie beteiligten sich am studentischen Widerstand gegen Hitler.

WALCHENSEEPLATZ

- **Stadtbezirk 17:** Obergiesing
- **Adresse:** Stadelheimer Str. 24
- **Zugänglichkeit:** öffentlich
- **Erreichbarkeit:** Tram 27 Schwanseestr.
- **Einkehrmöglichkeit:** Café am Schwanseeplatz
- **Größe in Hektar:** ca. 29 ha

Weitere Plätze im Münchner Osten

Die in Klammern gesetzten Zahlen stehen für die Stadtbezirke

Friedhof Bogenhausen (13)

„Prominentenfriedhof" an der St.-Georgs-Kirche (1771). Stammt vermutlich aus dem 9. Jahrhundert. Von Mauern umgeben. Oskar Maria Graf, Pater Delp, Rainer Werner Fassbinder, Helmut Fischer, Ernst Hürlimann, Erich Kästner, Liesl Karlstadt, Werner Kreindl, Siegfried Lowitz, Walter Sedlmayr, Annette Kolb, Maria Wimmer. Gehölze: Winterlinde, Bergahorn, Robinie, Pyramidenpappel.

Herzog Albrecht Anlage mit Brunnbachleite bis St.-Emeram (13)

Annähernd quadratische Grünanlage an der John-F.-Kennedy-Brücke. Überbleibsel des ehemaligen Herzogparks. An der Ecke Mauerkirchnerstraße/Vilshofener-Straße Figurengruppe „Jäger mit Hund". Sehenswerte mächtige Rotbuchengruppen. Bis 1826 befand sich an dieser Stelle ein großer See. Unterhalb der Oberföhringerstraße führt ein Weg vorbei an ausgedehnten Wiesen und Rasenflächen und gelegentlich über Holzbrücken und Stege über den Brunnbach. Von der Mauerkirchnerstraße führt auch ein Weg über den Mittleren Isarkanal zur Isarinsel. Ein paar Meter entlang des Kanals und weiter nördlich erneut Kanal überqueren. Die Straße St.-Emeram führt zum lauschigen Biergarten St. Emeram.

Bürgerpark Oberföhring (13)

Erste Grünstrukturen zwischen 1939 und Mai 1945 als Luftwaffenlazarett. Vom Juli 1945 bis Ende Mai 1984 Nutzung der Gebäude als Städtisches Krankenhaus Oberföhring. In dieser Zeit Weiterentwicklung und Pflege der Grünanlage mit geschnittenen Hecken und Bäumen. Zwei Glashäuser für Rosen für die Beete des Parks und für Gemüse für die Krankenhausküche. Nach Umzug des Krankenhauses standen die meisten Gebäude leer. Ab 1984 Nutzung durch mehrere Vereine als „Bürgerpark" und Sitz der „Vereinsgemeinschaft 29 e.V." Seit 1988 „IBO" Interessengemeinschaft Bürgerpark Oberföhring e.V.

Posener Platz (13)

Breiter, lang gestreckter Mittelstreifen mit überwiegend Kastanien und Rasenfläche.

Trakehner Platz (13)

Lang gestreckte Grünfläche mit Rasen. Im rechten Winkel zum Posener Platz. Fußweg westlich der Rasenfläche. Im nördlichen Teil befindet sich ein Kinderspielplatz. Bäume: Kastanie, Winterlinde, Baumhasel, Spitzahorn.

Zur Deutschen Einheit (13)

Lang gestreckte, drei geteilte Grünfläche. Im Süden Wiesenfläche mit umgebenden Bäumen und Sträuchern. Im Norden Rasenfläche mit angeschlossenem Kinderspielplatz. Zur Straße Pflanzung mit Linden, Eichen und Sträuchern. Die Platzgestaltung wird ihrem Namen leider nicht gerecht.

Behr-Park (14)

Kleine Grünanlage hinter der ehemaligen Tram-Wendeschleife, jetzt Marktplatz an der Baumkirchner-Straße. Wurde vom Bürgerkreis Berg am Laim in einer Bürgerinitiative von der Landeshauptstadt München „erkämpft" (um 1990). In der schlichten Grünanlage mit einigen Baumsolitären finden im Sommer Freilichtaufführungen statt.

Park an der Bad-Schachener- und Echardinger-Straße (14)

1933 bis 1936 entstanden. Fortsetzung 1961 und 1964. Park mit mehreren großen Rasenflächen, Spiel- und Freizeiteinrichtungen. Im Norden grenzt der Park an die Bezirkssportanlage, im Süden an eine Sonderschule. Im Südteil des Parks befindet sich eine Kapelle. Bäume sind Rotbuche, Hainbuche, Winterlinde, Spitzahorn, Kiefer und Stieleiche.

Piusplatz (14)

1931 entstanden. Lang gestreckte Grünanlage mit Ost- West- Ausrichtung. Trägt Namen nach der St.-Piuskirche. Große Wiesenfläche von parallel zur Straße liegenden Wegen und Kastanien begleitet. Auf der Wiese solitäre Eichen und Linden. Als Schutzpflanzung zum Straßenraum wurde Hartriegel angepflanzt. Die innere Längseinfassung zum Rasen besteht aus Kastanien. Am westlichen Ende der Grünanlage Sitzecken mit Sandkasten. Dort einzelne Kastanien und Platanen. Am Diagonalweg gelb blühende Kastanien.

Die Anlage wird auf Höhe der Aßlinger Straße und der Heufelder Straße durch einen Querweg geteilt. Nach der eigentlichen Begrenzung im Osten durch die Westerhamer Straße wird die Grünanlage in Richtung Pertisaustraße optisch verlängert.

Auf der dortigen Grünfläche befinden sich große Wiesen mit Spielplatz und Baumgruppen. Die Grünfläche geht in diesem Bereich in die umgebende Wohnanlage über.

Achenseeplatz (15)

Lang gestreckte Wiesenfläche durch Plumserjochstraße zweigeteilt. Spielplatz. Offener Platz zur Wohnbebauung. Im Süden durch Sträucher abgepflanzt. An West- und Ostseite regelmäßig gepflanzte Spitzahorne.

Fehwiesenstraße (15)

Schmaler, lang gezogener Grünzug zwischen der Berg-am-Leim-Straße und der Bezirkssportanlage entlang der Fehwiesenstraße. Durchgängige Rasenfläche mit seitlicher Schutzpflanzung aus Bäumen und Sträuchern. Durchgängiger Weg, unterbrochen von der Altöttinger Straße. Im Norden Spielplatz mit Sandkasten. Gehölze: Spitzahorn, Birke, Kastanie, Winterlinde, Hainbuche, Stieleiche, Bergahorn.

Graf-Spee-Platz (15)

Vormals Kiesgrube für Straßenbau. Ende der 1920er Jahre zugeschüttet mit Abbruchmaterial der Häuser an der Blumenstraße. Lang gestreckter, rechteckiger Platz mit zentraler Wiese. Im östlichen Teil Spielplatz mit Sandbereich. Bäume und Großsträucher als Randkulisse. Am Wiesenrand einzelne Solitäre. Umlaufender Weg. Birkenreihe. Weitere Bäume sind Rotbuche, Eiche, Winterlinde, Hainbuche und Esche.

Grünzug zwischen Kainzenbadstraße und Höhenstadterstraße (15)

Zwischen Kainzenbad- und Höhenstadterstraße führt ein Weg von der Schachener-Straße im Süden zur Gögginger-Straße im Norden durch neue Wohnbebauung. Im Norden Blick auf das Kloster St.-Michael. Dort Aussicht über den Zaun auf einen Teil der Gartenanlagen. Am nördlichen Ende des Grünzugs liegen mehrere Kinderspielbereiche. Zwischen den Spielplätzen und dem Klosterareal weitet sich der Raum links und rechts zu Wiesenflächen. Diese wurden vormals teils als Erdbeerplantage genutzt. Im Nordwesten wurde ein kleiner Hügel aufgeschüttet und Bäume auf der Wiese angepflanzt. Zum Klostergelände gehört eine große Fläche aus heimischen Bäumen und Sträuchern, der „Zukunftswald". Von dort gelangt man über die Echardinger-Straße zu einer weiteren Parkanlage.

Halligenplatz (15)

Breiter Grünstreifen zwischen zwei parallelen Straßen und umgebender Bebauung. Rasenfläche zur Straße mit lockerer Baumpflanzung. Keine Hecken. Bäume: Birke, Hainbuche, Kastanie, Esche und Kirsche.

St.-Augustinus-Straße (östlich der Bajuwarenstraße) (15)

Breiter Grünstreifen zwischen zwei parallelen Straßen und umgebender Bebauung. Rasenfläche zur Straße mit lockerer Baumpflanzung. Keine Hecken. Bäume: Birke, Hainbuche, Kastanie, Esche, Kirsche.

Überseeplatz (15)

Lang gestreckte Grünfläche mit zentraler Wiese und seitlichem Fußweg. Im Süden Trafostation und Sandkasten. Platzeinfassung an den Längsseiten mit Baumreihen aus Stieleiche, an den Kopfseiten mit Winterlinde. Zwischen den Bäumen mittlere bis hohe Strauchhecken. Auf der Wiese einzelne Solitäre (Stieleiche). Querweg in Höhe Lödseestraße. Am nördlichen Ende Spielplatz. Weitere Bäume: Kirsche, Spitzahorn.

Friedhof Perlach (16)

1902 von der Gemeinde Perlach angelegt und im Rahmen der Eingemeindung 1930 von der Stadt München übernommen. Danach Erweiterung. Kleiner rechteckiger Friedhof. Vereinzelt Großbäume. Überwiegend unbeschattete Gräberfelder. Zur Straße hin Abtrennung durch eine Klinkermauer. Im Friedhof im östlichen Bereich geschnittene Hainbuchenhecken. Im Osten, Westen und Norden Abgrenzung durch Holzlattenzäune. Überwiegend schlichte Grabsteine. Bäume: Esche, Mehlbeere, Spitzahorn, Hainbuche, Linde. Prominentengrab: Willy Harlander, Schauspieler.

Grünanlage an der Schmidbauerstraße (16)

Große Rasenfläche mit Weidenflechtzäune und Spielplatz. Modelliertes Gelände.
Gehölze: Feldahorn.

Loehleplatz (16)

Gebäude zwischen 1907 und 1927 entstanden. Von Linden umgebener Platz mit Spielplatz und Sitzgelegenheiten am südlichen Ende der Weiskopfstraße. Die Platzbegrünung entstand zwischen 1925 und 1935. Kinderspielplatz 1978 angelegt.

(Ehemaliges) Perlacher Schloss (16)

Nur noch ein altes Haus erhalten. Es gehört seit 1886 zum Kreisklinikum München-Perlach. Neubauten. Im Garten nur noch wenige Altbäume. Mauern am Garten. Sehenswerter Dorfkern an der Kirche und am Pflanzeltplatz mit Bach und Spitzahorn-, bzw. Kastanienallee. Vor Kirche Kugelahornbäume. Platz von 1926.

Raiffeisenplatz (16)

Rasenfläche mit umlaufender Schutzpflanzung aus Bäumen und hohen Sträuchern. Bäume: Birke, Hainbuche.

Redlinger Platz (16)

Nahezu quadratischer Platz mit Rasenfläche. An den Rändern Einzelbäume wie Winterlinde und Silberahorn. An drei Seiten Baum- und Heckeneinfassung. Am Spielplatz geschnittene Hainbuchenhecke. Weitere Bäume: Winterlinde, Silberahorn, Robinie, Stieleiche, Kiefer, Feldahorn.

Waldheimplatz (16)

Lang gestreckter breiter Mittelstreifen als Grünanlage mit Spielplatz. Ist durch querende Straßen in mehrere Teile gegliedert. Durchgängiger, teils gewundener Fußweg von Norden nach Süden. Waldartige Bereiche wechseln mit parkartigen Wiesenbereichen ab. Am Spielplatz modelliertes Gelände. Südlich am Nixenweg Abschluss mit Biergarten und Gaststätte „Leiberheim“. Dort Volksbühne und „Obletter-Kinderparadies“. Bäume: Bergahorn, Kiefer, Birke, Rotbuche, Fichte, Amerikanische Roteiche, Traubeneiche, Mehlbeere.

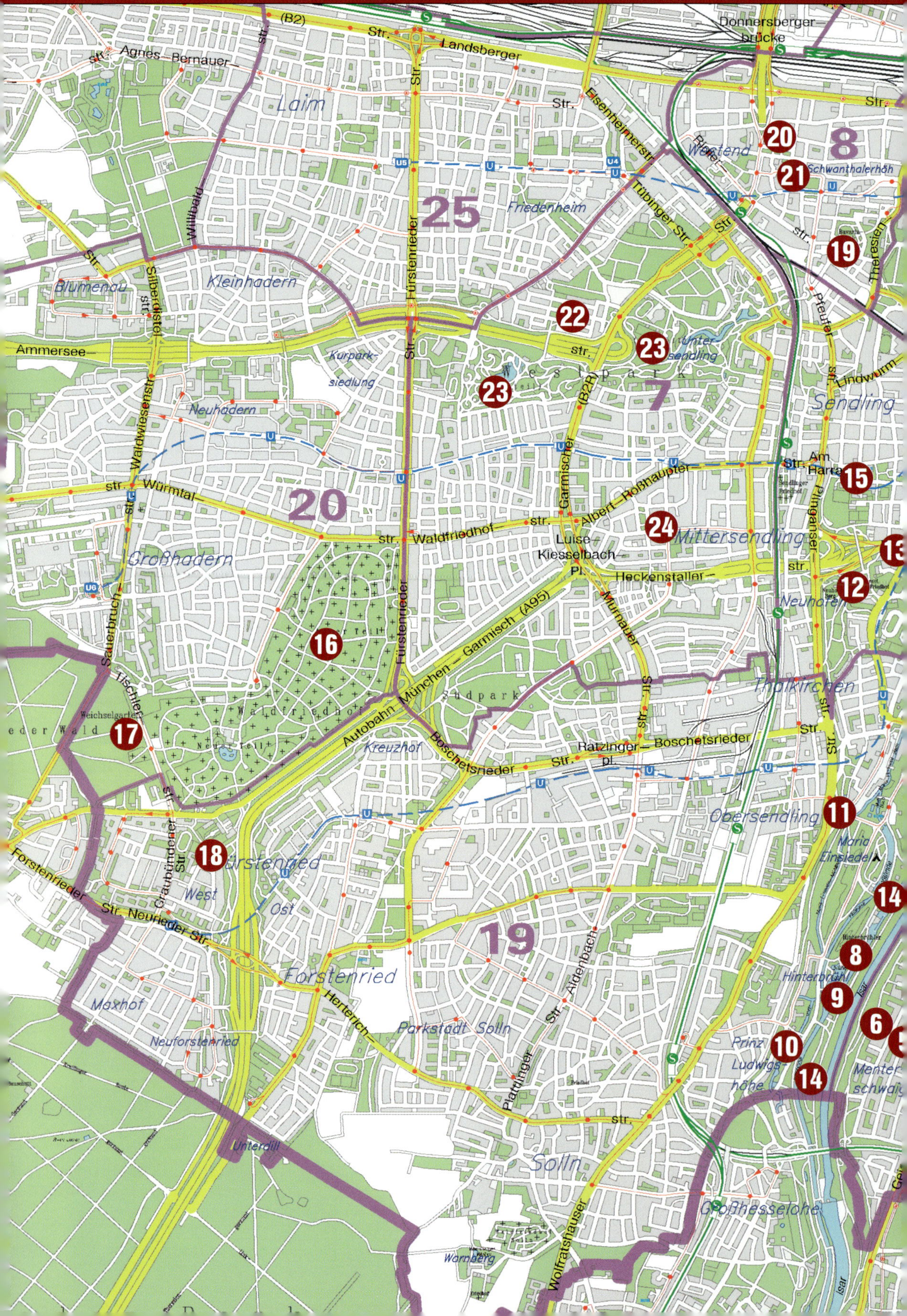

Laim
Kleinhadern
Blumenau
Friedenheim
Westend
Schwanthalerhöh
Kurpark-siedlung
Neuhadern
Westpark
Untersendling
Sendling
Großhadern
Mittersendling
Neuhofen
Thalkirchen
Kreuzhof
Obersendling
Fürstenried West
Fürstenried Ost
Forstenried
Maxhof
Neuforstenried
Parkstadt Solln
Prinz Ludwigshöhe
Maria Einsiede
Hinterbrühl
Menterschwaig
Solln
Großhesselohe
Unterdill
Warnberg
Donnersberger brücke
Landsberger Str.
(B2)
Agnes-Bernauer-Str.
Fürstenrieder Str.
Elsenheimerstr.
Tübinger Str.
Ammersee-str.
Silberdistelstr.
Willibaldstr.
Waldwiesenstr.
Würmtalstr.
Waldfriedhofstr.
Garmischer Str. (B2R)
Albert-Roßhaupter-Str.
Luise-Kiesselbach-Pl.
Heckenstaller-str.
Murnauer Str.
Autobahn München-Garmisch (A95)
Südpark
Waldfriedhof
Neuer Teil
Forstenrieder Wald
Weichselgarten
Sauerbruchstr.
Tischlerstr.
Boschetsrieder Str.
Ratzinger-Pl.
Graubündener Str.
Forstenrieder Str.
Neurieder Str.
Herterichstr.
Aidenbachstr.
Plattlinger Str.
Wolfratshauser Str.
Pfeuferstr.
Lindwurmstr.
Plinganserstr.
Am Harras
Theresienstr.
Isar
Str.
25
20
19
8
7
20
21
19
22
23
23
15
24
13
12
16
17
11
18
14
8
9
6
10
14

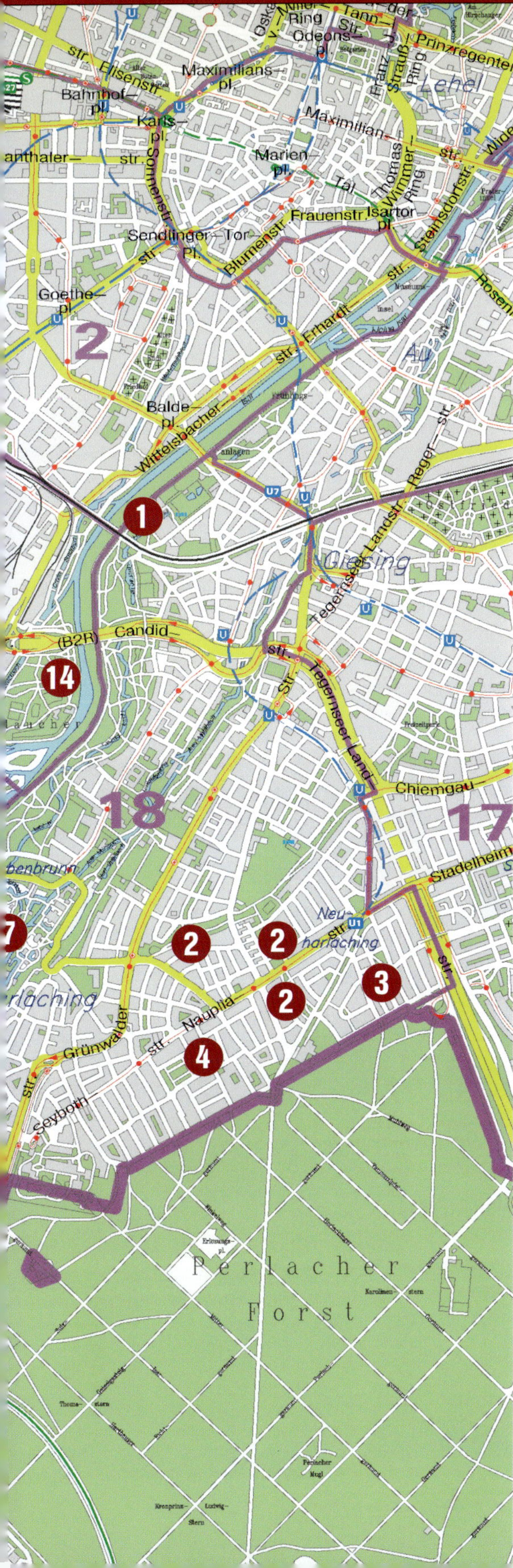

Münchner Süden

GRÜN IM SÜDEN MÜNCHENS

1. **Rosengarten in der Baumschule Bischweiler**
2. **Grünzug Kuntersweg – Am Hohen Weg – Am Hollerbusch – Vollmarpark**
3. **Miesbacher Platz**
4. **Athener Platz**
5. **Isarleiten**
6. **Schmorellplatz**
7. **Tierpark Hellabrunn**
8. **Floßlände**
9. **Hinterbrühler Park**
10. **Garten der Villa Borscht**
11. **Gierlinger Park**
12. **Park am Neuhofener Berg**
13. **Alter Israelitischer Friedhof**
14. **Südliche Isarauen zwischen der Braunauer Brücke und der Stadtgrenze**
15. **Valley- und Implerplatz**
16. **Waldfriedhof**
17. **Kriegsgräberstätte Waldfriedhof**
18. **Schlosspark Fürstenried**
19. **Bavariapark**
20. **Gollierplatz**
21. **Georg-Freundorfer-Platz**
22. **Pfrontener Platz**
23. **Westpark**
24. **Eichendorffplatz**

- ● **Weitere Plätze im Süden**

Dem Münchner Süden sind die Stadtbezirke 6 (Sendling), 7 (Sendling-Westpark), 8 (Schwanthaler Höhe), 18 (Untergiesing-Harlaching), 19 (Thalkirchen-Obersendling-Solln-Forstenried-Fürstenried) und 20 (Hadern-Waldfriedhofviertel-Blumenau) zugeordnet.

Darin ist das gesamte südliche Isartal innerhalb der Stadtgrenze umschlossen und somit auch der Ausgangspunkt und die heutige Lage der Münchner Stadtgärtnerei: Östlich der Isar die ehemaligen Edelsitze Birkenleiten, Siebenbrunn, Harlaching und Hellabrunn, das 1910/11 zum Tierpark wurde, westlich des Flusses die Flaucheranlagen, die Zentrallände mit Maria Einsiedel und dem Campingplatz, und schließlich Hinterbrühl mit Park und See. Dabei spielte die Isarregulierung vor hundert Jahren eine ebenso große Rolle wie heute die Renaturierung im Rahmen des Isar-Plans. Hier wird die gesamte obere Isarlandschaft innerhalb der Stadtgrenzen in ihrem eingeschränkten Bett wieder naturnäher gestaltet. Die umfangreichen Arbeiten sollen noch im Jahr 2005 von der südlichen Stadtgrenze bis zum Deutschen Museum fertiggestellt sein.

Oberhalb der eiszeitlichen Hangkante dehnten sich die Fluren des alten Kirchdorfs Sendling bis zur Bahntrasse, die in der zweiten Hälfte des 19. Jahrhunderts von der Schwanthaler Höhe bis Mittersendling dicht mit Arbeitersiedlungen überbaut wurden. Entlang der Eisenbahntrassen entstanden zum Teil an Stichgeleisen umfangreiche Versorgungs- und Industrieanlagen namentlich um den Südbahnhof und die Thalkirchner Straße und in Obersendling.

Alte Dorfkerne mit Kirche und Friedhof lassen sich erkennen in Solln, Forstenried und Großhadern. Die ehemaligen herrscherlichen Jagdgebiete um Boschetsried und Schloss Fürstenried sind in ihren ausmärkischen Teilen als Forstenrieder Park, Forst Kasten und Fürstenrieder Wald bzw. als Perlacher und Grünwalder Forst erhalten.

Die größte innerstädtische Grünfläche im Münchner Süden ist der Waldfriedhof mit dem „Anhang" von Schloss Fürstenried (heute Exerzitienhaus) mit Park. Gartenbaulich am bedeutendsten ist südlich des Mittleren Rings und der Autobahn nach Lindau der Landschaftspark der IGA 83, der Westpark mit seinen Wasserflächen und Freizeit- und Kultureinrichtungen, Bühne, Pagode und Themengärten. Er konnte für die Internationale Gartenbauausstellung 1983 noch bedeutend in östlicher Richtung durch Anfügung des Geländes der bereits aufgelassenen „Amorbahn" und die Verlagerung der Bauhöfe der Fima Moll erweitert werden und erlangt so Anschluss an den Bavaria- und Ausstellungspark auf der Theresienhöhe.

Die umfänglichen Bauvorhaben am alten Ausstellungspark und beim Obersendlinger Siemensstandort lassen auch interessante gartenarchitektonische Lösungen erwarten.

Figurengruppe „Streitende Kinder"

1 Rosengarten

in der Städtischen Baumschule Bischweiler

Seit 1896 existiert an dieser Stelle eine Baumschule, da am alten Standort auf der weiter nördlich gelegenen Kalkinsel das „Müller'sche Volksbad" erbaut wurde (zwischen Deutschem Museum und dem Kulturzentrum Gasteig). 1955 legte man in der Baumschule Bischweiler einen Sichtungsgarten an, aus dem der heutige Rosengarten mit derzeit etwa 200 Rosensorten hervorgegangen ist. Seine Grundform ist in regelmäßige Beete aufgeteilt, zwischen denen die Wege verlaufen. Zwischen den Beeten befinden sich zwei Figurengruppen aus Stein. Westlich der Holzpergola gelangt man zu weiteren Staudenbeeten mit Sitznischen und zur Baumschule. Das gesamte Areal ist von Bäumen und Sträuchern als Randkulisse eingefasst. Entlang der Isarseite begrenzen geschnittene Hainbuchenhecken den Garten. Im Ostteil der Anlage befindet sich der Duftgarten, wo in den Sommermonaten duftende Kübelpflanzen aufgestellt werden. In seiner Nachbarschaft sind der Tastgarten für Blinde und der Lehrgarten für Giftpflanzen aus Feld, Flur und Garten. Im Zentrum des Giftgartens steht ein Infopavillon mit erklärenden Pflanzenporträts. Zu den markanten Bäumen gehören Catalpa, Blutbuche, Hänge-Rotbuche, Flügelnuss, Maulbeerbaum, Hainbuche, Eibe, panaschierter Bergahorn und eine Säuleneiche.

Der Rosengarten ist ein Kleinod und zugleich wichtiger und gern genutzter Rückzugsort. Man erreicht ihn über einen Fußweg von der Sachsenstraße (kein offizielles Hinweisschild) gegenüber der Südostecke des Schyrenbades. Zwei weitere Eingänge befinden sich an der Isarseite.

ROSENGARTEN IN BISCHWEILER

• **Stadtbezirk 18:**	Untergiesing Harlaching
• **Adresse:**	Sachsenstr. 8
• **Zugänglichkeit:**	öffentlich
• **1.März – 30.April:**	7.00 - 18:00 Uhr
• **1.Mai – 31.August:**	7.00 - 20:00 Uhr
• **1.Sep – 31.Okt:**	7.00 - 18:00 Uhr
• **1.Nov – 28.Feb:**	7.00 - 15:15 Uhr
• **1.Nov – 28.Feb:**	(Wochenende geschlossen)
• **Erreichbarkeit:**	U2, U5, U8 Kolumbusstr., Bus 52 Winterstr.
• **Einkehrmöglichkeit:**	Gaststätten am Hans-Mielich-Platz
• **Größe in Hektar:**	ca. 0,5 ha

2 Grünzug Kuntersweg

Am Hohen Weg – Am Hollerbusch – Vollmarpark

Dieser erste zusammenhängende Münchner Grünzug besteht aus den Anlagen am Kuntersweg und „Am Hohen Weg“ – vom Tiroler Platz bis zum St.-Quirin-Platz im Norden und den Grünanlagen „Am Hollerbusch“ und dem „Vollmarpark“ bis zum Perlacher Forst im Süden. Der Grünzug war bereits 1918 vorgesehen und seither von Bebauung frei gehalten. Die einzelnen Grünanlagen sind in der Zeit zwischen 1933 bis 1936 entstanden.

GRÜNZUG KUNTERSWEG

- **Stadtbezirk 18:** Untergiesing/Harlaching
- **Adresse:** Kuntersweg/Am Hollerbusch
- **Zugänglichkeit:** öffentlich
- **Erreichbarkeit:** Tram 15, 25, U 1 St.-Quirin-Platz
- **Einkehrmöglichkeit:** „Harlachinger Eikehr“, Karolinger Allee 34
- **Größe in Hektar:** ca. 12 ha

KUNTERSWEG/AM HOHEN WEG

Die weit ausgedehnte Grünanlage erstreckt sich im Westen vom Kuntersweg über die Säbener Straße und „Am Hohen Weg“ vorbei am Trainingsgelände des FC Bayern München bis zum St.-Quirin-Platz im Osten.

Im Bereich Kuntersweg bis zur Säbener Straße ist der Grünzug geprägt von einer langen Böschung, einer eiszeitlichen Geländeschwelle. Im oberen Bereich befinden sich ein Rad- und Fußweg, Wiesenflächen, Baumgruppen und Einzelbäume. Der untere Bereich besteht hauptsächlich aus einer großen Wiese. In diesem ersten Abschnitt am Kuntersweg stehen überwiegend Hainbuche und Rotbuche. Dieser Teilbereich hat ein naturnahes Erscheinungsbild.

Der weitere Verlauf ab der Säbener Straße entlang „Am Hohen Weg“ ist städtischer geprägt. Mit Beginn an der Kirche Heilige-Familie geht der Grünzug in einen Stadtpark über. Er ist eine ebenfalls lang gestreckte, jedoch schmale Grünanlage mit Rasenflächen. Der Fußweg wird zu Beginn von einer Baumreihe aus Spitzahorn begleitet. Abwechselnd folgen Platane und Linde. Unterhalb des Wegs hat man Einblick auf das Sportgelände des FC Bayern.

Nach Süden hat die Anlage eine Abpflanzung aus frei wachsenden Sträuchern. Große Exemplare frei stehender Rotbuchen und Feldahornbäume wechseln sich mit Baumgruppen aus Kiefer, Linde und Hainbuche ab. Entlang des Wegs befinden sich an den Parkrändern Nischen mit Spielgeräten. Im Osten weitet sich der Park zum St.-Quirin-Platz und zur Tegernseer Landstraße in mehrere Rasenflächen. Parallel zum Weg fällt das Gelände nach Norden ab. Auch hier wechseln sich Solitäre wie Linde und Spitzahorn mit locker stehenden Baumgruppen ab. Den östlichen Abschluss bildet die sehenswerte Architektur der U-Bahn-Station am St.-Quirin-Platz. Von dort gelangt man über die Tegernseer Landstraße in den nahe gelegenen Freizeitpark an der Setzberger Straße.

AM HOLLERBUSCH

Die Grünanlage „Am Hollerbusch" ist eine Grünanlage mit Nord-Süd-Ausrichtung. 1932 angelegt, schließt sie im rechten Winkel an den Grünzug am Kuntersweg/ „Am Hohen Weg" an. Im Süden wird sie von der Naupliastraße begrenzt. Südlich der Naupliastraße schließt sich der Vollmarpark an. Der Park „Am Hollerbusch" wird an den Längsseiten von Blütenhecken und einzelnen Bäumen eingefasst. Hinter dieser freiwachsenden Hecke besteht die eigentliche Abgrenzung zur Straße hin aus einer niedrigen, geschnittenen Hartriegelhecke. Auf der Wiese stehen ältere Baumsolitäre wie Flügelnuss, Esche, Silberahorn und ein junger Tulpenbaum. Dominierende Baumart ist die Esche. Im südlichen Bereich an der Naupliastraße ist das Gelände wellig modelliert. Darunter befindet sich eine Tiefgarageneinfahrt.

VOLLMARPARK

Der Vollmarpark ist die südliche Verlängerung des Grünzugs. Er besteht zwischen der Naupliastraße und der Oberbiberger-Straße aus einer großen Rasenfläche mit vereinzelten Solitärbäumen.

Im Bereich der Spielplätze ist das Gelände leicht modelliert. Die Kulissenpflanzung besteht aus einer frei wachsenden Strauchhecke.

Im Park stehen überwiegend Bergahorn, Feldahorn, Winterlinde, Stieleiche, Lärche, Baumhasel, Kiefer, Birke und Kastanie. An der Naupliastraße begrenzt eine hohe Hartriegelhecke den Park. Hier gibt es Sitzmöglichkeiten an einer Staudenpflanzung.

Im südlichen Bereich an der Oberbiberger-Straße geht der Park in eine ausgedehnte Wiesenfläche zum Perlacher Forst über.

Die Randbepflanzung besteht in diesem Bereich aus Kiefer, Fichte, Esche, Linde, Feldahorn, Lärche, Rotbuche und Birke. Hinter einem Hügel erstreckt sich die Anlage entlang des Perlacher Forsts nach Westen bis zum Säbener Platz. Dort ist ein Spiel- und Bolzplatz. Dominierende Bäume sind hier Spitzahorn, Linde, Kastanie, Esche, Buche.

Hangkante am „Am Kuntersweg"

Hangkante am „Am Hohen Weg"

Breite Hecke aus Kornelkirsche und Kastanienreihe als Platzbegrenzung

3 Miesbacher Platz

Der Platz wurde 1937 angelegt und ist heute eine von Kastanien umgebene Grünanlage. Die innere Eingrenzung des Nordteils besteht aus einer breiten, geschnittenen Hartriegelhecke. Zudem werden die nördlichen Platzecken von Mauern begrenzt. Hier befindet sich ein sehr schön gestalteter Spielplatz mit gegliederten Bereichen. Die Bereichstrennung erfolgt durch niedrige Hecken und Klinkermauern. Ein Brunnen mit Tierfiguren spendet Wasser und führt es über eine Rinne zum Matschbereich. Die Spielbereiche werden von Blütensträuchern begleitet. An der Ostseite der Grünanlage führen mehrere Staudenbeete nach Süden. Das Zentrum und der Südteil der Anlage ist eine große Rasenfläche. Der Rasen wird von einem Diagonalweg gekreuzt. In einer Gebüschgruppe verstecken sich ein kleiner Aussichtsturm und ein Indianerzelt aus Holz. Die dominierenden Bäume sind Kastanie, Platane, Robinie, Hainbuche, Linde und Flügelnuss.

MIESBACHER PLATZ

- **Stadtbezirk 18:** Untergiesing - Harlaching
- **Adresse:** Miesbacher Platz
- **Zugänglichkeit:** öffentlich
- **Erreichbarkeit:** U1, Mangfallplatz
- **Größe in Hektar:** ca. 0,7 ha

Brunnendetail mit Tieren am Spielplatz

4 Athener Platz

Der 1932 entstandene Athener Platz wird von einer umlaufenden sehenswerten Allee aus Winterlinden begrenzt. Diese Allee hat Promenadencharakter. Etwa 14 Meter von der Straßenkante beginnt die innere Platzeinfassung aus hohen frei wachsenden Sträuchern. Das Platzinnere wird von einer Rasenfläche dominiert, um die ein Weg führt. Der östliche Teil war ursprünglich mit einer Rosenrabatte bepflanzt. Im westlichen Bereich der Anlage befindet sich ein Kinderspielplatz, der auf eine Erstanlage von 1959 zurückgeht. Die Hecke entlang der Lindenallee ist Teil der Höhenabstufung von den Baumkronen zum Rasen. Auf der Rasenfläche stehen vereinzelt Solitärbäume wie Platane und Winterlinde. Weitere Bäume sind Blutbuche, Kastanie, Robinie, Spitzahorn, Silberahorn und zwei Ginkgos. Der Athener Platz gilt als typisch für seine Zeit.

ATHENER PLATZ

- **Stadtbezirk 18:** Untergiesing / Harlaching
- **Adresse:** Athener Platz
- **Zugänglichkeit:** öffentlich
- **Erreichbarkeit:** Tram 15, 25 Authariplatz, Bus 139 Autharistr.
- **Größe in Hektar:** ca. 3 ha

Lindenallee um den Athener Platz

Hochleitenweg nahe der Menterschwaige

5 Isarleiten in Harlaching und Grosshesselohe

Im Bereich der steilen, unzugänglichen und nicht intensiv nutzbaren Hangwälder des Isarostufers sind noch naturnahe Wälder mit stellenweise urwaldartigen Bereichen erhalten geblieben, die man im Münchner Umland sonst vergebens sucht. Je weiter man sich der Innenstadt nähert, umso stärker macht sich der menschliche Einfluss auch bei den Leitenwäldern bemerkbar. Richtung Zentrum wird die Bebauung immer intensiver, gleichzeitig steigt die gärtnerische Gestaltung in Form einer Grünanlage, entsprechend sinkt dadurch der Wert als Lebensraum für Tiere und Pflanzen. Der Name „Menterschwaige" leitet sich übrigens von der Münchner Bierbrauerfamilie Menter ab, die die dortige Gaststätte bewohnte.

Zurück zu den Leitenwäldern nahe der südlichen Stadtgrenze: An manchen Stellen kann man einen Eindruck bekommen, wie die Wälder um München vor der großflächigen Anpflanzung der Fichtenkulturen ausgesehen haben. Alte Rotbuchen bilden die oberste Baumschicht, darunter

ISARLEITEN IN HARLACHING

- **Stadtbezirk 18:** Untergiesing / Harlaching
- **Adresse:** Zugang über Schlichtweg und Hochleite
- **Zugänglichkeit:** öffentlich
- **Erreichbarkeit:** Tram 15, 25 Tiroler Platz bis Schilcher Weg, S 7 Großhesselohe
- **Einkehrmöglichkeit:** Gutshof-Biergarten Menterschwaige, Bahnhofsgaststätte Großhesselohe, Pullacher „Waldwirtschaft"
- **Größe in Hektar:** ca. 3-4 ha

wächst ein dichter Unterwuchs aus jungen Buchen, Ahorn und anderen Baum- und Straucharten. Alte abgestorbene Bäume werden sofort von Spechten zur Anlage ihrer Bruthöhlen benutzt, später besiedeln unzählige Pilze den abgestorbenen Stamm. Schließlich fällt er um, und wird weiter abgebaut. Der Boden besteht aus einer dichten Laubschicht mit verschiedenen Stadien der Zersetzung – Lebensraum unzähliger Insektenarten sowie diverser Pilz- und Blütenpflanzenarten. Hier findet man dichten Unterwuchs aus natürlich angeflogenen Baum- und Straucharten und eine intakte Laubschicht unter den alten Buchen, die Anziehungspunkt zum Beispiel für Zaunkönig und Rotkehlchen ist.

Besonders lohnend ist ein Besuch der Leitenwälder im Herbst, wenn sich die Blätter der Laubbäume verfärben und schließlich einen herrlichen Blick auf das Isartal freigeben.

BESONDERS INTERESSANT

- Alter Baumbestand
- Eindrucksvolle Ausblicke auf das Isartal

TIPPS FÜR NATURFREUNDE

- **Frühling:** Zur Vogelbeobachtung eignet sich besonders die Zeit vor der Belaubung der Bäume, später bieten sich morgendliche Vogelstimmenwanderungen an.
- **März, April:** Frühlingsblüher in den Gebüschen und unter den Laubbäumen (Leberblümchen, Buschwindröschen).
- **Herbst:** Blattfärbung.
- **Winter:** Spechthöhlen in abgestorbenen Bäumen, Vogelnester in Bäumen und Sträuchern.

Isarleiten im Münchner Süden. An vielen Stellen konnten sich naturnahe Waldbereiche entwickeln, da umgefallene Bäume nicht entfernt und keine Fichtenplantagen angelegt wurden.

Spielplatz am Schmorellplatz

6 Schmorellplatz
Isarleiten

Der Platz ist längs gestreckt und zweigeteilt durch einen Spielplatz mit Wiesenflächen und einem waldartigem Bereich. Die Bepflanzung zur Straße mit Kirsche und hohen Blütensträuchern (z.B. Flieder). Im östlichen Teil liegt ein Wäldchen mit Hainbuche, Winterlinde und diversen Sträuchern, im westlichen Teil wird der Platz durch Sträucher und Winterlinden begrenzt. Weiterhin findet man in der Grünanlage Stieleichen und Sommerlinden. Der Platz wurde 1937 angelegt.

Etwa hundert Meter westlich des Platzes befindet sich an der Isarhochleite (Radweg) der Biergarten „Gutshof Menterschwaige" im Landschaftsschutzgebiet Isartal, bzw. dem Naherholungsgebiet Hochleite.

SCHMORELLPLATZ

- **Stadtbezirk 18:** Untergiesing / Harlaching
- **Adresse:** Schmorellplatz
- **Zugänglichkeit:** öffentlich
- **Erreichbarkeit:** Tram 15, 25 Menterschwaige
- **Einkehrmöglichkeit:** Gutshof-Biergarten Menterschwaige
- **Größe in Hektar:** ca. 0,37 ha

7 Tierpark Hellabrunn

Der Tierpark Hellabrunn wurde in den Jahren 1910 bis 1913 errichtet. Hier wurde erstmals das Konzept eines „Geo-Zoos“ umgesetzt, in dem die Tiere so weit möglich im Umfeld der in freier Wildbahn vorkommenden Lebensgemeinschaften gezeigt werden. Der gesamte Zoo liegt innerhalb der Isarauen und ist mit zahlreichen Bächen und Wasserflächen durchzogen. Architektonische Highlights sind das Elefantenhaus und die 1980 von Jörg Gribl entworfenen Freiflugvolieren, die mit ihrem 6.400 Quadratmeter großen Edelstahlnetz und den Stahlmasten an die Zeltarchitektur des Münchner Olympiastadions erinnern.

Die weitläufigen Anlagen sind wegen ihres älteren Baumbestands und der diversen Fliess- und Stillgewässer auch ein wichtiger Lebensraum für einheimische Tierarten. Besonders zahlreich kommen auf den Gewässern Enten, Gänse und Schwäne vor, von denen der Großteil wild im Tierpark lebt. Bekannt sind vor allem die Fisch fressenden Graureiher und Eisvögel, die morgens und abends im Tierpark nach Nahrung suchen. Im Bereich der Hangwälder brüten diverse Singvogelarten und Spechte.

BESONDERS INTERESSANT

- Älterer Baumbestand.

TIPPS FÜR NATURFREUNDE

- **Frühling:** Zur Vogelbeobachtung eignet sich besonders die Zeit vor der Belaubung der Bäume, später bieten sich morgendliche Vogelstimmenwanderungen an.
- **Herbst:** Laubverfärbung.
- **Winter:** Zahlreiche wild lebende Wasservögel.

TIERPARK HELLABRUNN

- **Stadtbezirk 18:** Untergiesing / Harlaching
- **Zugänglichkeit:** öffentlich; Eintritt
- **Erreichbarkeit:** U 3 Thalkirchen (Tierpark), Bus 52 Alemannenstr. (Tierpark)
- **Einkehrmöglichkeit:** Tierpark – Gaststätte „Siebenpeule“ (mit Biergarten)
- **Größe in Hektar:** ca. 3-4 ha

Giraffen in Hellabrunn – dahinter das Elefantenhaus

8 Floßlände

FLOSSLÄNDE

- **Stadtbezirk 19:** Thalkirchen - Obersendling - Forstenried - Fürstenried - Solln
- **Adresse:** Zugang über Zentralländstraße
- **Zugänglichkeit:** öffentlich
- **Erreichbarkeit:** U 3 Thalkirchen, dann Bus 135 bis Maria Einsiedel (März – Okt.)
- **Einkehrmöglichkeit:** Gaststätten im Ortskern Thalkirchen, am Hinterbrühler See
- **Größe in Hektar:** ca. 2 ha

TIPPS FÜR NATURFREUNDE

- **Frühling:** Zur Vogelbeobachtung eignet sich besonders die Zeit vor der Belaubung der Bäume, später bieten sich morgendliche Vogelstimmenwanderungen an.
- **Sommer:** Jagende Fledermäuse und Schwalben nutzen den insektenreichen Luftraum über der Floßlände.
- **Winter:** Überwinternde Wasservögel auf der Floßlände.

Auch im Bereich der Floßlände sind die einst weitläufigen Isarauen nach der Kanalisierung (vgl. auch Einleitung) als eine große, zusammenhängende Grünanlage gestaltet, in die auch die Floßlände einbezogen ist. Alle Bereiche liegen heute außerhalb des Hochwasserbettes – die Isarhochwasser und früher häufigen Überflutungen spielen daher für die Ökologie keine Rolle mehr. Entlang der Dämme findet man einen älteren Laubbaumbestand. Für Wasservögel interessant ist die seeartig angelegte Floßlände. Hier kann man aus geringer Entfernung sonst eher scheue Wasservögel wie den Gänsesäger und verschiedene Entenarten beobachten – Vogelbestimmungsbuch nicht vergessen !

Die Isar war vor der Einführung von leistungsfähigen Bahnlinien ein wichtiger Verkehrsweg vom Oberland und den Alpen nach München. Bis ins 14. Jahrhundert wurden Häuser auch in München größtenteils aus Holz gebaut, das per Floß aus dem waldreichen Alpenvorland in die Stadt transportiert wurde. Allein für den Dachstuhl der Frauenkirche wurden 147 Flöße Holz benötigt. Aber auch andere wichtige Güter wie Kalk, Holzkohle und Steine erreichten auf dem Fluß ihr Ziel, die Münchner Floßländen. Mit dem Bau der Eisenbahnlinien in das Oberland und der Einführung leistungsfähiger Dampflokomotiven wurden die Flößer arbeitslos. Heute wird die Flößerei auf der Isar nur noch zum Vergnügen als touristische Attraktion betrieben.

STICHWORT

WILDFLUSS ISAR

Die Isar war bis zu Beginn des 19. Jahrhunderts ein echter Wildfluss mit starken Hochwässern und hoher Kiesfracht. Damit war die Tendenz zur Bildung neuer Kiesbänke und entsprechender Verlagerung der Hauptarme verbunden. Dies stellte lange Zeit für die angrenzenden Siedlungen ein Wachstumshindernis dar. Außerdem kam es so immer wieder zu Überschwemmungen und zur Zerstörung der Isarbrücken. Daher begann man schon zu Beginn des 19. Jahrhunderts, die Isar im Münchner Stadtgebiet zu kanalisieren. Das endgültige Ende des Wildflusscharakters brachte aber erst der Bau der zahlreichen Kraftwerke, für die ein Großteil des Wassers aus dem Flussbett in die Werkskanäle abgeleitet wird. Der Sylvensteinstausee in den Alpen kappte schließlich größere Hochwasserspitzen schon am Oberlauf. So wurde besonders bei Niedrigwasser aus der Isar vielerorts ein müde dahinfliessender Bach. In den letzten Jahren wurden die Kraftwerksbetreiber allerdings erfreulicherweise verpflichtet, wieder mehr Wasser in das Flussbett zu leiten. Ein gutes Bild von der ursprünglichen Isar erhält man an den Abschnitten ohne Kraftwerksausbau, also bei Buchenhain und in der Pupplinger Au zwischen Icking und Wolfratshausen.

Blick über den See im Hinterbrühler Park

9 Hinterbrühler Park

Südlich des Tierparks Hellabrunn liegt am linken Isarufer der Hinterbrühler Park. Er schließt sich an einen nördlich liegenden Golfplatz an und ist Teil einer großräumigen Insel zwischen zwei Seitenarmen der Isar. Innerhalb des Parks befindet sich der Hinterbrühler See mit einer Insel, die über eine Fußbrücke erreichbar ist.

Der Park ist 1909 im Zusammenhang mit dem Bau des Werkkanals und einer Wasserkraftanlage entstanden. Nachdem in den vorangegangenen Jahrzehnten die Isarufer am Flaucher, an den Frühlingsanlagen und an den Maximiliansanlagen verändert worden waren, wurde hier ab 1908 das linksseitige Isarufer umgestaltet. Mit der Errichtung des Werkkanals blieb eine Fläche mit nicht versickerndem Wasser zurück. Hieraus wurde der heutige Hinterbrühler See gestaltet. Die Arbeiten waren 1909 beendet. 1966 wurde das Gebiet als Landschaftsschutzgebiet ausgewiesen und der Hinterbrühler See erweitert. Im Park steht ein kleiner Kiosk mit Sitzgelegenheiten. Zwischen Golfplatz und Park befindet sich am „Gasthof Hinterbrühl am See“ ein Biergarten. An der südlichen Spitze des Parks steht ein Denkmal mit der Skulptur eine Flößers. Rad- und Fußwege um den See laden zu einem Ausflug ein. Spektakulär sind auch die Floßfahrten (vgl. Seite 66, „Floßlände“).

HINTERBRÜHLER PARK

- **Stadtbezirk 19:** Thalkirchen – Obersendling – Forstenried – Fürstenried – Solln
- **Adresse:** Zentralländstr.
- **Zugänglichkeit:** öffentlich
- **Erreichbarkeit:** Bus 134 bis Ludwigshöher Str., Bus 135 bis Hinterbrühl
- **Einkehrmöglichkeit:** Gasthof Hinterbrühl
- **Größe in Hektar:** ca. 19 ha

Die großzügige Terrassenanlage der Jahrhundertwende im weitläufigen Garten der Villa Borscht

10 Garten der Villa Borscht

In der Villenkolonie „Prinz Ludwigshöhe" zwischen Heilmannstraße und Conwentzstraße findet man für Münchner Verhältnisse recht ungewöhnliche Villengärten. Es sind große Terrassengärten mit parkartigem Charakter, die am, oder unterhalb des steilen Isarhanges liegen. Für München sind sie deshalb ungewöhnlich, da man bis auf die gärtnerisch gestalteten Schutt- und Müllberge keine Erhebungen im sonst ebenen Stadtgebiet hat. Lediglich die Geländeeinschnitte entlang des Isartals eignen sich für die Gestaltung von Terrassengärten.

Diese landschaftlichen Gegebenheiten haben wohl auch zur Zeit der Erschließung zu einer großen Beliebtheit bei der Käuferschicht geführt. Zu den Käufern eines Hanggeländes gehörte auch der damalige 1. Bürgermeister von München Geheimrat, Ritter Wilhelm von Borscht. Er kaufte 1897 und 1903 etwa 8.500 Quadratmeter Grund an der Heilmannstraße 33. Dort entstand um 1900 seine Villa. Der Garten wurde ab 1906 angelegt. In diesem Jahr errichtete man auch das Gartenhaus oberhalb des großen Teichs. Wer den Garten geplant und ausgeführt hat, ist unklar. Wenige Hinweise lassen den Architekten Max Ostenrieder vermuten. Das Grundstück wurde in den 1960er Jahren geteilt, und der Garten dem nördlichen Grundstück zugeschlagen. Jedoch ist dies dank fehlender Grenzzäune im unteren Park und am Hang nicht erkennbar.

Der interessante Gartenteil befindet sich am Steilhang und dem anschließenden unteren Bereich an der Conwentzstraße. Dort liegt ein großer Teich, der zur Straße von einer Rasenfläche

VILLA BORSCHT

- **Stadtbezirk 19:** Thalkirchen – Obersendling – Forstenried – Fürstenried – Solln
- **Adresse:** Conwentzstr./ Heilmannstr.
- **Zugänglichkeit:** privat; Anmeldung erforderlich
- **Erreichbarkeit:** S7, S27 Solln, Bus 134 Ludwigshöher Str.

umgeben ist. Der Teich ist eine Ausweitung des am Hangfuß fließenden Wenzbachs. Einzelne Bäume wie Rotbuche, Kastanie, Ginkgo, Linde und die dominierende Scheinzypresse, geben dem Garten einen stimmungsvollen Parkcharakter. Der Garten schließt zur Straße mit einer geschnittenen Hainbuchenhecke und einem Zaun ab. Um den Teich führt ein Schotterweg durch den Garten. Zahlreiche Farne begleiten dabei den Besucher. Auf einer kleinen Landzunge des großen Teichs befindet sich ein halbrunder Sitzplatz aus Beton. Er besteht aus einer Sitzbank und dem „Münchner Kindl" auf einem großen Sockel. In den Sockel ist ein Wandbrunnen in Form einer wasserspeienden Schildkröte und einer halbrunden Muschelschale eingelassen. Die Bank wird als Balustrade fortgeführt und endet am Wasser mit einer weiblichen nackten Bronzefigur, die auf einem Mauersockel steht.

Zu Zeiten der Erstanlage stand hier ein kupferner Hirsch und der Sitzplatz bestand aus einer Pergola, anstelle der nackten Bronzefigur stand auf dem Mauersockel eine Henkelvase. Die Szenerie wurde von einer Trauerweide bestimmt. Von diesem Sitzplatz aus hat man einen schönen Blick auf den Hang und die beiden weiteren Höhepunkte des Gartens: Die Terrassenanlage und die dorthin führende Brücke über den Teich. Die Brücke besteht ebenfalls aus Beton und hat als seitliche Einfassung Balustraden. Von der Brücke gelangt man entweder über Stufen wieder hinunter zum Teichufer, oder hinauf zur Terrassenanlage. Diese besteht aus drei unterschiedlich großen Plattformen, die über Stufen miteinander verbunden sind. Stützmauern, Mauersockel und Balustraden aus Beton gliedern die Anlage. In der Zeit um 1911 standen auf den Sockeln mehrere Figuren. Von der größten Plattform in der Mitte der Anlage führt ein Weg zu einer Grotte im Hang. Sie wird von einer Neptunsfigur „bewacht". Von der Grotte aus ergießt sich das Wasser über einen kleinen Bachlauf in einen kleinen Teich, von dem wiederum ein zweiter Bachlauf in den großen Teich mündet.

Von der Terrassenanlage und der Neptunsgrotte führen mehrere Wege und Stufen den Steilhang hinauf zu den Villen auf der Hangkante an der Heilmannstraße. Der Steilhang besteht aus Nagelfluh und ist malerisch bewachsen. Sehenswert ist das flächige Vorkommen von Nestfarn, Christrose und Elfenblumen. Vereinzelte größere Eiben ergänzen den Bewuchs.

Der große Teich des Gartens mit Brücke

Neptunsgrotte mit Statue inmitten der bewachsenen Felsen

11 Gierlinger Park

Der Gierlinger Park erstreckt sich am Fuß des Schmiedbergs und des Maria- Einsiedel-Bergs in der Nähe des „Asam-Schlössl“. Im Park befinden sich zwei Teiche und einige Gräben. Im nördlichen Bereich wurde ein kleiner Kinderspielplatz errichtet. Der Gierlinger Park wurde 1965 als Freizeitpark angelegt und dient seither zur lokalen Naherholung. Er ist ein wichtiges Verbindungsglied zwischen dem nördlich gelegenen Park am Neuhofener Berg und dem südlich gelegenen Hinterbrühler Park. Zum Altbaumbestand gehören Spitzahorn, Bergahorn, Linde, Esche, Hainbuche und Blutbuche.

Das „Asam-Schlössl“ ist nach seinem bekannten Eigentümer Cosmas Damian Asam (Hofmaler) benannt, der es von 1729 bis 1739 besaß. Unübersehbarer Blickpunkt ist seine bemalte Fassade („Illusionsmalerei“). Heute ist das Schlössl eine „Historische Gaststätte“ und hat im rückwärtigen Bereich einen sehenswerten Biergarten mit Figurenschmuck.

Vom „Schlössl“ gelangt man zu Fuß oder mit dem Rad über den Hinterbrühler Weg entlang des Golfplatzes zum Hinterbrühler Park. Dieser Weg beschreibt den Verlauf der ehemaligen Isartalbahn.

GIERLINGER PLATZ

- **Stadtbezirk 19:** Thalkirchen - Obersendling - Forstenried - Fürstenried - Solln
- **Adresse:** Kirchweg
- **Zugänglichkeit:** öffentlich
- **Erreichbarkeit:** U3 Thalkirchen
- **Einkehrmöglichkeit:** Historische Gastwirtschaft „Asam Schlössl“
- **Größe in Hektar:** ca. 2,7 ha

12 Park am Neuhofener Berg

Blick über die Wiese zum „Tempel“

Der Park ist zwischen 1951 und 1955 aus einem Schuttberg des Zweiten Weltkriegs hervorgegangen. Dort wurden etwa zwei Millionen Kubikmeter Schutt zerstörter Häuser abgeladen. Heute besteht die Anlage aus einem lang gestreckten Wiesenraum unterhalb des Neuhofener Bergs entlang der Plinganserstraße. Am Neuhofener Berg, dem höchsten Punkt der Anlage, steht der „Kriegsopfertempel“ von 1958. Er wurde vom Architekt Josef Wiedemann geschaffen. Im Innern des Pavillon befindet sich ein rundes Wasserbecken aus Brannenburger Nagelfluh von Hans Wimmer.

Sieben Säulen tragen das Dach. In der Nähe des Tempels begleiten Staudenbeete den Weg. Die Parkränder bestehen aus einer dichten Gehölzkulisse. Auf der großen Rasenfläche stehen schön gewachsene Einzelbäume wie Esche, Bergahorn, Spitzahorn, Flügelnuss und Rotbuche. Unterhalb des Tempels befindet sich auf der Wiese die Skulptur einer Liegenden.

Rad- und Fußwege führen nach Süden bis zum Greiner Berg. Auf dem Weg dorthin beeindrucken die weiten Wiesen an den Isarhängen. Gelegentlich führen Wege hinunter in die tieferen Bereiche. Dort stehen zwei weitere Kunstwerke.

PARK AM NEUHOFENER BERG

- **Stadtbezirk 6:** Sendling
- **Adresse:** Plinganserstr.
- **Zugänglichkeit:** öffentlich
- **Erreichbarkeit:** U 3, Brudermühlstr. oder Thalkirchen
- **Größe in Hektar:** ca. 20 ha

Das Ziegel-Portal an der Thalkirchner Straße

13 Alter Israelitischer Friedhof

Seit 1225 bestand ein jüdischer Friedhof, den man am Rennweg, der heutigen Dachauer Straße, an der Stelle des heutigen Maßmannplatz vermutet. Nach der Zerstörung dieses Friedhofs samt Synagoge und der Vertreibung der jüdischen Gemeinde aus München, etablierte sich erst Ende des 18. Jahrhunderts wieder eine Kultusgemeinde in der Stadt. Damals drängte sich die Errichtung eines neuen Friedhofs auf, denn zu dieser Zeit musste man bis nach Kriegshaber bei Augsburg reisen, um seine Toten in geweihter Erde zu bestatten. 1816 wurde daher mit Erlaubnis Königs Max I. Joseph der Friedhof an der Thalkirchner Straße als Ersatz für den alten jüdischen Friedhof angelegt. In den Jahren 1854, 1871 und 1881 wurde er drei Mal erweitert, bis sämtliche Kapazitäten zu Beginn des 20. Jahrhunderts erschöpft waren. Bei jeder Erweiterung wurde er

ALTER ISRAELITISCHER FRIEDHOF

- **Stadtbezirk 6:** Sendling
- **Adresse:** Thalkirchner Str./ Dietramszellerstr.
- **Zugänglichkeit:** für Grabbesucher, Führungen über die Volkshochschule
- **Erreichbarkeit:** U 3 Brudermühlstraße
- **Größe in Hektar:** ca. 1,2 ha

Grabstein mit Palmenmotiv

durch eine neue Mauer umfriedet. 1907 löste der „Neue Israelitische Friedhof“ den alten ab.

Der Friedhof ist von einer Ziegelmauer umgeben. Sie zeugt von der letzten Friedhofserweiterung 1881. Sehenswert ist das Eingangsportal an der Thalkirchner Straße. Dieses wird jedoch nicht mehr als Eingang genutzt. Im Friedhof erreicht man das Gräberfeld von der neuen Aussegnungshalle an der südlichen Friedhofsmauer. Die Hauptwege bestehen aus Münchner Gehwegplatten mit verschiedenen Motiven. Neben den Hauptwegen sind die Gräberfelder dicht belegt. Alle Einzelgräber weisen in Richtung Gelobtes Land und Jerusalem – in München also nach Südosten – , was man besonders gut beim Blick von den Wegen in die Gräberreihen erkennen kann. An den vermeintlich freien Stellen fehlen jedoch die Grabsteine, da sie entweder bereits verwittert sind, oder durch die Bombenangriffe zerstört wurden. In den letzten Jahren des Dritten Reichs wurden viele Steine zur weiteren Verwendung abtransportiert. Nicht alle konnten nach dem Krieg zurückgeholt werden.

Der Alte Israelitische Friedhof unterscheidet sich von anderen Münchner Friedhöfen durch seine Gehölzanpflanzung. Bis auf wenige Ausnahmen besteht der relativ dichte Altbaumbestand aus Nadelbäumen wie Thuja und Scheinzypresse. Diese Immergrünen Gehölze wurden sehr wahrscheinlich in Anlehnung an südliche, bzw. mediterrane Bepflanzungen mit ihren echten Zypressen gewählt. Weiterhin sind als Sträucher Eiben und Buchs anzutreffen. Letzteren findet man an manchen Gräbern entweder frei wachsend oder in geschnittener Form. Traditionell fehlt jedoch

der Grabschmuck auf einem jüdischen Friedhof. Nur vereinzelt erblickt man zusätzlich Pflanzschalen oder aufwändig bepflanzte Gräber.

Der Friedhof ist aus Sicherheitsgründen geschlossen, da viele Grabsteine vom Einsturz gefährdet sind. Der freie Zutritt ist nur für Angehörige der dort Bestatteten möglich.

Gegenüber dem Hauptportal liegt der Dietramszeller Platz. Er hat eine halbrunde Form und wird zur Straße von einer Lindenreihe begrenzt. Im Platz wurde ein Spielplatz eingerichtet.

Scheinzypressen im alten Jüdischen Friedhof

14 Südliche Isarauen

zwischen der Braunauer Brücke und der Stadtgrenze

Auch die Isar im hier behandelten Abschnitt zwischen der so genannten Braunauer Eisenbahnbrücke (nahe der Sachsenstraße) und der Stadtgrenze nah der Großhesseloher Brücke wurde mit dem Bau eines festen Hochwasserbettes und der Kraftwerkskanäle tief greifend verändert, und der Wildflusscharakter zerstört (vgl. Einleitung). Damals verschwanden hier die typischen Auwaldpflanzen, es breiteten sich Baum- und Gehölzbestände aus, die kaum auf Überschwemmungen eingestellt sind. Anschließend wurde die Auenlandschaft entweder in die Bebauung einbezogen oder gärtnerisch gestaltet.

Außerhalb des Hochwasserbettes findet man heute große Grünanlagen und naturnahe Gehölzbereiche aus Eschen und anderen Laubbaumarten. An den Hauptwegen, die auf beiden Seiten des Hochwasserbettes entlang des Flusses verlaufen, liegen parkartig angelegte Grünflächen mit gepflanzten Einzelbäumen und Rasen. Besonders bekannt ist der „Flaucher“. Der Name stammt von einer in dem ehemaligen Forsthaus eröffneten Gastwirtschaft und ging später auf die ganze parkartige Grünanlage über. Nur noch innerhalb des Hochwasserbettes wachsen teils imposante Weiden, die auch längere Überschwemmungen problemlos vertragen.

SÜDLICHE ISARAUEN

- **Stadtbezirk 6:** Sendling
- **Adresse:** Braunauer Brücke, Candidstr., Thalkirchner Str., Grosshesseloher Brücke
- **Zugänglichkeit:** öffentlich
- **Erreichbarkeit:** U3 Brudermühlstr.
- **Einkehrmöglichkeit:** „Flaucher“ mit Biergarten, Isarauen 1

BESONDERS INTERESSANT

- **Isarrenaturierung** mit naturnah gestalteten Uferabschnitten
- **Älterer Baumbestand** im Hinterland der Hochwasserdämme

Die Isarauen zwischen der Stadtgrenze und der Braunauer Eisenbahnbrücke wurden in den letzten Jahren völlig umgestaltet. Bei der ohnehin anstehenden Verbesserung des Hochwasserschutzes für die angrenzenden Siedlungen entschied man sich für eine naturnahe Gestaltung des Flussbettes. Das kanalartig angelegte Hochwasserbett wurde aufgelöst, die Uferverbauungen aus Beton entfernt, und eine naturnahe Uferlinie gestaltet. An manchen Stellen kann die Isar bei Hochwasser sogar neue Kiesinseln und Seitenarme bilden. Auch die Wassermenge, die im Flussbett verbleibt, und nicht in den Kraftwerkskanal abgeleitet wird, konnte erhöht werden. So verbesserte sich die Wasserqualität und es entstand ein günstiger Lebensraum für Fische und andere Wassertiere. Zahlreiche Steinterrassen laden zum Sitzen und Sonnenbaden ein. Die weitläufigen Wiesen im Hochwasserbett zwischen dem Fluss und den Dämmen werden naturnah als Blumenwiesen gepflegt.

STICHWORT

WANDERVORSCHLAG

Am Ostufer unmittelbar an der Isar bzw. im Hochwasserbett von der Grosshesseloher Brücke bis zur Braunauer Eisenbahnbrücke.

Innerhalb des Hochwasserbettes werden die Wiesen naturnah gepflegt – an Stelle der üblichen Rasen können sich Blumenwiesen entwickeln

Die Isarauen sind im sonst stark versiegelten und naturfern gestalteten Innenstadtgebiet von überragender Bedeutung für den Naturschutz. Besonders die Leiten mit ihrem alten Laubbaumbestand und dem stellenweise artenreichen Unterwuchs zählen zu den Naturjuwelen Münchens. Im Umland wurden in den letzten Jahrhunderten fast alle Wälder in naturferne Fichtenforste verwandelt (siehe Kapitel „Die Isarleiten in Harlaching", Seite 63). Wegen der extrem starken Nutzung als Naherholungsgebiet können zwar störungsempfindliche Vogelarten am Fluss selbst kaum erfolgreich brüten, doch ziehen viele Singvögel und Spechte in den Bäumen und Sträuchern ihre Brut auf. Noch bedeutender sind die Isarauen außerhalb der Badesaison als Rast- und Überwinterungsgebiet. Hier sammeln sich im Winter viele Wasservögel, neben den einheimischen Enten, Blässhühnern und Gänsesägern findet man auch Wintergäste aus Nordeuropa. Die blütenreichen Auwiesen sind im Sommer Lebensraum vieler Insektenarten. Der Luftraum wird von Mauerseglern, Schwalben und Fledermäusen als Jagdrevier genutzt.

TIPPS FÜR NATURFREUNDE

- **Frühling:** Vogelbeobachtung. Rastende Sing- und Wasservögel an den Kiesbänken.
- **Sommer:** Jagende Fledermäuse und Schwalben nutzen den insektenreichen Luftraum über der Isar. Schmetterlinge und andere Insekten finden sich dafür in den blühenden Wiesen des Hochwasserbettes.
- **Herbst:** Die Blätter der Laubbäume verfärben sich.
- **Winter:** Überwinternde Wasservögel auf Isar und Kanal.

Nördlich der Brudermühlbrücke wurde das Hochwasserbett naturnäher gestaltet – die Betonverbauungen verschwanden, die Isar kann stellenweise wieder Kiesinseln und Flachwasserzonen bilden

15 Valley- und Implerplatz

Die benachbarten Plätze sind auf Höhe der Danklstraße durch Spiel-, bzw. Freizeiteinrichtungen (z.B. Kletterwand) voneinander getrennt. Von diesem Bereich aus gelangt man zum etwas höher gelegenen Valleyplatz.

VALLEYPLATZ

Der Valleyplatz entstand 1911. Ursprünglich reichte er bis zur Gaißacher Straße im Süden. Heute besteht die Grünanlage aus dem Bereich zwischen Implerplatz, Wackersberger Straße und Südbad. Erste Änderungen erfolgten 1913. Der Valleyplatz ist landschaftlich gestaltet und besteht aus einer Rasenfläche mit Kinderspielplatz. Etwas weiter östlich schließt sich ein formaler Bereich am „Genoveva-Brunnen" an. Dieser wurde 1933 von Hermann Geibel gestaltet, und besteht aus einem rechteckigen Wasserbecken mit der liegenden Genoveva und einem Reh. Die Figurengruppe thront auf einem Steinquader, an dessen Fuß sich Wasser in das Becken ergießt. Dem Brunnen ist eine Pflasterfläche mit Parkbänken vorgelagert. Als prägende Bäume sind Platanen, Pappeln, Bergahorn und Linden zu nennen. Die älteren Exemplare wurden um 1935 gepflanzt. Westlich des Valleyplatzes schließen sich die Liegewiesen des Südbads an.

Gemischte Rabatte am Implerplatz

VALLEY- UND IMPLERPLATZ

- **Stadtbezirk 6:** Sendling
- **Adresse:** Valleyplatz und Implerplatz
- **Zugänglichkeit:** öffentlich
- **Erreichbarkeit:** U3, U6 Implerstraße
- **Größe in Hektar:** ca. 1,3 ha

IMPLERPLATZ

Der Implerplatz ist später, um 1940, entstanden. Er besteht aus einer Rasenfläche mit einer umgebenden Kastanienreihe. Auf dem Rasen stehen Einzelbäume und Baumgruppen. In Richtung Valleyplatz gliedern Strauchgruppen den Raum.

Der Genoveva-Brunnen am Valleyplatz umgeben von Grünflächen

Einzelgräber unter Fichten im Waldfriedhof

16 Waldfriedhof

Der Waldfriedhof gilt als erster seiner Art in Deutschland und wurde zwischen 1905 und 1907 angelegt. Er besteht aus dem „Alten Teil" im Osten und dem „Neuen Teil" im Westen. Seinen Ursprung hat der Waldfriedhof in einem durch intensive Holzwirtschaft entstandenen, an die fünfzig Jahre alten Fichtenwald, in dem viele Lichtungen vorkamen. 1907 fanden die ersten Beerdigungen auf dem Friedhof statt. Zwischen 1963 und 1966 erfolgte die Erweiterung unter Einbeziehung von Flächen des „Alten Teils".

Mit seinen über 160 Hektar ist der Waldfriedhof der größte Friedhof Münchens. Der „Alte Teil" wurde von Stadtbaurat Hans Grässel geplant. Während die von ihm stammenden architektonischen Großfriedhöfe Ost-, West- und Nordfriedhof frühchristlich bis italienisch klassizistisch geprägt sind, folgt der Waldfriedhof rein landschaftlichen, „deutsch-heimatlichen" Gestaltungsformen. Ja, er wird zeitgenössisch sogar als „wahrer deutscher Garten des Todes" bezeichnet, und erlangte wegen seiner einzigartigen unorthodoxen Ausgestaltung sehr schnell große Beliebtheit. Bei aller diffusen Heimattümelei handelte es sich jedoch, wie bereits erwähnt, „nur" um einen relativ jungen Nadelwald, der aus wirtschaftlichen Erwä-

WALDFRIEDHOF

• **Stadtbezirk 20:**	Hadern
• **Adresse:**	Fürstenriederstr. 288 (Alter Teil), Lorettoplatz 3
• **Zugänglichkeit:**	öffentlich
• **Erreichbarkeit:**	U6 Holzapfelkreuth, dann Busse 51, 151 (alter Teil), 54 (neuer Teil)
• **Größe in Hektar:**	ca. 164 ha
• **Gartenarchitektur:**	Prof. Ludwig Römer (Neuer Teil)

gungen angelegt worden war. Von einem „wahrhaft deutschen Wald“ mit Eichen und Buchen ist er jedoch weit entfernt. Hans Grässel passte sich bei der Planung den örtlichen Gegebenheiten an. Von einer gewollten „Waldromantik“ eines Waldfriedhofs kann man daher nicht sprechen. Es handelte sich damals vielmehr um die nüchterne Frage, wie sich ein Friedhof in einem forstwirtschaftlich genutzten Wald kostengünstig und gestalterisch ansprechend integrieren lässt.

Im Nadelwald des „Alten Teils“ sind die Gebäude der Aussegnungshalle, Leichenhalle und des Gärtnerhauses locker gruppiert. Beide Friedhofsteile sind landschaftlich gestaltet, wobei der „Alte Teil“ überwiegend im waldartigen Charakter erscheint. Während auf den Lichtungen und Freiflächen die Gräber im „typischen Friedhofscharakter“ eng nebeneinander liegen, findet man diese unter den Bäumen auch vereinzelt zwischen den Baumstämmen. Sie sind sozusagen locker eingestreut. Am Haupteingang zur Fürstenriederstraße wird das Zufahrtstor von zwei Portalen für Fußgänger flankiert. Auf den beiden Portalen wachen zwei sich gegenüberliegende „Sphingen“ (Sphinxe) vom Münchner Bildhauer Georg Bauer. Von dort gelangt man in den „Alten Teil“ und trifft unweit davon in einer Lichtung auf das Verwaltungsgebäude und die Aussegnungshalle.

Der „Neue Teil“ wird von weitläufigen Wiesenflächen geprägt. Im Zentrum des „Neuen Teils“ liegt die Aussegnungshalle (1963–1966) mit dem benachbarten Teich. Südlich des Teiches wurde ein italienischer Militärfriedhof angelegt. Er ist umgeben von einer Spiraeahecke. Zur Blütezeit im April und Mai erscheint dort ein weißer Blütenwall. Die zentralen Elemente dieses Friedhofteils sind ein Steinkreuz, ein Seemannsdenkmal der „Gruppo Marinai D' Italia“, ein Denkmal der „Gruppo Alpini Monaco“ und ein weiteres

Kongregationsgräber im Alten Teil

Wiesenlandschaft im neuen Teil

Die Sphinx am Haupteingang des Waldfriedhofs zur Fürstenrieder Straße

Denkmal für gefallene italienische Soldaten. Da insbesondere der „Neue Teil" des Waldfriedhofs sehr großzügig bemessen und für den Grabbedarf der fernen Zukunft geplant wurde, blieben große Flächen am südlichen Rand mehrere Jahrzehnte ohne intensive Nutzung. Auch innerhalb der Grabbereiche findet man immer wieder naturnah gestaltete und Naturschutz gerecht gepflegte Flächen, zum Beispiel großflächige Blumenwiesen, dichte Gehölze aus einheimischen Sträuchern und eine artenreiche Kraut- und Gehölzschicht im Unterwuchs alter Laubbäume. Der Teich bei der neuen Aussegnungshalle wird von diversen Wasservogelarten als Brut- und Rastplatz genutzt. Besonders zu den Zugzeiten kann man hier immer wieder seltene Vogelgäste aus Nordeuropa und den mitteleuropäischen Feuchtgebieten beobachten.

Zusammen mit dem alten Nadelbaumbestand im alten Teil bieten diese verschiedenen Lebensräume vielen seltenen Tierarten ein Rückzugsgebiet. Häufige Waldvogelarten sind zum Beispiel Buntspecht, Zilpzalp, Singdrossel und Mönchsgrasmücke. Daneben kommen als Brut- und Rastvögel aber auch einige Raritäten regelmäßig vor, so zum Beispiel Neuntöter, Grünspecht, Braunkehlchen, Sperber und Wendehals. Leider gingen Teile der Brutareale dieser Raritäten im Zug der Friedhofserweiterung verloren.

Neben vielen lokalen Größen sind etliche Namen mit nationalem, bzw. internationalem Ruhm zu nennen. So finden sich hier die letzten Ruhestätten von:

Dr. Hans Grässel (gegenüber der Aussegnungshalle im „Alten Teil"), Kinderbuchautor Michael (z.B. „Momo" und „Die unendliche Geschichte"), Werner Heisenberg (Physiker und Nobelpreisträger), Hugo Junkers (Flugzeugkonstrukteur und Professor), Familie Krone (Zirkusbesitzer).

Weiterhin befinden sich im Friedhof Gemeinschaftsgräber der verschiedenen Christlichen Kongregationen, der Islamischen Gesellschaft etc. Man sollte den Friedhof mit seinen sehenswerten Grabmälern und Sonderflächen unbedingt mit einem Lageplan erkunden, da die Gefahr des Verirrens groß ist.

17 Kriegsgräberstätte Waldfriedhof

Kriegerehrenhain

1965 wurde die Gedenkstätte durch den Volksbund Deutsche Kriegsgräberfürsorge e.V. Landesverband Bayern errichtet. Insgesamt sind hier 3.543 Tote der beiden Weltkriege aus 18 Nationen in einheitlich gestalteten Gräbern beigesetzt. Sie wurden aus mehreren städtischen Friedhöfen umgebettet. So ruhten beispielsweise 1.965 Soldaten des Ersten Weltkrieges in einer von Stadtbaurat Hans Grässel geplanten Kriegsgräberanlage im benachbarten Waldfriedhof nahe der Aussegnungshalle. Die Verstorbenen des Zweiten Weltkriegs ruhten ebenfalls im Waldfriedhof, jedoch im „Kriegerehrenhain“ an der Stelle der heutigen Gräberfelder 250 I–V.

Am Eingang gelangt man zum auffälligen Mahnmal, einer halbpyramidenartigen Halle aus drei dreieckigen Betonwänden an einem diagonal verlaufenden Wasserkanal. Zur Wasserseite hin ist zwischen den Hallenwänden ein Lichtspalt in Form eines „Prismenturms“ gestaltet. Vom Platz des Mahnmals führt der Weg über den Kanal zu den Gräberfeldern. Als Wasserquerung dienen „Trittschwellen“ aus Beton und Granitpflaster, die mit Gitterrosten verbunden sind. Von dort führt der Weg durch das Gräberfeld in Richtung Wald zu einer Plastik in Form eines Kreuzes. Die Grabmäler sind als flache Granitquader gestaltet und tragen die Namen der Toten.

KRIEGSGRÄBERSTÄTTE

- **Stadtbezirk 20:** Hadern
- **Adresse:** Tischlerstr.
- **Zugänglichkeit:** öffentlich
- **Erreichbarkeit:** U6 Klinikum Großhadern, U3 Fürstenried West, dann Bus 34
- **Größe in Hektar:** 1,5 ha
- **Architektur:** Helmut Schöner-Fedrigotti
- **Gartenarchitektur:** Prof. Ludwig Roemer

Gräberfeld und Mahnmal

Blick vom Tor zu Schloss und Ehrenhof

18 Schlosspark Fürstenried

Am Ende einer Sicht- und Wegeachse in Richtung Münchner Innenstadt liegt das Schloss Fürstenried. Die Achse wurde von Lindenalleen begleitet. Diese sind aber seit dem Autobahnbau nur noch in Relikten erhalten. Das Schloss dient heute als Exerzitienhaus. Hauptsächlich am Ende des 19. und zu Beginn des 20. Jahrhunderts wurde die Gesamtanlage mehrfach umgestaltet. Der Park ist nicht öffentlich zugänglich.

Von 1715 bis 1717 wurde von Josef Effner unter Max II. Emanuel das Jagdschloss Fürstenried am Rand des Forstenrieder Parks erbaut. Das Schloss bildet mit seinen seitlichen Anbauten einen Ehrenhof (Cours d' honneur) mit dem Zufahrtstor an der heutigen Autobahn. Der barocke Garten auf der Südwestseite wurde zwischen 1715 und 1716 von Effner angelegt, dem der Schlossgarten zu Nymphenburg hier als Vorbild diente. Der Garten bestand ursprünglich aus dem barocken Parterre, einem Baumgarten und Bosketts. Ab 1717 wurden die Lindenalleen zur Residenz im Zentrum Münchens und nach Nymphenburg angelegt. Schloss Fürstenried wurde Vorbild für das Jagdschloss Falkenlust bei Brühl, Urfahrn bei Reisach und Birkenfeld bei Hofheim.

In der zweiten Hälfte des 18. Jahrhunderts war Fürstenried Witwensitz. So wohnte hier zuletzt

SCHLOSSPARK FÜRSTENRIED

- **Stadtbezirk 19:** Thalkirchen - Obersendling - Forstenried - Fürstenried - Solln
- **Adresse:** Forst-Kasten-Allee
- **Zugänglichkeit:** Anmeldung erforderlich
- **Erreichbarkeit:** U3 Basler Straße, über Silvrettaweg
- **Größe in Hektar:** ca. 1,8 ha

Maria Anna, Tochter des Sächsischen Königs und Witwe von Max III. Joseph, dem Enkel von Max Emanuel. Mit ihrem Tod neigte sich der Glanz der alten Zeit dem Ende zu. 1800 bis 1804 waren zur Zeit der Napoleonischen Kriege französische und bayerische Soldaten im Schloss einquartiert. Es folgten immer mehr fremde Nutzer. 1808 bis 1824 befand sich hier die Forstenrieder Schule. Danach wurde der Hauptbau von einer bürgerlichen Familie bewohnt, und die Nebengebäude von der Königlich-Bayerischen Feldartillerie genutzt. Seit den 1850er Jahren wurden die Gebäude nur noch notdürftig zu Wohnzwecken erhalten. Im Deutsch-Französichen Krieg 1870/71 war das Schloss Kriegslazarett. Ab 1883 wurde der in geistige Umnachtung gefallene Prinz Otto, Bruder König Ludwig II., im Schloss interniert und starb dort 1916. Für die Internierung wurde der Bau zwischen 1881 und 1883 umgestaltet. 1919 bis 1922 diente Fürstenried nochmals als Soldatenlazarett, und wurde 1925 von der Katholischen Kirche, und 1929 von der Erzdiözese München und Freising, zum Exerzitienhaus umgewandelt. Im Zweiten Weltkrieg diente das Schloss letztmalig als Kriegslazarett, nun für Arm- und Beinamputierte. Vom Bombenkrieg weitgehend unbeschadet wurde die Anlage 1972 saniert, modernisiert und erweitert. 1973 richtete man im südlich

Faunbrunnen im Garten

gelegenen Trakt die Katholische Jugendbildungsstätte der Erzdiözese ein. Mit dem Bau der Autobahn A 95 in den 1960er Jahren erfolgte ein erheblicher Eingriff in das Landschaftsbild und das historische Ensemble.

Der Ehrenhof in Richtung Autobahn besteht aus dem Hauptbau, dem ehemaligen Reitstall und der alten Hofküche. Den Abschluss bilden die viertelkreisförmigen Mauern mit dem Tor zu den Lindenalleen. Auf den Torpfeilern sitzen zwei Löwen. Über dem Tor ragt die Kurfürstenkrone.

Der Garten ist in symmetrischen Formen des Barock angelegt. Vom Mittelbau geht eine Achse nach Südwesten und schließt dort an der Mauer mit einem Tor ab. Vor dem Tor steht ein großes Kruzifix. Etwa in der Achsenmitte befindet sich ein Brunnen. Das Parterre zwischen Schloss und Brunnen wird von Rasenflächen und Blumenbeeten in Form von zwei Lilien beschrieben. Nördlich und südlich der Rasenflächen folgen Baumreihen aus Linden. Zwischen Brunnen und Schlossmauer liegen Rasenflächen und Hainbuchenheckenquartiere. Die Gartenplaner waren Dominique Girard und Josef Effner. Nach einer Phase der Verwilderung zum Ende des 18. Jahrhunderts wurde der Fürstenrieder Park 1881 von einem Urenkel Josef Effners, Karl von Effner, in den alten Formen wieder hergestellt. In dieser Zeit wurde der Skulpturenschmuck am Brunnen installiert, so die Putti der „Vier Jahreszeiten“ um den Brunnen von 1889 mit dem Flöte spielenden Pan. Im Süden der barocken Anlage schließt sich nach der Parkmauer ein landschaftlicher Teil an. Dieser wurde von Effner neu gestaltet, aber im Zweiten Weltkrieg durch Bombentreffer stark zerstört. 1955 errichtete man im Landschaftsgarten eine schlichte Marienkapelle. Die Parkmauer zwischen Barock- und Landschaftsgarten zeigt auf der Seite zum Landschaftsgarten Reliefs der Kreuzwegstationen.

Im Süden des südlichen Pavillon steht eine Brunnengruppe mit einem Puttenpaar und einem Delfin. Hierbei handelt es sich sehr wahrscheinlich um Originalbestand aus der Entstehungszeit des Gartens. Die Figurengruppe stand vorher nördlich des Schlossgartens im Bereich der Nutzgärten am Schimmelstall. Die Bäume im landschaftlichen Teil sind Blutbuche, Rotbuche, Hainbuche, geschlitztblättrige Buche, Linde, Eiche, Eibe, Thuja und Flügelnuss.

Südlich des Schlosses schließt das Schülerzentrum Schloss Fürstenried mit seinen Außenanlagen an.

Eingangstore zum Garten und Park

Ehrenhof mit Blick in Richtung Innenstadt

Bavaria und Ruhmeshalle

19 Bavariapark

vormals „Ausstellungspark“ am ehemaligen Messegelände

Nach 1900 entstanden in München mit dem Bavariapark und der Herzog-Albrecht-Anlage die letzten Parkanlagen im landschaftlichen Stil. Die Vorgängeranlage des Bavariaparks wurde bereits zwischen 1826 und 1836 unter König Ludwig I. nach einer Planung von Hofgärtner Seitz angelegt. Auch sie hatte landschaftliche Formen mit geschwungenen Wegen und einer großen Rasenfläche, bestand aber ausschließlich aus Eichen, weshalb der Park auch „Eichenhain“ genannt wurde. Mit dem Bau der Bavaria und der Ruhmeshalle Mitte des 19. Jahrhunderts, wurde dieser Vorgängerpark im Bereich der Theresienhöhe stark verändert. Durch die damalige abseitige Lage zur Stadt verlor der Park an Bedeutung, wurde nur mit den nötigsten Mitteln unterhalten, und büßte allmählich seine ursprüngliche Gestalt ein. Ab den 1870er Jahren wurde er für einige Monate im Jahr der Bevölkerung zugänglich gemacht. Mit dem Beschluss von 1907, die „Allgemeine Ausstellung München 1908 für Kunst und Handwerk, Industrie, Gewerbe und Handel“ auf den westlich und nördlich des Parks gelegenen Flächen zu etablieren, gewann dieser wieder an Bedeutung. Er wurde in das Ausstellungskonzept einbezogen und nach einer Gesamtplanung von Wilhelm Bertsch und Schachner sowie von Stadtgartendirektor Jakob Heiler umgestaltet. Dabei wurden die zu Wäldchen herangewachsenen Gehölzflächen ausgelichtet und abgestorbene Bäume ersetzt. Die Wege verloren ihren Schwung und wurden zu Verkehrswegen begradigt. Der Park erhielt nun den Namen „Münchner Ausstellungspark“. In den Notzeiten des Ersten Weltkriegs wurde auf seinen Rasenflächen Gemüseanbau betrieben. 1925 entstand der Messeturm, den man 1970

BAVARIAPARK

- **Stadtbezirk 8:** Schwanthalerhöhe
- **Adresse:** Theresienhöhe/ Hans-Dürrmeier-Weg/ Am Bavariapark
- **Zugänglichkeit:** öffentlich
- **Erreichbarkeit:** U4, U5 Schwantahler Höhe, Bus 134
- **Größe in Hektar:** ca. 4 ha

abriss. Im Zweiten Weltkrieg wurden die alten Messegebäude teilweise zerstört und 1962 bis 1965 mit Großraumhallen überbaut. Die Ringerhalle für die Olympiade 1972 baute man gleich danach als Messehalle um. Der historische Park im Zentrum durfte nie bebaut werden. 1998 war der Umzug auf das alte Flughafengelände und neue Messegelände in München-Riem abgeschlossen. 1999 wurde der Bavariapark saniert, und ist mit dem Rückbau des Messegeländes jetzt wieder von allen Seiten zugänglich.

Heute stehen auf dem ehemaligen Messegelände Wohn- und Geschäftshäuser. Es sind nur noch drei Hallen verblieben, die vom Deutschen Museum genutzt werden.

Der Park wird von drei Seiten von Gebäuden umgeben. Von der höchsten Stelle im Westen erstreckt sich eine weite Wiesenfläche hinunter in Richtung zur Ruhmeshalle mit der Bavaria. Im Park stehen entlang der Wege mehrere Skulpturen vom Beginn des 20. Jahrhunderts. So findet man im Westen eine Figurengruppe mit Einhorn und Widder. Die weibliche Figur („Die Schönheit") auf dem Einhorn betrachtet ihr Haar im Spiegel. Das männliche Gegenüber auf dem Widder hält ein Füllhorn. Am Beginn der westlichen Wiese wird der Spaziergänger von einer Liegenden mit Füllhorn begrüßt. Im nördlichen Bereich stößt man auf zwei bronzene Pferde auf einem Sockel, und entlang des südlichen Wegs auf einen bronzenen Hirsch auf einem Sockel, einer herkulesartigen Gestalt auf einem Büffel, die einen Felsbrocken wirft, und auf eine zierliche Nymphe auf einem Pferd. Im westlichen Wiesenbereich befindet sich ein Kinderspielplatz. Die umgebende Waldkulisse besteht aus Eiche, Rotbuche, Blutbuche, Hainbuche, Esche, Spitzahorn und Eibe. Der Bavariapark ist ein wichtiges Naherholungsgebiet und die zentrale Grünanlage im Bereich der Theresienhöhe.

„Die Schönheit"

Im Osten des Parks steht die Bavaria mit Blick auf die Theresienwiese (Festwiese für das Oktoberfest). Sie ist vom Park durch die Straße „Theresienhöhe" getrennt. Der Bereich um die Bavaria besteht aus einer lang gestreckten, schmalen Grünfläche mit einer breiten Freitreppe hinunter zur Festwiese. Hinter der Bavaria steht die Ruhmeshalle. Sie wurde 1843 begonnen und am 15. Oktober 1853 vollendet und wurde „als Anerkennung bayer. Verdienstes u. Ruhms" unter König Ludwig I. vom Hofarchitekten Leo von Klenze errichtet. Im Kopf der Bavaria befindet sich eine Aussichtsplattform. Um die Ruhmeshalle führt ein Fußweg. Auf der Grünfläche stehen Bergahorn, Linde, Platane, Esche, Rotbuche, Blutbuche, Schwarzkiefer und Eibe.

Große Wiese im Bavariapark

20 Gollierplatz

Der Gollierplatz liegt im Zentrum des um 1900 entstandenen Stadtteils Westend. Nach einem Stadterweiterungs-Wettbewerb im Jahr 1892 sollte er als „malerischer Platz“ beplant werden. Er ist heute eine lang gestreckte Grünanlage in Ost-West-Ausrichtung in der Nachbarschaft zur neuromanischen Kirche St.-Rupert (1901–1903). Die Spielplätze und Freizeiteinrichtungen wurden 2004 saniert. Am östlichen Ende zur Bergmannstraße steht der Nymphenbrunnen. Er wurde 1934 von Elmar Dietz gestaltet. Der Gollierplatz wird von Lindenalleen begrenzt. Weitere Bäume in der Anlage sind Hainbuche, Kastanie und Spitzahorn.

Nymphenbrunnen am Gollierplatz

GOLLIERPLATZ

- **Stadtbezirk 8:** Schwanthalerhöhe
- **Adresse:** Gollierplatz
- **Zugänglichkeit:** öffentlich
- **Erreichbarkeit:** U4, U5 Schwanthaler Höhe, S-Bahnen Donnersberger Brücke
- **Größe in Hektar:** ca. 0,5 ha

Kletterwald aus Robinienstämmen auf dem Spielplatz am Georg-Freundorfer-Platz

21 Georg-Freundorfer-Platz

Der Platz liegt nordwestlich des ehemaligen Messegeländes und ist in den 1960er Jahren entstanden. Zwischen April 2001 und Juni 2002 wurde der Platz als Stadtteilpark und Quartiersplatz neu gestaltet. Hierbei wurde die Anlage um die Fläche einer Straßenbahn-Gleisharfe erweitert. Er ist eine rechteckige Grünanlage mit architektonischer Formensprache, die den gewachsenen Baumbestand und den Erdwall im Westen geschickt integriert. Sehenswert ist der Kletterwald aus geschälten und senkrecht eingebauten Robinienstämmen am Spielplatz. Mehrere Spiel- und Freizeiteinrichtungen machen den Platz zu einem beliebten Aufenthaltsort. Der Südteil besteht aus einer Spiel- und Liegewiese sowie einer Skaterbahn. An der Westseite wird die Anlage von einer wallartigen Bepflanzung begrenzt. In der Anlage stehen Robinie, Linde, Spitzahorn, Kastanie und Rotbuche. Stauden- und Rosenbeete runden die Bepflanzung ab

BAVARIAPARK

- **Stadtbezirk 8:** Schwanthalerhöhe
- **Adresse:** Georg-Freundorfer–Platz/Ganghoferstr.
- **Zugänglichkeit:** öffentlich
- **Erreichbarkeit:** U4, U5 Schwanthaler Höhe
- **Größe in Hektar:** ca. 1,7 ha

22 Pfrontenerplatz

vormals Stuibenplatz

Der Pfrontener Platz ist in den Jahren 1934 bis 1935 entstanden. Eine Erweiterung erfolgte 1940. Erste Veränderungen wurden 1963 mit der Einrichtung eines Kinderspielplatzes vorgenommen. Ende der 1970er Jahre und 1989 folgten weitere Änderungen. Heute stellt sich der Platz als mehrfach geteilte Grünanlage dar, die von großen Rasenflächen geprägt ist.

Im nördlichen Bereich befindet sich ein Kinderspielplatz mit Tischtennisplatten. Eine umlaufende Winterlindenreihe mit Großsträuchern begrenzt die Längsseiten zur Straße. Der Spielplatz ist nochmals durch Großsträucher und Einzelbäume nach Süden eingefasst. Im Bereich der Säulingstraße endet der nördliche Teil.

Der mittlere Teil zwischen Säulingstraße und Nebelhornstraße besteht aus einer Rasenfläche mit wenigen Einzelbäumen wie Birke und Lärche. Auch hier schützt eine Pflanzung aus Winterlinden und Sträuchern den Raum zur Straße.

Der südliche Teil zwischen Nebelhornstraße und Rubihornweg wird von einer stark modellierten Wiesenfläche dominiert. Sie ist ein idealer Rodelhügel. Zwei kleinere Spielplätze liegen versteckt hinter Bäumen. Auffällig sind einzeln stehende Winterlinden und Bergahornbäume. An der Böschungskante führt eine Brücke mit Rad- und Fußwegen über die Autobahn A 96 zum Westpark in den Bereich der „fernöstlichen Tempel“.

PFRONTENERPLATZ

- **Stadtbezirk 7:** Sendling - Westpark
- **Adresse:** Pfrontener-Platz
- **Zugänglichkeit:** öffentlich
- **Erreichbarkeit:** Tram 18 Säulingstr.
- **Größe in Hektar:** ca. 1,9 ha

Vogelperspektive auf den See im Westteil

23 Westpark

ehemals IGA 1983

Der Westpark ist aus der Internationalen Gartenbauausstellung (IGA) 1983 hervorgegangen. Davor lag hier eine baumlose landwirtschaftliche Fläche. Die vorbereitenden Planungen im Rahmen eines Wettbewerbs begannen 1977. Diese Arbeit oblag dem Wettbewerbsgewinner, dem Landschaftsarchitekten Peter Kluska. Nach der Gartenschau wurde das Gelände teilweise rückgebaut, und ist seitdem ein attraktiver öffentlicher Stadtpark und wichtiges regionales Naherholungsgebiet.

Der Westpark ist durch die Garmischer Straße (Mittlerer Ring) in einen West- und Ostteil getrennt. Diese Trennung wird durch eine Brücke über die Straße überwunden. Beide Parkteile steigen zur Brücke und in ihren Randbereichen an. Die Zentren der Parkbereiche sind von weiten Wiesenräumen mit Einzelbäumen und Baumgruppen geprägt. So hat man den Eindruck einer weiten Tallandschaft mit Wasserflächen. Die Sondergärten befinden sich meist in den Randbereichen. Im Ostteil des Parks mündet ein Flusslauf in den dortigen See. Sumpfzypressen, ein geschütztes Feuchtbiotop, und das „Seecafé“ begleiten das Gewässer. An der östlichen Parkgrenze findet man am Fuß eines Hügels das „Rosarium“, ein kreisrunder Garten mit sechs Klinker-Pergolen. An den Pergolen wachsen Kletterrosen, dazwischen liegen mit Lavendel eingefasste Rasenflächen. Der Mittelkreis ist mit Buchs eingefasst,

BAVARIAPARK

• **Stadtbezirk 7:**	Sendling - Westpark
• **Adresse:**	Preßburgerstr./ Hansastr.
• **Zugänglichkeit:**	öffentlich
• **Erreichbarkeit:**	U6 Westpark, U-/S-Bahn Harras, Bus 134
Einkehrmöglichkeit:	Kioske und Biergarten im Park
Größe in Hektar:	ca. 72 ha

der äußere Kreis mit Strauchrosen und Linden. Zahlreiche Bänke laden zum Verweilen ein. Weiterhin finden sich im Ostteil mehrere Spielplätze, ein Biergarten und das „Sardenhaus".

Im westlichen Teil der Anlage liegt an der tiefsten Stelle ebenfalls ein großer See mit der „Seebühne". Im Sommer finden dort Theateraufführungen und Konzerte statt. In seiner Nähe steht das „Asienensemble" mit den sehenswerten japanischen und chinesischen Garten sowie der „Thai-Sala" und der „Nepal-Pagode". Der japanische Garten vermittelt verschiedene Elemente der drei Gartentypen „Aristokratischer-Teich-Insel-Garten", „Meditationsgarten" und „Gar-ten für die Teezeremonie". Einprägsam sind die gestäbten Kiefern in den Randbereichen des Gartens. Der chinesische „Garten von Duft und Pracht" wurde nach dem Beispiel der Gelehrtengärten als Sinnbild der vier Jahreszeiten gestaltet. In beiden Gärten ist das Wasser wichtiges Symbol und Gestaltungselement.

Weitere Themen im Westteil sind das „Bayerwaldhaus", das „Theatron", der „Blinden"- und der „Rosengarten". Die Gaststätte „Am Rosengarten" und ein weitläufiger Spielplatz mit dem unterhalb liegenden Staudengarten schließen den Park nach Westen ab.

Im Unterschied zu vielen anderen öffentlichen Grünanlagen gibt es im Westpark ausgewiesene Grillplätze. Sie sind sehr begehrt und befinden sich im Ostteil in den Nischen der Randbereiche. Im Westteil findet man sie am See.

Unter dem Aspekt des innerstädtischen Arten- und Biotopschutz ist der Wert des Westparks eher gering. Es kommen aber auch hier zum Beispiel die Brutvogelarten der städtischen Grünanlagen wie Mönchsgrasmücke und Zilpzalp vor.

Artenreicher sind die dichten Gehölzbestände der Hänge.

Daneben werden aber auch erhebliche Flächen, die im Zug der Internationalen Gartenbauausstellung als „Schaubiotope" angelegt wurden, immer noch naturnah gepflegt und stellen ein echtes Rückzugsgebiet für bedrohte Tier- und Pflanzenarten dar. Besonders die Wiesen und Feuchtbiotope am Südufer des Sees, in die zu IGA-Zeiten Vegetation aus intakten Moorflächen eingebracht wurde, beherbergen einen für die Innenstadtlage außergewöhnlichen Artenreichtum an Blütenpflanzen. Mit der verpflanzten Vegetation wurden auch viele verschiedene Insektenarten angesiedelt, von denen sich manche Bestände bis heute halten konnten. Auch das Westufer ist stellenweise mit Schilfröhricht und Weiden bewachsen und bietet so ein naturnahes Bild. Von Herbst bis Frühjahr rasten oder überwintern diverse Wasservögel an dem künstlichen Gewässer. Die Bedeutung als Vogelbrutplatz ist aber wegen der extrem starken Freizeitnutzung eher gering. Insgesamt kann man den Westpark als gelungenen Kompromiss zwischen den Flächenansprüchen verschiedener Nutzergruppen und den Anforderungen des innerstädtischen Naturschutzes ansehen.

Im Chinesischen Garten

Im Japanischen Garten

24 Eichendorffplatz

Der Eichendorffplatz ist zwischen 1929 und 1930 entstanden. Er besteht aus einer lang gestreckten Grünanlage. Die große Rasenfläche wird von einem umlaufenden Weg begrenzt. Eine Baumreihe aus roter Kastanie begleitet den Weg. Die Grünanlage wird zur Straße von einer halb hohen geschnittenen Hecke aus Hartriegel abgeschlossen. An den Kopfenden befinden sich Spielgeräte.

Spielplatz am Eichendorffplatz

EICHENDORFFPLATZ

- **Stadtbezirk 7:** Sendling - Westpark
- **Adresse:** Eichendorffplatz/ Johann-Clanze-Str.
- **Zugänglichkeit:** öffentlich
- **Erreichbarkeit:** U6 Partnachplatz, Bus 132 Johann-Clanze-/ Friedrich-Hebbel-Str.
- **Größe in Hektar:** ca. 0,8 ha

Weitere Plätze im Münchner Süden

Die in Klammern gesetzten Zahlen stehen für die Stadtbezirke

Sendlinger Friedhof (6)

Rechteckige, lang gestreckte Anlage. Die Wege sind rechtwinklig gelegt, kaum größere Grabmale. Lockerer Baumbestand. Besteht seit 1872 und wurde im Zug der Eingemeindung von Sendling 1877 von der Stadt München übernommen.

Roecklplatz (6)

1899 bis 1900 entstanden, Änderungen 1912. Kleine Grünfläche mit Spielplatz und Jugendstilbrunnen von Friedrich Delcroix (seit 1908 am Platz). Linde, Kastanie, Bergahorn. Gegenüber dem Platz interessanter Kontrast zu der herrschaftlichen Gartenmauer durch nüchterne Nachkriegsarchitektur.

Grünfläche an der Sappelstraße (7)

1959 entstanden und 1962 umgestaltet. Große Wiesenfläche mit Kinderspielplatz. Dort steigt Gelände an. Übergang am Grabbeweg über die Heckenstallerstraße. Um den Spielplatz herum Strauchpflanzung. Bäume: Bergahorn, Feldahorn, Linde, Hainbuche und Schwarzkiefer.

Grünfläche an der Bodenehrstraße (7)

1982 entstanden. Unterhalb der Gleistrasse liegt eine lang gestreckte, schmale Grünfläche mit einem Kinderspielplatz.

Südpark – Sendlinger Wald (7)

Wald mit mehreren Lichtungen im westlichen Bereich, die als Wiesenflächen gestaltet sind. Dort auch mehrere Spiel- und Freizeiteinrichtungen („Trimm-Dich-Pfad") im gesamten Waldbereich. Wichtiges Erholungsgebiet.

Südparkallee (7)

Die Südparkallee ist eine Lindenreihe entlang der Autobahn A 95 München-Garmisch. Sie ist Teil der ehemaligen Lindenallee zum Schloss Fürstenried (heute Einhornallee, Forst-Kasten-Allee, Südparkallee und Allee zwischen Schloss und Autobahnkreuz). Durch den Bau des Autobahnkreuzes „München-Kreuzhof" wurde der Gesamteindruck und Systemzusammenhang zerstört. Gesamtallee in Relikten erhalten.

Grünanlage Hans-Fischer-Straße (8)

Die Grünanlage zwischen Theresienhöhe und Hans-Fischer-Straße. Im oberen Bereich Kleinkinderspielplatz und Wiese. Im übrigen Bereich Wiesenflächen. Am zentralen Fußweg Granitstele mit Inschrift: „Burgfriedensschule No 3., errichtet auf Grund der von dem Kurfürsten Maximilian III. Emanuel und der Kurprinzen Karl Albrecht der Stadt München im Jahr 1724 und von Kurfürsten Karl Albrecht im Jahr 1735 erteilten Burgfriedensbestätigung". Baumbestand überwiegend aus Spitzahorn, Rotbuche, Hainbuche, Linde, Robinie und Eiche.

Marsplatz (8)

1903 bis 1904 im gemischten Stil entstandene Anlage. Landschaftliche und geometrische Formen in getrennten Anlageteilen. 1928/29 umgestaltet durch Otto Multerer. Ahornallee. Heute Straßen begleitende Grünfläche mit Denkmälern. Keine besondere Aufenthaltqualität mehr.

Griechenplatz (18)

In Nord-Süd-Richtung längs gestreckte Grünfläche von 1934, an beiden Kopfenden von zwei quer zur Anlage stehenden Reihen aus Lindenbäumen begrenzt. An östlicher Grenze zur Straße ebenfalls eine Lindenreihe. Die innere Begrenzung besteht dort aus einer geschnittenen Hecke aus Hainbuchen, die westliche Längsseite ist gänzlich offen. Bis auf einige derzeit noch kleine Obstbäume ist die Rasenfläche nahezu ohne Bäume und Sträucher. Im südlichen Ende Sandkasten mit gestufter Einfassung. Insgesamt erscheint die Anlage etwas verwahrlost. Auf Höhe der Sabine-Schmidt-Straße quert ein Fußweg den Rasen.

Hochvogelplatz (18)

Längs gestreckter Platz mit Rasenfläche und Brunnenanlage. Brunnen mit Wasserbecken und Säule mit Kugel. An Südseite Weg mit Winterlindenallee. Pflanzbeete und Sträucher gegenüber. Der Platz ist zusammen mit dem Wörnbrunner Platz Teil der 1928 entstandenen Großsiedlung Neuharlaching.

Karneidplatz (18)

Vor 1936 entstanden. Weiterentwicklung im Süden 1957 und 1962. Längs gestreckte Grünfläche mit Wiesenfläche und Baum- Gebüschgruppen. Zweiteilung der Anlage durch Dolomitenstraße. Kirsche, Linde, Hainbuche und Bergahorn.

Tiroler Platz ehemaliger Südtiroler Platz (18)

Unscheinbare Grünfläche von 1933/36 mit Altbaumbestand an befahrener Kreuzung.

Wörnbrunner Platz (18)

1932 im Rahmen der Großsiedlung Harlaching entstanden. Die Grünanlage hat die äußere Form eines Dreiecks. Zentrale Rasenfläche. Um den Rasen führt ein geschwungener Weg und verbindet die einzelnen Spiel- und Sportbereiche. Zwei Kinderspielplätze und eine Skaterbahn. Die Schutzpflanzung zum Straßenraum besteht aus frei wachsenden Sträuchern. In der Anlage stehen Feldahorn, Stieleiche, Kiefer, Hainbuche, Birke und Eberesche.

Grünanlage am Schlosspark Fürstenried (19)

Öffentliche Grünanlage südlich des Fürstenrieder Schlossparks. Kleiner Park mit Rodelhügel, Kinderspielplatz und Tischtennisplatten.

Lindenallee zum Schloss Fürstenried (19)

Lindenallee nördlich der Autobahn A 95 München–Garmisch („Olympiastraße“). Mit der südlich der A 95 entlang führenden Lindenallee bildet sie eine historische Sichtachse vom Schloss Fürstenried über die Lindwurmstraße zur Frauenkirche in der Münchner Altstadt. In der gedachten Verlängerung trifft die Achse ab der Kreuzung Aberlestraße/Lindwurmstraße wieder in Erscheinung, dort jedoch als Pappelallee. Gesamtallee als Relikt erhalten.

Park an der Bezirkssportanlage (19)

Große offene Rasenfläche mit Spielplatz. Im Süden modelliert. Einzelbäume und Baumgruppen im Rasen. In Randbereichen Baum- und Strauchpflanzungen als Nischen.

Würmseeplatz (19)

In den Jahren 1928 bis 1929 entstanden. Rechteckige Grünanlage. Zur Straße hin umlaufende Lindenreihe. Zum Platz hin umlaufende, geschnittene Hecke aus Kornelkirsche. In der Nordecke Lindenallee und kleiner Spielplatz. Rasenfläche mit Einzelbäumen und umlaufendem Weg.

Gondrellplatz (20)

Grünfläche nördlich der A 96 nach Lindau und Straßenbahnwendeschleife. Rasenfläche mit Solitärbäumen, vor allem Rosskastanie.

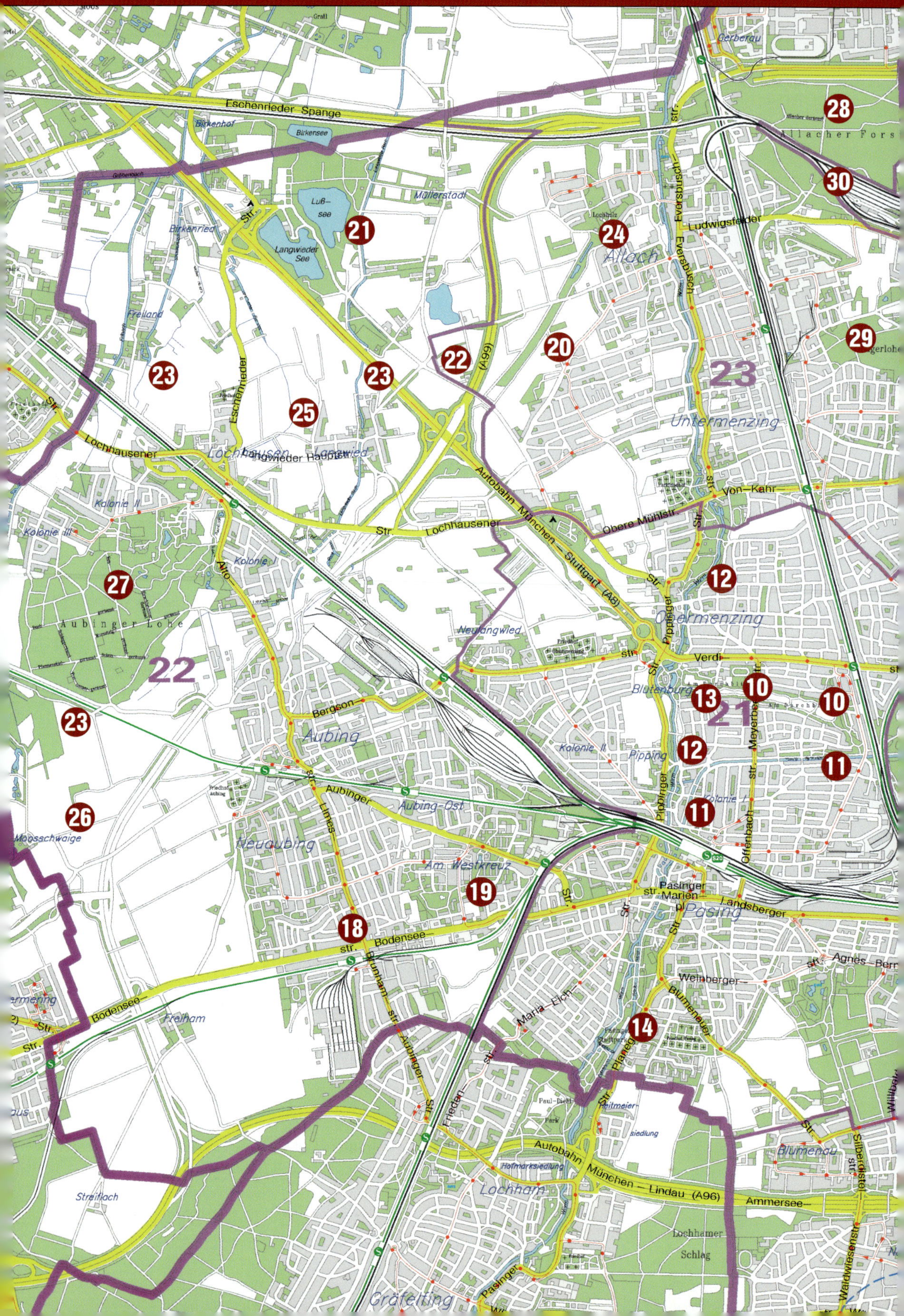

Eschenrieder Spange
Birkenhof
Birkensee
Lußsee
Langwieder See
Müllerstadl
Birkenried
Freiland
Eschenrieder Str.
Lochhausen
Langwieder Hauptstr.
Langwied
Lochhausener Str.
Kolonie II
Kolonie III
Kolonie I
Aubinger Lohe
Neulangwied
Bergson
Aubing
Aubinger
Aubing-Ost
Neuaubing
Limes-Str.
Am Westkreuz
Moosschwaige
Bodensee-Str.
Freiham
Streiflach
Lochham
Gräfelfing
Autobahn München – Lindau (A96)
Ammersee-
Lochhamer Schlag
Blumenau
Silberdistel-str.
Waldwiesenstr.
Pasing
Landsberger
Agnes-Bern
Weinberger
Blumenauer
Planegger
Maria-Eich
Pasinger Marien-pl.
Offenbach-Str.
Meyerbeer-str.
Pipping
Pippinger Str.
Blutenburg
Verdi-str.
Obermenzing
Obere Mühlstr.
Von-Kahr-
Untermenzing
Allach
Evershusch-str.
Ludwigsfelder
Allacher Forst
Gerberau
Autobahn München – Stuttgart (A8)
(A99)
Frieden-str.
Paul-Diehl-Park
Hofmarksiedlung
Würm
Kolonie II
Kolonie I
21
22
23
10
10
11
11
12
12
13
14
18
19
20
21
22
23
23
23
24
25
26
27
28
29
30

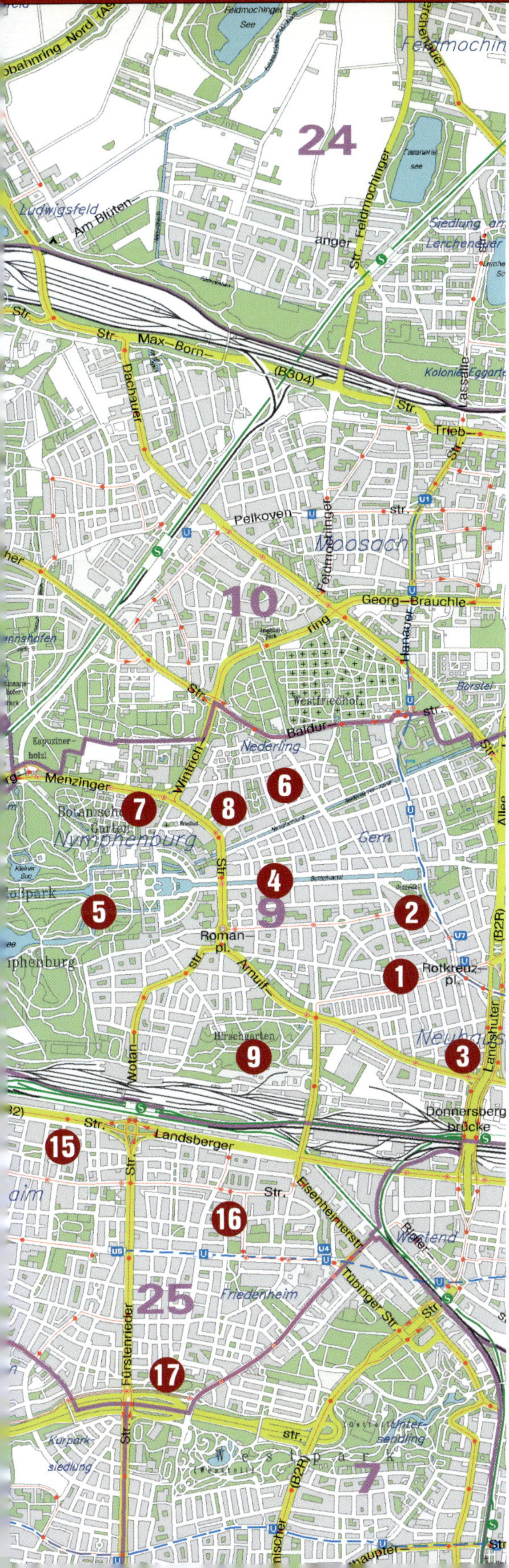

Münchner Westen

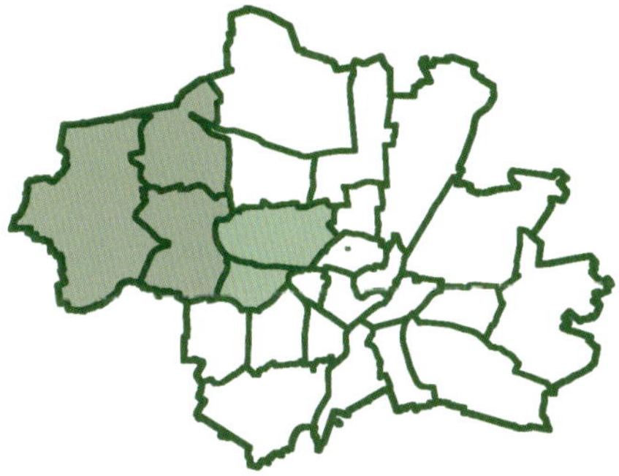

GRÜN IM WESTEN MÜNCHENS

1. Winthirplatz
2. Grünwaldpark
3. Posseltplatz
4. Schlosskanal
5. Schlosspark Nymphenburg
6. Dall' Armistraße
7. Botanischer Garten
8. Von-Goebel-Platz
9. Hirschgarten
10. Am Durchblick
11. Nymphenburger Kanal in Pasing
12. Nördliche Würmauen
13. Blutenburg
14. Stadtpark Pasing
15. Agricolaplatz
16. Fröbelplatz und Hogenbergplatz
17. Kärtner Platz
18. Aufseßer Platz und Gößweinsteinplatz
19. Freizeitpark Aubing - Ost
20. Reichsautobahndamm – Ausgleichsbiotope A99
21. Langwieder See und Luß See
22. Langwieder Heide
23. Langwieder Bach, Gröbenbach, Erlbach
24. Lochholz
25. Eschenrieder – Aubinger Moos
26. Moosschwaige
27. Aubinger Lohe
28. Allacher Wald
29. Angerlohe
30. Allacher Heide – Rangierbahnhofgelände

- Weitere Plätze im Westen

Ein Prunkstück Münchener und europäischer Gartenkultur ziert den Münchner Westen: Der Schlosspark Nymphenburg. Direkt von der Residenz über Brienner Straße, Königs- und Stiglmaierplatz führt die Nymphenburger Straße am Grünwaldpark bei der Gerner Brücke an den Schlosskanal. Die Auffahrtsalleen begleiten ihn über das Schlossrondell zum Schloss und zur von Friedrich von Sckell gestalteten ausladenden Landschaftsparkanlage.

Nördlich davon setzen sich Garten- und Grünbereiche fort im Botanischen Garten, dem Kapuzinerhölzl, hin zum Hartmannshofer Park, zur Angerlohe und zum Allacher Forst.

Südlich des Nymphenburger Parks schließt der Hirschgarten an. Vom Rückbau des Bahngeländes zwischen Donnersberger Brücke und Pasing darf man sich neue stadtgestalterische und gartenarchitektonische Akzente erwarten.

Laim ist als Stadtteil mit ehemaligen Eisenbahnersiedlungen dicht überbaut, besitzt aber eine Reihe attraktiver Stadtplätze mit Grünanlagen und die ausgedehnte städtische Baumschule.

Der Lauf der Würm zieht von der Stadtgrenze beim Lochhamer Paul-Diehl-Park über den lang gestreckten Pasinger Stadtpark als großartiger Grünzug durch Pipping und umschließt die Blutenburg mit ihrem Park von drei Seiten. Dieses spätmittelalterliche Juwel beherbergt die berühmten Holzplastiken des „Blutenburger Meisters" und die in ihrer Art einzigartige Internationale Jugendbibliothek. Mit teilweise sehr malerischen Uferpartien durchzieht die Würm Untermenzing und erreicht die Stadtgrenze zu Karlsfeld im Nordteil von Allach beim Hauser- oder Gilmer-Schlössl. Dieses liegt mit seinem Park innerhalb des Betriebsgeländes der MAN, der das „Schlössl" als Gästehaus und Archivgebäude dient.

Hier reicht der Münchner Nordwesten landschaftlich ins Dachauer Moos mit entsprechender Vegetation und Moorbiotopen. Eine noch relativ intakte ökologische Einheit stellt westlich des alten Dorfes die Aubinger Lohe dar. Weite Bereiche des Westens bis zur Stadtgrenze beim Planegger Holz und Kreuzlinger Forst sind noch landwirtschaftlich genutzt, dienen dem Kiesabbau, oder sehen – wie das Gut Freiham – mit der Vollendung der Eschenrieder Spange (A 99) einer baldigen Wohn- und Gewerbebebauung entgegen.

Der Münchner Westen umschließt die Stadtbezirke 9 (Neuhausen-Nymphenburg), 21 (Pasing-Obermenzing), 22 (Aubing-Lochhausen-Langwied) und 23 (Allach- Untermenzing) mit bedeutenden historischen Dorfkernen in Aubing und Untermenzing und Resten derselben in Neuhausen, Pasing und Allach.

Spielplatz am Winthirplatz

Hecke und Baumreihe als Eingrenzung des Platzes
Rechts der Gänsebrunnen

1 Winthirplatz

Der Winthirplatz ist 1896 entstanden und unterlag seither einigen Änderungen. Durch die umgebende Bebauung hat der Platz seine längliche Form erhalten. Er besteht aus einer großen Rasenfläche und ist von Linden und Sträuchern eingefasst. An den beiden Stirnseiten befinden sich zwei Spielbereiche. Sie wurden 1965 und 2001 errichtet. Im nördlichen Spielbereich steht der Gänsebrunnen von 1928 nach einem Entwurf von Hans Stängel. Im südlichen Bereich befindet sich eine stark verwitterte Gemarkungssäule aus dem 15. Jahrhundert.

WINTHIRPLATZ

- **Stadtbezirk 9:** Neuhausen - Nymphenburg
- **Adresse:** Winthirplatz
- **Zugänglichkeit:** öffentlich
- **Erreichbarkeit:** U1/U7 Rotkreuzplatz
- **Einkehrmöglichkeit:** Gastronomie rund um den Rotkreuzplatz
- **Größe in Hektar:** 0,45 ha

„Mutti, der Mann fotografiert.....“

❷ Grünwaldpark

Nicht weit vom Hubertusbrunnen und dem Nymphenburger Schlosskanal liegt der Grünwaldpark. Er ist eine kleine Anlage mit Spiel- und Naherholungsfunktion. Die Wiesenflächen, ein Kinderspielplatz und mehrere Sport- und Freizeitbereiche laden zum Verweilen ein. Im Park stehen ältere Exemplare von Buche, Kastanie, Esche und Feldahorn. Die Anlage ist nach Josef Grünwald benannt und 1891 als privater Garten mit zwei Teichen und einem Springbrunnen entstanden. 1953 wurde sie in einen öffentlichen Park umgewandelt und 1965 mit einem Kinderspielplatz versehen.

GRÜNWALDPARK

- **Stadtbezirk 9:** Neuhausen - Nymphenburg
- **Adresse:** Waisenhausstr./ Nymphenburger Str.
- **Zugänglichkeit:** öffentlich
- **Erreichbarkeit:** U1/U7 Rotkreuzplatz
- **Größe in Hektar:** ca. 2 ha

Der Grünwaldpark ist in seiner Grundform unverändert geblieben. Sein älterer Baumbestand und der Wegeverlauf stammen noch aus der Zeit der Erstanlage. Somit gilt die Anlage als ein wichtiges Zeitdokument der Gartengeschichte im Stadtteil. Darüber hinaus ist der Grünwaldpark für die Bevölkerung eine kleine, aber wichtige grüne Oase im umgebenden Stadtgefüge.

3 Posseltplatz

Der Posseltplatz ist eine quartiersbezogene Grünanlage und über die Wilderich-Lang-Straße erreichbar. Er ist von drei Seiten von Wohnbebauung umgeben und besteht aus einem alten Baumbestand wie Rotbuche, Flügelnuss, Götterbaum und Kastanie. Zentrales Element ist ein Kinderspielplatz aus jüngerer Zeit.

1903 bis 1904 wurde an der Stelle einer ehemaligen Kiesgrube der Posseltplatz angelegt. Die Planungen stammten von Jakob Heiler. Die Anlage bestand aus zwei Teilen. Im ersten Bereich wurde ein Kinderspielplatz errichtet, um den eine zweireihige Kastanienallee lief. Der Spielbereich war mit Sand, bzw. Kiesel belegt. Unter den Bäumen standen Bänke. Die übrige Anlage war landschaftlich geprägt. Dort befand sich ein von Bäumen gebildeter kreisrunder Platz. Linden und Buchen bildeten die Randabpflanzung. 1927 erfolgte die erste Umgestaltung durch Otto Multerer unter Beibehaltung des Kinderspielplatzes und der Rahmenpflanzung aus Linden und Buchen. Unter Letzteren pflanzte man eine Ligusterhecke. Die übrigen Flächen im Inneren der Anlage wurden komplett geräumt und durch eine rechteckige Rasenfläche ersetzt. Die Wege verloren ihren landschaftlichen Charakter und waren nun formal ausgerichtet. So entstand statt der landschaftlichen Anlage ein in geometrischen Formen überarbeiteter Platz. Dieser Stilwandel ist auch am Tassiloplatz nachvollziehbar (siehe dort).

POSSELTPLATZ

• **Stadtbezirk 9:**	Neuhausen - Nymphenburg
• **Adresse:**	Posseltplatz/ Wilderich-Lang-Str.
• **Zugänglichkeit:**	öffentlich
• **Erreichbarkeit:**	Tram 16 und 17 Donnersbergerstr.
• **Größe in Hektar:**	ca. 0,45 ha

❹ Schlosskanal

mit Kessel und Hubertusbrunnen

Östlich von Schloss Nymphenburg führt der Schlosskanal in Richtung Hubertusbrunnen. Vor dem Brunnen weitet er sich kesselartig auf. Der Kanal wird von der Nördlichen- und Südlichen Auffahrtsallee begleitet. Beide Alleen wurden 1730 angelegt, der Kanal 1728 begonnen.

Das Brunnenhaus ist ein Pavillon mit einem Kuppeldach. Darauf kniet der heilige Hubertus. Im Pavillon befindet sich ein Wasserbecken mit einer Plastik des Hirschs von St.-Hubertus. In den vier äußeren Ecknischen wurden 1921 die Figuren eines Bogenschützen, einer Jägerin, eines Jägers und einer Waldfrau angebracht. Vor jeder Figur befindet sich ein kleines Wasserbecken.

SCHLOSSKANAL

- **Stadtbezirk 9:** Neuhausen - Nymphenburg
- **Adresse:** Nördliche und Südliche Auffahrtsallee
- **Zugänglichkeit:** öffentlich
- **Erreichbarkeit:** U1/U7 Rotkreuzplatz
- **Größe in Hektar:** ca. 4,5 ha

Der Brunnen steht auf einem von Linden eingefassten Platz. Hier enden die beiden Auffahrtsalleen und die Sichtbeziehung vom Schloss.

Ursprünglich stand der Brunnen an der Prinzregentenstraße vor dem Mittelbau des Bayerischen Nationalmuseums. Dort war er Teil eines Forums, das aus einer von Balustraden eingefassten Terrasse mit Baumbepflanzung und abgesenktem Gartenparterre bestand. Die formale Anlage aus den 1890er Jahren wurde später durch das Reiterstandbild des Prinzregenten Luitpold und den Hubertusbrunnen bereichert. Der Brunnen wurde von Adolf von Hildebrand 1903 bis 1907, das Reiterstandbild 1913 erschaffen. Im Zug der Einrichtung eines Luftgaukommandos gegenüber dem Bayerischen Nationalmuseum wurden Terrasse und Brunnen 1937 abgetragen. Erst 1954 wurde der Brunnen am heutigen Standort wieder aufgebaut. Seinen Namen erhielt er wegen der Jagdleidenschaft des Prinzregenten Luitpold und dem St.-Hubertus-Orden des Hauses Wittelsbach.

Der Nördliche Schlosskanal ist wesentlich schmaler. Er wird von naturnaher Vegetation begleitet und führt vom Schloss Nymphenburg als „Nymphenburg-Biedersteiner-Kanal" vorbei am Dantebad zum Olympiapark. Hier weitet er sich zum See aus und verlässt den Park wieder als Kanal. Entlang des Petuelparks führt er nach Osten weiter, und wird zum Schwabinger See (siehe dort), bis er wieder als Kanal am Englischen Garten in den Schwabinger Bach einmündet.

Hubertusbrunnen am Ende des Schlosskanals (Kessel)

Hirsch des St. Hubertus

5 Schlosspark Nymphenburg

SCHLOSSPARK NYMPHENBURG

- **Stadtbezirk 9:** Neuhausen - Nymphenburg
- **Adresse:** Amalienburgstraße/ Menzingerstraße
- **Zugänglichkeit:**
  Park: öffentlich; ganzjährig geöffnet
  Dörfchen: Ostern bis 15. Oktober: täglich 10 bis 16.00 Uhr im Winter geschlossen
- **Erreichbarkeit:** S-Bahnen Laim, Tram 12, 16 Romanplatz, 17
- **Einkehrmöglichkeit:** „Café Palmenhaus" im Schlosspark, Schlosswirtschaft „Zur Schwaige"
- **Größe in Hektar:** ca. 210 ha (Park, Parterre, Rondell)

Im Nymphenburger Schlosspark sind die Reste einer ehemals überwältigenden barocken Garten- und Parkanlage in einem Park englischen Landschaftsstils erhalten geblieben. Dieser „gemischte Stil" ist dem Gartenkünstler Friedrich Ludwig von Sckell zu verdanken.

Die Geschichte dieser Parkanlage beginnt 1671. Anlässlich der Geburt des Kurprinzen Max Emanuel 1662 stiftete Kurfürst Ferdinand Maria seiner Frau Henriette Adelaide von Savoyen die Theatinerkirche und den Gutshof Schwaige Kemnat. Zwischen 1664 und 1676 entstand unweit des Gutshofs ein Sommerschloss als frei stehender fünfgeschossiger Würfelbau, den die Kurfürstin „Borgo delle ninfe" nannte. 1671 wurde an der Westseite des Schlossgebäudes ein von Mauern umgebener Ziergarten im Stil des italienischen Manierismus angelegt. Dieser Garten war der Vorläufer der späteren barocken Anlage und reichte im Westen bis zur heutigen Fontäne im Parterregarten. Die seitliche Ausdehnung verlief etwa auf Höhe der Seitenwege entlang des heutigen Parterres. Der Garten bestand aus einem zentralen Fontänenbecken und vier kleineren

Blick von der Kaskade zum Schloss

Wasserbecken, die über sternförmige Wege verbunden waren. Im westlichen Bereich schlossen zwei Rasenflächen im Viertelkreis und eine Mauer im Halbkreis den Garten zur freien Landschaft ab. Eine Sichtschneise durch den Wald bildete die erste Blickbeziehung zur Kirche St.-Wolfgang in Pipping.

Nach dem Tod Ferdinand Marias übernahm sein Sohn Max Emanuel 1679 die Herrschaft. Ab 1701 wurde aus dem Landhaus seiner Mutter schrittweise eine große Schlossanlage. Dem Mittelbau folgten flankierende Seitenpavillons, die durch Verbindungsflügel mit dem Zentralbau verbunden wurden. Hierbei wurde auf die Durchlässigkeit der Verbindungsflügel geachtet, so dass der Zugang von der Stadtseite zur Gartenseite gewahrt blieb. In diese Zeit fällt auch die Erweiterung, bzw. Umgestaltung des Gartens. 1701

Blick vom Schloss auf das Parterre

Blick von der südlichen Lindenallee zum Schloss

entstand der Mittelkanal in der Sichtschneise nach Pipping. Der Kanal und die Grundzüge des Barockgartens wurden von Charles Carbonet geplant. Durch den Spanischen Erbfolgekrieg kamen jedoch zunächst sämtliche Bauarbeiten zwischen 1704 und 1715 zum Erliegen. Erst danach erfolgte die Wiederaufnahme der Umgestaltungen an Schloss und Garten. Unter Dominique Girard, wie Charles Carbonet ein Schüler André Le Nôtres (dem Architekten der Gartenanlagen von Versailles und Vaux-Le-Vicomte) und Josef Effner entstand nun der bekannte große Barockgarten mit seinen Fontänen, den verfeinerten Broderien im Parterregarten, den Bosketts und dem Waldpark. Mit dem Bau des Marstalls entstand auch eine erste Orangerie. Im Achsenkreuz der Hauptwege lag das „Große Bassin“ mit der „Florafontaine“ und vergoldeten Bleifiguren. Diese stammten aus der Zeit zwischen 1717 und 1723. Die seitlichen Bosketts enthielten Gartenräume für Spiel, Unterhaltung und sonstigen Zeitvertreib. Irrgärten, Heckentheater, Wasserkünste, Bahnen für Pass- und Kegelspiel konnte man dort finden. Südlich und nördlich des Schlosses befanden sich die beiden Kabinettsgärten. Sie waren intime, kaum zugängliche und kunstvoll gestaltete Gärten. 1723 erhielt das Schloss dann seine

Schlossmauer zum „Aha“ umgestaltet

Die Nymphenburger Schloss-Gewächshäuser

Durchblick an den Gewächshäusern

heutige Form. Die Pavillons wurden durch Verbindungsflügel mit dem zentralen Würfelbau verbunden und bis 1758 im Osten der Ehrenhof (Cours d' Honneur) mit den Rondellbauten erbaut. Der Waldpark wurde nördlich und südlich des Kanals von zwei spiegelbildlichen, sechsstrahligen Achsen- und Alleensystemen durchschnitten. Im Zentrum dieser Systeme lagen zwei Pavillons. Im Norden die Pagodenburg (1716–1719) und im Süden die Badenburg (1718–1721, zu Beginn des 19. Jahrhunderts klassizistisch überformt). Beide Gebäude waren von regelmäßigen Gartenpartien und Wasseranlagen umgeben. Die Magdalenenklause (1725–1728) nördlich der heutigen Gewächshäuser wurde als künstliche Ruine zur religiösen Meditation und als Gegenpol zum höfischen Zeremoniell geschaffen. Am südlichen Kanal entstand um 1762 eine Häusergruppe, das „Dörfchen". Es diente als Staffage und bis heute befindet sich dort das Pumpenhäuschen für die Fontänen und das Biberwärterhaus. Erst relativ spät fanden die Götterfiguren und Vasen Eingang im Parterre. 1792 wurde der Park für das Volk geöffnet. In den Jahren 1804 bis 1823 wurde die barocke Gartenanlage unter Max Joseph durch Friedrich Ludwig von Sckell in einen landschaftlichen Park unter Erhaltung der zentralen Elemente

Schlossensemble am östlichen Ehrenhof

Pagodenburg und Pagodenburger See

der barocken Gestaltung nach englischem Vorbild umgestaltet. Es kamen der Pagodenburger- und Badenburger See hinzu, das symmetrische Wegesystem wurde aufgelöst, das Gelände modelliert und spannende Wald- und Wiesenpartien entwickelt. Die den Schlosskanal querende Achse wurde als „Löwental" im Süden der Badenburg, und als Pagodenburger Tal mit dem Kugelweiher landschaftlich umgestaltet. Die Änderungen begannen jedoch im Bereich der Gartenanlagen um die Amalienburg (Jagdschlösschen; 1734–1739), und setzten sich im Bereich der Badenburg fort. Bis 1830 waren die Arbeiten von Sckells Neffen Carl August Sckell abgeschlossen. Als einzige Figurengruppe aus der „landschaftlichen Zeit" wurde die Gruppe des Pan 1815 auf einem künstlichen Felsen errichtet. Der Monopteros („Apollotempel") wurde von Sckell wie im Englischen Garten zunächst aus Holz, dann aber nach Plänen von Leo von Klenze 1865 in Sandstein gefertigt. Im Zug der landschaftlichen Umgestaltung durch Sckell und des wachsenden Interesses an der Botanik, entstanden zwischen 1807 und 1820 auch drei neue Gewächshäuser. Das erste von 1807 brannte 1867 ab, und wurde von Carl Mühlthaler neu errichtet. Es ist seither als „Eisernes Haus" bekannt. 1816 errichtete Sckell

Kaskade (1717 und 1769) und das Parterre am Schloss in vereinfachten Formen erhalten.

Der Nymphenburger Schlosspark ist heute besonders wegen seines alten, fortwirtschaftlich nicht genutzten Baumbestands ökologisch sehr wertvoll. Während in den Wirtschaftswäldern des Münchner Umlands kaum alte Laubbäume vorkommen, und statt dessen umfangreiche Fichtenplantagen entstanden, konnten in den fortwirtschaftlich nicht genutzten Parks viele alte Buchen, Eichen und Linden wachsen, die eigentlich für die natürlich wachsenden Laubwälder des Großraum Münchens typisch waren (vgl. auch Stichworte „Eigentlich wäre überall Wald“ auf Seite 129 und „Wald oder Forst?“ auf Seite 35). Sie sind als Lebensraum vieler Höhlen bewohnender Vogelarten von Bedeutung. Im Bereich der stellenweise naturnah ausgestalteten Parkgewässer und Kanäle brüten und überwintern viele Wasservögel. Der Schlosspark Nymphenburg ist eines der artenreichsten Vogelbiotope Münchens und beherbergt auch viele seltene Arten wie Grünspecht, Pirol und Sperber. Besonders interessant sind die naturnah gepflegten Blumenwiesen entlang der Schlossmauern. Im Herbst blühen auf den Wiesen der Durchblicke flächendeckend Herbstzeitlosen.

das „Geranienhaus“, das zur Kultivierung von nicht winterharten Gewächsen diente. 1820 kam das „Palmenhaus“ hinzu. Es erhielt 1830 die erste Warmwasserheizung im deutschsprachigen Raum. Heute wird es als Café genutzt. Vor den Gewächshäusern wurden Sondergärten mit Wasserbecken und Figurenschmuck angelegt.

Wandert man heute durch den Nymphenburger Schlosspark, so erlebt man Gartenkultur und Natur gleichermaßen. Während eines Rundgangs um die beiden Seen ergeben sich ständig neue Blickbeziehungen und malerische Landschaftsbilder ganz im Sinn der klassischen Landschaftsgärtnerei. Am Ende der Sichtachsen vom Schloss oder der Badenburg in die Landschaft, entfernte Sckell die Schlossmauer und ersetzte sie durch vertiefte Gräben, den so genannten „Ahas“. Der Blick wandert somit vom Park hinaus in die Landschaft, man meint alles gehöre zum Park. Erreicht man jedoch die Grenze der Anlage, trifft man auf den Graben und hat das „Aha-Erlebnis“. Es haben sich die Hauptdurchblicke vom Schloss nach Pasing, nach Pipping über den Hauptkanal und zur Blutenburg erhalten. Von der Badenburg führt der Blick über das „Löwental“ nach Süden. Ein weiteres „Aha“ liegt westlich des „Löwentals“. Aus dem Barock sind der zentrale Kanal mit der

Monopteros am Badenburger See

6 Dall'Armistraße

DALL' ARMISTRASSE

- **Stadtbezirk 9:** Neuhausen - Nymphenburg
- **Adresse:** Dall'Armistr./ Stuberstr./ Volpinistr./ Groffstr.
- **Zugänglichkeit:** öffentlich
- **Erreichbarkeit:** Tram 17 Dall'Armi-Str.
- **Größe in Hektar:** ca. 1,5 ha

Die um 1964 entstandene Grünanlage hat eine länglich ovale Form und ist an den Längsseiten von Wohnbebauung umgeben.

Im Norden schließt sich eine Kleingartenanlage an. Im Süden gelangt man zur Dall' Armistraße. Bis auf den gesperrten nördlichen Zugang ist die Grünanlage von Westen, Osten und Süden aus zu Fuß erreichbar.

Der kleine Park besteht aus einer Wiesenfläche mit Baumgruppen und Lindenreihen, einem Rodelhügel und zwei Kinderspielplätzen. Auf der Wiese stehen ältere Baumexemplare von Blutbuche und Flügelnuss.

Einzelbäume auf der Rasenfläche

Schmuckhof

7 (Neuer) Botanischer Garten

Der Neue Botanische Garten ist der Nachfolger des im Stadtzentrum gelegenen Alten Botanischen Gartens. Auf Veranlassung des Botanikprofessors Karl Ritter von Goebel wurde er von Ludwig von Stempel 1909 bis 1914 im nordwestlichen Teil des Nymphenburger Schlossparks angelegt, und am 10. Mai 1914 eröffnet. Seine Gestaltung folgte naturwissenschaftlichen- und künstlerischen Aspekten. Der Botanische Garten verzeichnet pro Jahr über 400.000 Besucher und gehört zu den bedeutendsten Botanischen Gärten der Welt. Hier werden etwa 14.000 Pflanzenarten kultiviert.

Vom Haupteingang an der Menzinger Straße gelangt man links zu den Schaugewächshäusern, geradeaus zum „Frühlingsgarten" oder rechts zum „Schmuckhof".

Die Gewächshäuser wurden 1910 bis 1912 von Bauamtmann Ludwig Uhlmann errichtet, und zeigen Pflanzen der feuchttropischen Gebiete, der kühltropischen Bergwälder oder der heißen Wüsten. So kann man dort z.B. Orchideen, Palmen, Kakteen und Sukkulenten bestaunen. Im Alpinenhaus (Ernst-von-Siemens-Haus) gibt es einen beheizten und unbeheizten Bereich. Dort befinden sich Frühjahrsblüher aus dem Mittelmeergebiet und den alpinen Bereichen.

BOTANISCHER GARTEN

• **Stadtbezirk 9:**	Neuhausen - Nymphenburg
• **Adresse:**	Menzinger Str. 63
• **Zugänglichkeit:**	öffentlich
• **Öffnungszeiten:**	täglich, außer 24.12. und 31.12.
Jan., Nov., Dez.:	9.00 – 16.30 Uhr
Febr., März, Okt.:	9.00 – 17.00 Uhr
April, September:	9.00 – 18.00 Uhr
Mai bis August:	9.00 – 19.00 Uhr
Die Gewächshäuser	schließen Mo bis Fr eine halbe Stunde früher und zwischen 11.45 bis 13.00 Uhr
• **Erreichbarkeit:**	Tram 17 Botanischer Garten
• **Einkehrmöglichkeit:**	Café im Garten
• **Größe in Hektar:**	22 ha

Hortensien vor der Pergola

Im „Frühlingsgarten" bildet ab Januar die Zaubernuss den ersten Höhepunkt. Ihr folgen die duftenden Schneeballarten begleitet von Wildtulpen, Iris, Krokus, usw.

Der „Schmuckhof" bildet mit dem Hauptgebäude des Botanischen Instituts, und den Beeten am Café die symmetrisch gegliederte zentrale Achse des Gartens. Der „Schmuckhof" ist als großes Parterre konzipiert. Er wird von Treppen und Balustergruppen begrenzt. In seiner Mitte befindet sich das längliche Seerosenbecken. In den beiderseitigen formalen Beetsystemen folgt nach dem Frühjahrsflor eine Neupflanzung mit zahlreichen einjährigen Sommerblumenarten. Ab dem Spätsommer beeindruckt die Blütenfülle von Dahlien und Astern. Um den „Schmuckhof" stehen sechs bunte Majolikaplastiken. Sie wurden von Josef Wackerle um 1936 gestaltet. Zwischen „Schmuckhof" und Café befindet sich die „Ökologisch-Genetische Abteilung". Sie folgt zurückhaltend den Gestaltungsformen des Schmuckhofes und zeigt die unterschiedlichen Anpassungsformen von Pflanzen. Neben Rosenbeeten kann man sich über Ackerwildkräuter informieren oder Wasser- und Sumpfpflanzen bestaunen. In den Becken stehen zwei kleine Gewächshäuser für fleischfressende Pflanzen. Diese Abteilung wird zu beiden Seiten von einer Steinpergola begleitet, an der die unterschiedlichsten Kletterpflanzen emporwachsen. Von der Caféterrasse hat man einen herrlichen Blick zum „Schmuckhof".

Im Westen dieser architektonischen Achse folgt ein landschaftlich gestalteter Bereich. Dort befinden sich das große „Arboretum", ein „Alpinum" und der „Große Teich". Im „Arboretum" stehen Laub- und Nadelbäume nach verwandtschaftlichen Gesichtspunkten locker angeordnet. Das „Alpinum" zeigt Alpenpflanzen nach geografischen Gesichtspunkten geordnet. Am Teich schließen sich die Abteilungen Heide, Moor, Steppe und Lohwald an. Südlich des Teichs gelangt man über die schattige Farnschlucht zum Rhododendronhain. Etwa 200 Arten und Sorten entwickeln ab Anfang Mai ihre Blütenpracht. Sie werden von Kiefern, Astilben und Funkien begleitet. Südlich des Cafés schließt sich ein rechteckiger Rosengarten an. Er wird von einem Wasserbecken mit weißen Majolikafiguren, ebenfalls von Josef Wackerle, begrenzt.

Im Südosten befinden sich die Abteilungen der Nutz- und Heilpflanzen. Die Gestalt dieser Abteilung folgt der eines formalen Kräutergartens. Geschnittene Hecken aus Hainbuchen und Kugelrobinien gliedern den Raum. In der Südostecke des Botanischen Gartens gelangt man in die Systematische Abteilung. Es ist eine kreisrunde Anlage mit einem zentralen offenen Achteckpavillon. Die hier gezeigten Pflanzen sind nach Familienzugehörigkeit geordnet.

Der Botanische Garten ist das ganze Jahr über einen Ausflug wert und erfreut nicht nur den Pflanzenfreund.

8 Von-Goebel-Platz

vormals Kemnatenplatz

Der Platz befindet sich unweit des Botanischen Gartens. Er ist 1928 entstanden und nach dessen Gründer Botanikprofessor Karl Ritter von Goebel benannt. Es handelt sich um einen schlichten, trapezförmigen Rasenplatz mit einer Vertiefung ähnlich eines „Bowlinggreens“. Die Absenkung war typisch für diese Zeit und diente als Spielplatz. Der Von-Goebel-Platz wird von einer geschnittenen Hartriegelhecke eingefasst und an den Längsseiten von Linden begleitet. Zur Menzinger Straße stehen die Skulpturen eines Fuchses mit einer erlegten Gans und einer Hasengruppe auf jeweils einem Sockel. Am nordöstlichen Ende befand sich eine Kiesfläche mit zwei Sandkästen. Dem Platz fehlt jegliche Art von Blumenschmuck.

Am Von-Goebel-Platz werden Minimalismus und Funktionalität in der Gestaltung von Quartieranlagen jener Zeit anschaulich dargestellt.

VON-GOEBEL-PLATZ

• **Stadtbezirk 9:**	Neuhausen - Nymphenburg
• **Adresse:**	Menzingerstr./ Barellistr.
• **Zugänglichkeit:**	öffentlich
• **Erreichbarkeit:**	Tram 17 Dall'Armi-Str.
• **Größe in Hektar:**	ca. 0,6 ha

Vertiefte Rasenfläche im Von - Goebel - Platz

9 Hirschgarten

Der Hirschgarten liegt im Südosten von Schloss Nymphenburg und ist mit diesem über die um 1909 gepflanzte Hirschgartenallee verbunden. Er ist ein weitläufiger und gepflegter öffentlicher Park mit großen Wiesenflächen und Hügeln. Seinen Ursprung hat der Hirschgarten in einem Wildfreigehege, das 1780 unter Kurfürst Karl Theodor errichtet worden war. Baumgruppen und ältere Solitäre aus Eichen und Kastanien bestimmen das Landschaftsbild. Im Park befinden sich zahlreiche Spiel- und Freizeiteinrichtungen. Sie wurden mit der Umgestaltung in eine städtische Grünanlage in den Jahren 1958 bis 1959 und 1971 errichtet.

Heute ziehen Spiel- und Bolzplätze, ein Wasserspielplatz, Tischtennisanlagen, Sommerstockbahnen, Grillplätze und Bodenspiele wie Schach und Dame alt und jung an. Die etwa acht Meter hohen Lärmschutzwälle sind im Winter beliebte Rodel- und Skihänge. Im Sommer strömen Scharen von Gästen in den großen Biergarten.

Der Hirschgarten gehört zu den wichtigsten Grünflächen im Umfeld des Nymphenburger-Schlossparks.

Wildgehege am Biergarten

HIRSCHGARTEN

- **Stadtbezirk 9:** Neuhausen-Nymphenburg
- **Adresse:** Hirschgartenallee/ Königbauerstr.
- **Zugänglichkeit:** öffentlich
- **Erreichbarkeit:** S-Bahnen Laim, Tram 16 und 17 Steubenplatz
- **Einkehrmöglichkeit:** Großer Biergarten
- **Größe in Hektar:** ca. 25 ha

Altbaumbestand auf den Wiesenflächen

Innerhalb des Grünzuges „Am Durchblick" liegen einige landwirtschaftlich genutzte Flächen

10 Am Durchblick

Der „Durchblick" ist eine der drei historischen Sichtachsen zwischen dem Schloss Nymphenburg und dem heutigen Münchener Westen. Er war ursprünglich die nördliche Sichtbeziehung zur Blutenburg. Weiter südlich gibt es noch den zentralen Blick auf die Kirche St.-Wolfgang in Pipping und den südlichen Blick nach Pasing.

Heute ist der durchgehende Blick zur Blutenburg im Bereich der Frauendorferstraße durch Bebauung, ausgedehnte Bepflanzung und die Bauwerke der S-Bahnlinie unterbrochen. Zwischen der Blutenburg und der Bebauung an der Frauendorferstraße ist der Durchblick jedoch noch erhalten und nachvollziehbar.

AM DURCHBLICK

- **Stadtbezirk 21:** Pasing-Obermenzing
- **Adresse:** Am Durchblick
- **Zugänglichkeit:** öffentlich
- **Erreichbarkeit:** S2 Obermenzing
- **Größe in Hektar:** ca. 2,5 bis 3 ha

Der heutige Grünzug aus gärtnerisch gestalteter Grünanlage mit Rasen, Baumpflanzungen und einigen landwirtschaftlich genutzten Parzellen verläuft von der Würmaue bei der Blutenburg über die Siedlungsgebiete von Pasing und Obermenzing bis zum Nymphenburger Schlosspark. Entlang des Durchblicks zieht sich eine Gehölzkulisse aus einheimischen Baum- und Straucharten, die von Rad- und Fußwegen begleitet wird. Eingebettet sind neben gärtnerisch gestalteten Bereichen auch mehrere Äcker.

Blick vom Grünzug „Am Durchblick" auf das Schloss Blutenburg.

STICHWORT

MÜNCHNER FRIEDHÖFE UND GRÜNANLAGEN – LEBENSRAUM FÜR BEDROHTE TIERARTEN ?

Viele Untersuchungen belegen den ökologischen Wert von Grünanlagen und Friedhöfen in den deutschen Großstädten. Besonders wichtig ist ihre Bedeutung für das Stadtklima (Sauerstoffproduktion, Luftbefeuchtung, Kühlung, Staubfilterung). Werden sie naturnah gepflegt, nur mit einheimischen Bäumen und Sträuchern bepflanzt, und auf übertriebene Pflege (Entfernung von Laub, Vielschnittrasen) verzichtet, können sie sich im Lauf der Jahrzehnte hilfreich zu echten Rückzugsgebieten selbst für bedrohte Tierarten entwickeln.

Naturnah gestaltete Grünanlagen wie hier am Rande des Münchner Waldfriedhofes können sich zu wichtigen Lebensräumen für seltene Tierarten entwickeln. Voraussetzung ist aber, dass übertriebene gärtnerische Pflege wie die Entfernung des Laubs, die Mahd der Gehölzsäume und die Anlage großflächiger Scherrasen unterbleibt.

11 Nymphenburger Kanal in Pasing

Die Sichtbeziehung „Am Durchblick“, Teilstrukturen des Schlosspark Nymphenburg und der Pasing-Nymphenburger-Kanal, sind Reste ehemaliger barocker städtebaulicher Strukturen und Zusammenhänge. In Pasing zweigt im Bereich der Bodenseestraße der Nymphenburger Kanal vom natürlichen Bachlauf der Würm ab und führt in den Schlosspark Nymphenburg. Von der Bodenseestraße hat man Einblick auf einen beschaulichen Inselgarten zwischen Würm und Nymphenburger Kanal.

Ähnlich wie bei dem „Durchblick“ wird auch hier die städtebauliche Beziehung zum Schlosspark durch Bebauung und Gleiskörper der S-Bahn und durch Kleingärten mit Baumpflanzungen an der Frauendorferstraße/Paul-Gerhardt-Allee unterbrochen. Im Bereich Pasing und Obermenzing wird der Kanal von Wohnbebauung und landschaftsparkähnlichen Grünflächen begleitet. Zahlreiche Fußgängerbrücken überqueren ihn. Der Kanal hat hier einen ausgeprägten Naherholungscharakter und lädt zu Spaziergängen und Radtouren ein.

Östlich der Schlossanlage führt er in zwei Strahlen nach Osten. Der mittlere Kanal als „Schlosskanal“, begleitet von der Nördlichen- und Südlichen Auffahrtsallee zum Hubertusbrunnen und der nördliche als Nymphenburg-Biedersteiner-Kanal Richtung Olympiapark (siehe dort).

NYMPHENBURGER KANAL IN PASING

- **Stadtbezirk 21:** Pasing-Obermenzing
- **Adresse:** Windelbandweg/ Marsopstr.
- **Zugänglichkeit:** öffentlich
- **Größe in Hektar:** ca. 6 ha

Die Würm verläuft meist in dicht besiedelten Stadtteilen und wurde daher stark reguliert. Ökologisch sehr wertvoll ist daher insbesondere der Gehölzsaum aus älteren Laubbäumen.

12 Nördliche Würmauen

Die Würm fließt im Stadtgebiet größtenteils durch dicht besiedeltes Gebiet der Stadtteile Pasing, Allach und Obermenzing. Dem entsprechend ist das Hochwasserbett meistens sehr schmal und die Flussufer stark befestigt, um Überschwemmungen der angrenzenden Gärten und Häuser zu vermeiden. Allerdings ist das Ufer fast auf der ganzen Länge dicht mit einem Gehölzsaum aus älteren Laubbäumen (vorwiegend Buchen, Eschen und Erlen) bewachsen.

NÖRDLICHE WÜRMAUAEN

- **Stadtbezirk 21:** Pasing-Obermenzing
- **Adresse:** Würmbrücken (Korberger Weg, Verdistr., Dorfstr., Von-Kahr-Str., Vesaliusstr., Paul-Ehrlich-Weg, Kieselstr.)
- **Zugänglichkeit:** öffentlich
- **Erreichbarkeit:** S-Bahnen Pasing, S2 Allach und Karlsfeld, Busse 732, 160, 165
- **Einkehrmöglichkeit:** „Weichandhof", Betzenweg 81, „Alter Wirt", Dorfstr. 39

BESONDERS INTERESSANT

- Älterer Baumbestand.

TIPPS FÜR NATURFREUNDE

- **Frühling:** Zur Vogelbeobachtung eignet sich besonders die Zeit vor der Belaubung der Bäume, später bieten sich morgendliche Vogelstimmenwanderungen an.
- **März, April:** Frühlingsblüher in den Gebüschen und unter den Laubbäumen.
- **Herbst:** Blattfärbung.

Entlang der Pippinger Straße wird die Würm von einem Grünzug mit Fuß- und Radwegen begleitet. Ausgedehnte Wiesenflächen, Baumgruppen und ein Spielplatz in der Nähe des Kornberger Weges laden zum Verweilen ein. Auf Höhe der Glasenbartlstraße mündet eine Abzweigung des Nymphenburger Kanals in die Würm.

Größere Freiflächen findet man im Bereich der Blutenburg und im Norden nahe der Stadtgrenze in Allach. Hier begann auch die erste Uferrenaturierung: Im Bereich der Eversbuschstraße (Ecke Allacher Straße) wurde die feste Uferverbauung aufgelöst, ein Nebenarm mit Inseln angelegt, und neue Überschwemmungsflächen geschaffen.

13 Blutenburg

Die Blutenburg ist ein Lust- und Jagdschloss aus dem 15. Jahrhundert. Seit 1983 Sitz der internationalen Jugendbibliothek.

Über den Pfortenbau gelangt man in das Schloss. Innerhalb der umliegenden Gebäude befinden sich zwei Höfe auf zwei Ebenen. Im unteren Hof beherrscht eine von Fliedern umgebene Linde die Szenerie. Der Bereich um den unteren Hof ist das „Äußere Schloss". Vom Tor führt eine Reihe von Apfelbäumen zur Schlosskapelle St.-Sigismund von 1488. Die Bebauung um den unteren Hof besteht aus dem Pfortenbau (zweite Hälfte 15. Jahrhundert), der Schlosskapelle, dem alten Saalbau (1529, heute Studienbibliothek), dem Neuen Saalbau (Kinderbuchausleihe, Jella-Jepman-Saal und Erich-Kästner-Turm), dem Kleinen Saal (Malstudio) und der Schloss-Schänke. Über eine Treppe erreicht man den höher gelegenen zweiten Hof. Dort befindet sich das „Innere Schloss" mit dem alten Herrenhaus von 1440, heute Direktion der IJB, Sitz der „Freunde Schloss Blutenburg" und weitere Türme wie z.B. der „James-Krüss-Turm". Die Bepflanzung besteht hier aus drei Rasenflächen und mehreren großen Buchsbaumkugeln am Herrenhaus. Die Mauern zwischen

BLUTENBURG

• **Stadtbezirk 21:**	Pasing - Obermenzing
• **Adresse:**	Seldweg 15
• **Zugänglichkeit:**	öffentlich
• **Erreichbarkeit:**	S-Bahnen Pasing, Busse 56, 732, 160 bis Pippinger-/Verdistr.
• **Einkehrmöglichkeit:**	Gaststätte mit Garten „Schloss-Schänke"
• **Größe in Hektar:**	ca. 5,5 ha (Schlosshof und Außenanlagen)

Blick über den Teich zur Kirche „Leiden Christi"

den Türmen sind mit wildem Wein bewachsen. Insgesamt ist das Ensemble bis heute fast unverändert geblieben.

Die Außenanlagen sind geprägt von zwei miteinander verbundenen Teichen, der Würm und den umgebenden Wiesenflächen. Die Teiche wurden 1984 neu gestaltet. Anlässlich der Bundesgartenschau (BUGA) 2005 ist die Installation dreier Kunstwerke im großen Teich geplant. Im weiteren Umfeld steht ein Mahnmal für den Marsch der KZ- Häftlinge Dachau gegen Ende des Zweiten Weltkriegs und das so genannte „Pilgerkreuz". Die Blutenburg ist landschaftlich eingebunden in das Würmtal und Endpunkt der historischen Blickbeziehung „Am Durchblick" zum Schloss Nymphenburg.

Blutenburg im Spiegelbild

14 Stadtpark Pasing

Der Pasinger Stadtpark erstreckt sich zwischen der Institutstraße im Norden, der Planegger Straße im Osten und dem Paul-Diehl-Park (Lochham-Gräfelfing) im Süden.

Der nördliche Teil der Anlage zwischen Institutstraße und Engelbertstraße ist geprägt vom Areal um die alte katholische Pfarrkirche „Mariae Geburt". Der Friedhof ist aufgelassen und dient als Grünfläche. Einige wenige Gedenkmäler erinnern an die ehemalige Nutzung. Nördlich der Kirche schließt sich der Wassergraben mit der Insel des ehemaligen Wasserschlosses an. Um die Insel führt ein augenscheinlich gepflegter Weg. Der Bereich ist nicht öffentlich und von einem hohen Holzlattenzaun umgeben. Vor der Kirche lädt ein Kinderspielplatz mit einer Grünfläche zum Verweilen ein. Die Insel mit der angrenzenden Obstwiese gehört zum Institut der Englischen Fräulein. 1814 erwarb König Maximilian I. Joseph das Anwesen und ließ das Schloss abreißen. Stattdessen wurde etwas weiter südlich an der Planegger Straße zwischen verlängerter Gräfstraße und Engelbertstraße ein Landsitz errichtet, die „Gatterburg". 1815 wurde dort ein weiträumiger Park angelegt. 1862 bis 1923 gehörten Schloss und Park dem Reichsgraf von Gatterburg. 1923 erwarb der Orden der Passionisten das Anwesen. Durch die Auflassung der Gatterburgstraße und der Gatterburgallee konnte die Anlage in einen zusammenhängenden Park verwandelt werden. Im Gegenzug wurden 1929 große Teile des Parks an die Stadt Pasing abgegeben. Damit begann die Geschichte des öffentlichen Stadtparks. Der Park wurde bis 1945 in Richtung Süden vergrößert.

Blühende Wiese im Stadtpark Pasing

Von der Würm umspülte Hainbuchen

Um 1953 schloss sich eine weitere Ausdehnung an. Die größte Erweiterung erfolgte jedoch 1965 als mit der Eingliederung des Wasserbogengeländes ein großer landschaftlicher Teil an der Würm hinzukam.

Der Pasinger Stadtpark beeindruckt durch seine weiten Wiesenräume und den malerischen alten Baumbestand. Entlang der Würm führen Fuß- und Radwege in Richtung Süden zum Paul - Diehl-Park. Er liegt bereits außerhalb Münchens und gehört zum Gräfelfinger Ortsteil Lochham. Eine Brücke über den Abzweig des Fabrikkanals von der Würm markiert dort die Stadtgrenze.

STADTPARK PASING

- **Stadtbezirk 21:** Pasing - Obermenzing
- **Adresse:** Planegger Str./ Institutstr.
- **Zugänglichkeit:** öffentlich
- **Erreichbarkeit:** S-Bahnen Pasing, Busse 143, 160 (Avenariusplatz), 56, 57, 161 (Planegger Str.)
- **Größe in Hektar:** ca. 38 ha

15 Agricolaplatz

Der Agricolaplatz ist in den Jahren 1902 bis 1905 entstanden und wurde danach in den 1930er und 1950er Jahren überarbeitet. Ähnlich dem Walchenseeplatz oder Shakespeareplatz (siehe dort) kann man auch hier noch eine besondere Gestaltungsabsicht ablesen. Die Funktionsfläche für das Kinderspiel und die Flächen für Erholung haben eine gemeinsame Eingrünung. Zudem erscheint ein Bereich landschaftlich, der andere regelmäßig, bzw. geometrisch. Diese auf den ersten Blick für manchen Betrachter „unspektakulär" erscheinenden Prinzipien gehen auf Stadtgartendirektor Jakob Heiler zurück. Er verwendete sie für die Gestaltung von Stadtplätzen etwa ab 1900.

Der Agricolaplatz ist ein länglich rechteckiger Platz mit einer zentralen Wiesenfläche. Diese ist im landschaftlichen Stil mit Einzelbäumen und Baumgruppen gestaltet. Im östlichen Bereich lädt ein Rodelhügel zum Schlittenfahren ein, im westlichen Bereich lockt ein Spielplatz die jüngeren Besucher an. Am Spielplatz befindet sich eine Baumreihe aus alten Hainbuchen. In der Anlage steht weiterhin eine bemerkenswerte Hängeesche. Die übrigen Baumarten bestehen aus Bergahorn, Spitzahorn, Flügelnuss, Linde, Baumhasel, Esche, Kastanie, Hainbuche und Eibe. Der gesamte Platz wird von Linden eingefasst.

Im Südosten des Platzes gelangt man über ein Torhaus in die „Villenkolonie Schlosspark Laim" von 1912. Aus städtebaulicher Sicht liegt diese Siedlung in einem Dreieck der Plätze Agricolaplatz, Pronnerplatz und Agnes-Bernauer-Platz.

AGRICOLAPLATZ

• **Stadtbezirk 25:**	Laim
• **Adresse:**	Agricola Platz/ Agricolastr./Rappstr.
• **Zugänglichkeit:**	öffentlich
• **Erreichbarkeit:**	S-Bahnen Laim, Tram 19 Agnes-Bernauer-Platz
• **Größe in Hektar:**	ca. 0,9 ha

16 Fröbelplatz und Hogenbergplatz

Der Fröbelplatz ist zwischen 1936 und 1940 entstanden. Er ist ein schmaler, lang gestreckter Platz mit Nord-Süd-Ausrichtung. In den Randbereichen wird er von Strauchrosen und verschiedenen anderen Sträuchern begrenzt. Robinien fassen die Anlage ein. Hier stehen Gleditsie, Baumhasel und vereinzelt Linden. Holunder dominiert den Platz. Er wächst in der bekannten Form als Strauch, erreicht am Fröbelplatz aber auch die Größe eines Kleinbaums. Im Süden geht der Fröbelplatz an der Valpichlerstraße in den Hogenbergplatz über.

Der Hogenbergplatz ist älter als der Fröbelplatz. Die zentrale Wiesenfläche mit dem Kinderspielplatz wird von einer umgebenden Baumkulisse von der Straße abgegrenzt. Auffällig ist hier die Dominanz der Rotbuche. Sie gibt dem Platz einen besonderen Charakter. An der Westseite tritt sie als Rondell auf. Eine Eibe markiert dessen Mittelpunkt. Der Spielplatz ist in ein welliges Terrain gebettet, die freistehenden Reliefs „Bremer Stadtmusikanten“ und „Struwwelpeter“ begleiten ihn. Weitere Bäume sind Blutbuche, Eiche, Hainbuche, Birke und Esche.

FRÖBELPLATZ UND HOGENBERGPLATZ

• **Stadtbezirk 25:**	Laim
• **Adresse:**	Fröbelplatz Hogenberg Platz/ Hogenbergstr./ Diesterwegstr.
• **Zugänglichkeit:**	öffentlich
• **Erreichbarkeit:**	U4/U5, Tram 19 Friedenheimer Str.
• **Größe in Hektar:**	0,36 ha Fröbelplatz 0,60 ha Hogenbergplatz

17 Kärntner Platz

Die längsovale Grünanlage ist vor 1936 entstanden. Sie besteht aus modellierten Wiesenflächen und Einzelbäumen im Rasen. Solitäre und Gebüschgruppen gliedern den Raum. Seitliche Strauchabpflanzung zum Straßenraum. Spielplatz und Freizeiteinrichtungen. Nischen für Bodenschach. Linde, Spitzahorn, Feldahorn, Birke, Fichte, Hainbuche und Platane.

KÄRNTNERPLATZ

- **Adresse:** Kärntner Platz/ Bauerweg/ Stegenerstr.
- **Zugänglichkeit:** öffentlich
- **Erreichbarkeit:** Tram 18 Käthe-Stegener-Weg und Ammerseestr.
- **Größe in Hektar:** 0,5 ha

18 Aufseßer Platz und Gößweinsteinplatz

Von der Bodenseestraße kommend führt eine Allee aus Pyramidenpappeln zum Aufseßerplatz und zur Wohnanlage um den Gößweinsteinplatz. Dieser ist über Torhäuser oder über die Dietrichstraße erreichbar. Im Inneren der Anlage liegt ein zentraler, quadratischer Platz. Er wird begleitet von Robinien, Hainbuchen, diversen Sträuchern und Pflanztrögen.

Platzprägend sind ein Uhrenturm und die Gaststätte „Zur Aubinger Einkehr“ mit rückseitigem Biergarten. Über den Torbögen sind Wandgemälde mit bäuerlichen Motiven aufgetragen. Die Siedlung ist in den Jahren 1937 bis 1939 von der Heimbau-Bayern für Angehörige der Dornier-Flugzeugwerke errichtet worden. Das Ensemble zeigt Elemente des Dorfplatzes am Gößweinsteinplatz, vermischt mit denen eines Aufmarschplatzes. Anstelle der fehlenden Kirche setzte man einen Uhrenturm in romanischen Formen. Bis zum Ende des Zweiten Weltkrieges trug das Wohngebiet die Bezeichnung “Ludwig-Siebert-Siedlung“.

AUFSESSER UND GÖSSWEINSTEINPLATZ

- **Stadtbezirk 22:** Aubing Lochhausen - Langwied
- **Adresse:** Gößweinsteinplatz
- **Zugänglichkeit:** öffentlich
- **Erreichbarkeit:** S5 Neuaubing, Bus 57, 161, 267 (Altenburgstr.)
- **Größe in Hektar:** ca. 0,15 ha

Pappelallee am Aufseßer Platz

19 Freizeitpark Aubing/Ost

Der 1971 angelegte Freizeitpark ist ein beliebtes Naherholungsgebiet für die umliegende Bevölkerung. Nahe der Wohnbebauung befindet sich in einer Mulde ein attraktiver Kinderspielplatz mit Rutsch-, Kletter- und Schaukelmöglichkeiten. Westlich davon schließt sich ein weitläufiger, hügeliger Park mit sonnigen Wiesenflächen und schattigen Randbereichen an. Dort bietet sich Platz für Tischtennis und Fußball. Vom Freizeitpark führt ein Weg nach Nordosten in die Grünanlagen des Wohngebietes am Ravensburger Ring. Dort befindet sich neben der Kirche St.-Lukas auch ein Wasserbecken mit Fontäne.

FREIZEITPARK AUBING - OST

- **Stadtbezirk 22:** Aubing Lochhausen - Langwied
- **Adresse:** Überlinger Weg/ Sipplinger Str.
- **Zugänglichkeit:** öffentlich
- **Erreichbarkeit:** S5 Westkreuz und Neuaubing, Busse 57, 161 Sipplinger Str.
- **Größe in Hektar:** ca. 4,5 ha

Große Wiese im Freizeitpark

Bei Allach sind Teile des ehemaligen Reichsautobahndammes aus der Vorkriegszeit erhalten. Hier entwickelten sich im Laufe der Jahrzehnte Magerrasen und wärmeliebende Gebüsche.

20 Reichsautobahndamm/Ausgleichsbiotope A99

Der Reichsautobahndamm wurde vor dem Zweiten Weltkrieg für eine damals geplante Autobahn von der Langwieder Heide bis zum Lochholz in Allach aufgeschüttet und blieb der natürlichen Entwicklung überlassen, da die Autobahn in dieser Form nie gebaut wurde. Auf den trockenen Kiesflächen entwickelten sich im Laufe der Jahrzehnte heideähnliche Flächen, stellenweise siedelten sich dichte Holundergebüsche und Bäume an. Das ganze Gebiet wurde in die (neue) Planung für den Bau des mittlerweile fertig gestellten Autobahnringes A 99 einbezogen und stellenweise auch überbaut. Der Mittelabschnitt zwischen Langwied und Allach ist aber noch in der ursprünglichen Form erhalten geblieben. Neben den im Urzustand befindlichen Teilen kamen mehrere aus Kiesentnahmestellen entstandene Grundwasserseen und umfangreiche Hecken- und Baumpflanzungen hinzu.

Zu den zoologischen Highlights gehören Schmetterlingsarten wie der Kleine Feuerfalter und Heuschrecken wie die Blauflügelige Ödlandschrecke. Der Reichsautobahndamm und die großflächigen Böschungen und Ausgleichsbiotope der A 99 werden mit Schafen beweidet.

Ausgleichsbiotope für den Bau des Autobahnringes A99. In diesem Zusammenhang wurden viele neue Hecken und Feldgehölze angelegt. Für die zerstörte Moorlandschaft sind sie kein Ersatz.

BESONDERS INTERESSANT

- Stellenweise Heidevegetation
- Im Umfeld viele Ausgleichsbiotope für den Bau der A 99 (siehe Text)

REICHSAUTOBAHNDAMM

- **Stadtbezirk 22:** Aubing Lochhausen - Langwied
- **Adresse:** Zugang über Paul-Ehrlich-Weg und Am Lochholz
- **Zugänglichkeit:** öffentlich
- **Erreichbarkeit:** S2 Allach, dann Bus 164 Augustenfelder Str.

TIPPS FÜR NATURFREUNDE

- **Sommer:** Insektenbeobachtung (Schmetterlinge, Heuschrecken)
- **Frühling, Herbst:** Vogelzug (durchziehende Singvögel)

21 Langwieder See und Lußsee

Der Langwieder See an der Autobahn A 8 ist im Zug der Autobahnerrichtung in den 1930er Jahren entstanden. Er ist Münchens zweitgrößter See und trotz der Autobahnnähe ein beliebtes Erholungsgebiet. Die Wasserqualität ist sehr gut. In seiner Nachbarschaft liegt der Lußsee. Er ist neben dem BUGA-See in Riem der jüngste Münchens und durch Kiesabbau für den Bau der Autobahn A 99 in den Jahren 1995 bis 2000 entstanden. Auch er bietet gute Wasserqualität. An beiden Seen findet man Spiel- und Sporteinrichtungen.

Etwa 450 Meter nördlich der beiden Seen, jedoch schon knapp außerhalb der Münchner Stadtgrenze, liegt der Birkensee.

FRÖBELPLATZ UND HOGENBERGPLATZ

- **Stadtbezirk 22:** Aubing – Lochhausen – Langwied
- **Adresse:** Kreuzkapellenstr.
- **Zugänglichkeit:** öffentlich
- **Erreichbarkeit:** PKW Autobahn Stuttgart M-Langwieder See, Badebus (Sommer)
- **Größe in Hektar:** Langwieder See ca. 18 ha
Lußsee ca. 16 ha

Promenade mit Kastanien am Lußsee

Strand am Lußsee

Auch die Langwieder Heide bei Aubing, Lochhausen und Langwied, gehört zu den Resten der einst großflächigen Heidegebiete im Münchner Norden und Westen.

22 Langwieder Heide

Die Langwieder Heide gehört zu den Resten der einst ausgedehnten Heiden, die früher München im Norden und Westen umgaben (vgl. auch Stichwort „Heide", Seite 157 und Kapitel „Panzerwiese", Seite 156). Neben den dafür typischen Mager- und Trockenrasen aus Pflanzen, die auf trockene und nährstoffarme Böden eingerichtet sind, findet man in der Langwieder Heide einige Sanddorngebüsche und einen Baggersee („Ratzenteich").

Die Langwieder Heide beherbergt einige vom Aussterben bedrohte Pflanzenarten und eine reichhaltige Insektenwelt aus Schmetterlingen und Heuschrecken. Ein Besuch lohnt sich also besonders im Sommer, wenn die Insektenbestände ihren Höhepunkt erreichen. Im Frühling und Herbst rasten durchziehende Singvögel in der Heide. Am Grundwassersee (von den Anwohnern „Ratzenteich" genannt) brüten und rasten einige Schwimmvogelarten wie Bläss- und Teichhuhn sowie Zwergtaucher. Wegen des starken Besucherverkehrs kann man viele Tiere allerdings nur in den frühen Morgen- und Abendstunden mit einem guten Fernglas beobachten.

Die Langwieder Heide steht unter Schutz (vgl. Stichwort „Geschützter Landschaftsbestandteil"). Ohne eine Pflege der Heideflächen, die auch das Entfernen von Gehölzaufwuchs, die regelmäßige Mahd oder die Beweidung mit Schafen umfasst, verschwinden die meisten Blumen- und Tierarten schnell, und werden durch Sträucher verdrängt.

Von der Pflege durch den Landesbund für Vogelschutz (LBV) profitieren schon jetzt in München sehr selten gewordene Arten wie Helmknabenkraut (eine Orchideenart), Silberdistel, mehrere Bläulingsarten (ein kleiner Schmetterling) und die Zauneidechse. Wer sich an den Naturschutzaktivitäten beteiligen möchte, erhält beim Landesbund für Vogelschutz weitere Informationen (vgl. Stichwort „Naturschutz in München", Seite 134).

Leider wurden durch den Bau des Autobahnrings A 99–West wichtige Biotopverbindungen zwischen der Langwieder Heide und ähnlichen Lebensräumen endgültig unterbrochen. Daher muss auch hier mit dem weiteren Rückgang anspruchsvoller Tierarten gerechnet werden.

LANGWIEDER HEIDE

- **Stadtbezirk 22:** Aubing – Lochhausen – Langwied
- **Adresse:** Zugang über Negrellistr.
- **Zugänglichkeit:** öffentlich

BESONDERS INTERESSANT

- Reste der einst ausgedehnten Heide um München.
- Viele bedrohte Insekten und Blütenpflanzen.
- Kiessee mit dichtem Gehölzbewuchs im Uferbereich

TIPPS FÜR NATURFREUNDE

- **Sommer:** Insektenbeobachtung (Schmetterlinge, Heuschrecken).
- **Frühling, Herbst:** Vogelzug (durchziehende Singvögel rasten in der Heide).
- **Winter:** Suche nach Tierspuren im Schnee und Vogelnestern.

STICHWORT

GESCHÜTZTER LANDSCHAFTSBESTANDTEIL

Gerade in Ballungsräumen mit den vielfältigen Nutzungsansprüchen ist es besonders schwer, wertvolle Biotope rechtlich zu schützen. Die Ausweisung als Naturschutzgebiet kommt nur für große, überregional bedeutsame Naturreservate in Frage und erfordert ein langwieriges und kompliziertes Verfahren durch die Regierung von Oberbayern. Kleinere ökologisch wertvolle Flächen wie die Langwieder Heide werden als „Geschützte Landschaftsbestandteile“ ausgewiesen. Dafür ist die Naturschutzbehörde der Stadt München zuständig. Die Schutzverordnung verbietet dann beispielsweise das Roden von Hecken oder das Befahren mit Kraftfahrzeugen. Auch die geschützten Landschaftsbestandteile werden mit der bekannten grünen Dreieckstafel mit Adler gekennzeichnet.

Neben den Heideflächen findet man hier auch Wärme liebende Gehölze aus Sanddorn und einen kleinen, durch Kiesabbau entstandenen See.

23 Langwieder Bach, Gröben-, Erlbach

BESONDERS INTERESSANT

- Diverse Renaturierungsprojekte im Rahmen des 1. Münchner Ökokontos.
- Wanderung und Radtour entlang von Langwied und Gröbenbach ins Dachauer Moos.

Die Moore des Münchner Westens sind mit einigen Bächen natürlichen Ursprungs und zahlreichen Entwässerungsgräben durchzogen. Der Langwieder Bach entspringt in der Aubinger Lohe und mündet nach etwa sieben Kilometern Fließstrecke im Eschenrieder Moos in den Gröbenbach. Der Lochhauser Fischbach entspringt in der Aubinger Lohe nahe Lochhausen und speist später den Gröbenbach. Der Erlbach verläuft von der Moosschwaige in Richtung Dachauer Moos. Alle Moosbäche enden schließlich in der Amper.

Früher überschwemmten sie besonders im Frühjahr nach der Schneeschmelze oft weiträumig die umliegende Moorlandschaft.

Die Moorbäche wurden daher an den meisten Stellen begradigt und kanalisiert, die Ufergehölze entfernt und die Uferböschungen befestigt. Dies ermöglichte gleichzeitig die Entwässerung und intensive Bewirtschaftung der angrenzen-

WANDERROUTEN

Langwieder Bach zwischen Langwied und der Mündung in den Gröbenbach. Erlbach von Lochhausen bis Eschenried.

LANGWIEDER, GRÖBEN-, ERLBACH

- **Stadtbezirk 22:** Aubing - Lochhausen - Langwied
- **Adresse:** Zugang an den Bachbrücken möglich
- **Zugänglichkeit:** öffentlich
- **Erreichbarkeit:** S3 / S8 Lochhausen und Gröbenzell

Der Langwieder Bach nahe Langwied. Lochhauser Fischbach, Langwieder Bach und Gröbenbach sind wichtige Verbindungslinien zwischen den Resten der Moore und bieten sich auch für den Menschen als attraktive Leitlinien für eine Wanderung ins Dachauer Moos an.

den Wiesen bzw. ihre Umwandlung in Äcker. Die Folge sind deshalb neben dem Aussterben vieler Tier- und Pflanzenarten der Moorwiesen auch eine starke Einschwemmung von Düngemitteln und Agrargiften in die Bäche. Heute versucht man daher an einigen Stellen diese aus heutiger Sicht problematischen Maßnahmen wieder rückgängig zu machen und die Bäche zu renaturieren (vergleiche Stichwort „Ökokonto"). An manchen Abschnitten – besonders nahe der Stadtgrenze in den Ausläufern des Graßlfinger und Eschenrieder Mooses – sind sie aber auch heute noch in einem naturnäheren Zustand und verlaufen zum Beispiel in Sumpfwäldern.

STICHWORT

ÖKOKONTO

Selbst viele eingefleischte Naturschützer können mit dem Begriff „Ökokonto" nur wenig anfangen. In der Tat handelt es sich dabei um ein sehr junges Instrument des Naturschutzes: Das erste Münchner Ökokontoprojekt wurde erst von wenigen Jahren im Bereich des Erlbaches gestartet. Nach dem Naturschutzgesetz sind Bauherren verpflichtet, Schäden an Natur und Landschaft möglichst zu vermeiden. Ist das nicht möglich, sollen Naturschäden vor Ort ausgeglichen werden, zum Beispiel durch neue Baumpflanzungen oder Anlage von Hecken. Stehen im Innenstadtbereich keine geeigneten Flächen zur Verfügung, können die Bauherren sich durch Zahlungen freikaufen, von denen an anderer Stelle Naturschutzmaßnahmen durchgeführt werden. Im Bereich des Eschenrieder Mooses, zu dem auch der Erlbach gehört, werden quasi auf „Vorrat" Äcker und begradigte Bäche renaturiert.

24 Lochholz

Auch das Lochholz gehört zu den Resten der einst ausgedehnten Lohwälder um München (vgl. Stichwort „Lohwald" auf Seite 135). Das Wäldchen nah der nordwestlichen Stadtgrenze beherbergt trotz geringer Größe einen artenreichen Laubwald mit vielen Frühlingsblühern und Vogelarten.

LOCHHOLZ

- **Stadtbezirk 22:** Aubing - Lochhausen - Langwied
- **Adresse:** Zugang über Am Lochholz
- **Zugänglichkeit:** öffentlich
- **Erreichbarkeit:** S2 Allach, dann Bus 79 bis Augustenfelder Str./ Am Lochholz

TIPPS FÜR NATURFREUNDE

- **Frühling:** Zur Vogelbeobachtung eignet sich besonders die Zeit vor der Belaubung der Bäume, später bieten sich morgendliche Vogelstimmenwanderungen an.
- **März, April:** Frühlingsblüher in den Gebüschen und unter den Laubbäumen.
- **Herbst:** Blattfärbung.

BESONDERS INTERESSANT

- Älterer Baumbestand.
- Reste der einst ausgedehnten Lohwälder (siehe Stichwort „Lohwälder").

STICHWORT

EIGENTLICH WÄRE ALLES WALD

Geschlossener Buchenwald in Thüringen. Ähnlich sahen vor der menschlichen Besiedlung weite Teile Deutschlands aus.

Weite Teile Mitteleuropas waren vor Beginn der menschlichen Besiedlung fast vollständig mit Urwäldern bedeckt. Nur wenige Flächen blieben baumfrei, zum Beispiel Teile der Moore, die Überschwemmungsgebiete von Flüssen und Meeren sowie das Hochgebirge. Auch heute würde sich bei Einstellung der Bewirtschaftung auf den meisten Flächen sehr schnell Busch- und Waldland ausbreiten. Im Zuge der Landnahme durch den Menschen wurde der Waldanteil stark reduziert. Allerdings erfolgte dies regional und zeitlich sehr unterschiedlich: Während im Mittelmeerraum schon früh geschlossene Wälder durch Rodung und Übernutzung auf kleine Reste zurückgedrängt wurden, blieben in Skandinavien und Osteuropa bis heute große, geschlossene Waldlandschaften erhalten.

25 Eschenrieder/ Aubinger Moos

Im Münchner Westen reicht die Stadtfläche weit in das Gebiet des Dachauer Moos hinein. Es erstreckte sich ringförmig von Dachau über die westlichen Umlandgemeinden bis nach Germering. Lange prägten hier weitläufige Moorwiesen die Landschaft, die wegen des hohen Grundwasserstands nur im Winter bei gefrorenem Boden oder besonders günstigen Witterungsverhältnissen gemäht werden konnten. Der aus landwirtschaftlicher Sicht minderwertige Aufwuchs wurde als Einstreu in den Viehställen benutzt. So entstand der Begriff Streuwiese für diese Flächen. Sie sind Lebensraum vieler spezialisierter Pflanzen und Tierarten, die in den intensiv bewirtschafteten Äckern und Wiesen keine Überlebenschance haben. Beispiele sind Wohlriechender Lauch, Trollblume und Sibirische Schwertlilie. Nicht genutzte Flächen bewaldeten schnell mit Sumpfwäldern aus Birken und Erlen. Nach der Entwässerung des Dachauer Moos verschwanden auch die Streuwiesen und Moorwälder an den meisten Stellen schnell und wurden in die intensive Bewirtschaftung als Acker oder Forst einbezogen. Nur im Eschenrieder Moos blieben sie an wenigen Stellen erhalten.

Zwischen den Streuwiesen lagen in Richtung Graßlfinger Moos immer wieder Handtorfstiche, in denen die Bauern der Umgebung Torf abbauten. Der Torf wurde als Brennstoff verheizt. Einige Handtorfstiche wurden wieder reaktiviert und zeigen so die Nutzungsgeschichte des Dachauer Moos.

ESCHENRIEDER/AUBINGER MOOS

- **Stadtbezirk 22:** Aubing - Lochhausen - Langwied
- **Adresse:** Zugang über Eschenrieder Str., Scharinenbachstr., Pollenwiesenweg, Erlbachwiesenweg, Krähenweg
- **Zugänglichkeit:** öffentlich
- **Erreichbarkeit:** S3 Gröbenzell, Eschenrieder Str.

Handtorfstich im Graßlfinger Moos nahe der Stadtgrenze zu München. Früher wurde im ganzen Münchner Westen auf diese Weise von den ortsansässigen Bauern Brennstoff gewonnen.

26 Moosschwaige

Die Moosschwaige liegt innerhalb des ehemaligen Freihamer- und Aubinger Moos. Hier prägten bis zur Entwässerung feuchte Wiesen, Sumpfwälder und Moorflächen das Landschaftsbild. Leider wurden sie im ganzen Münchner Westen in den letzten Jahrzehnten entwässert und zerstört. So konnten sie in die intensive Bewirtschaftung als Acker oder Fichtenforst einbezogen werden. Der Kern der Moosschwaige besteht aus ehemaligen Fischteichen, die nicht mehr intensiv genutzt werden. Daher konnten sich Schilf, Rohrkolben und Sumpfwälder ausbreiten.

MOOSSCHWAIGE

- **Stadtbezirk 22:** Aubing - Lochhausen - Langwied
- **Adresse:** Germeringer Weg oder Eichenauer Str.
- **Zugänglichkeit:** öffentlich
- **Erreichbarkeit:** S5 Harthaus, dann Walkürenstr. – Aubinger Weg

WANDERVORSCHLAG

Vom S-Bahnhof Aubing über den Moosschwaiger Weg zur Moosschwaige, anschließend entlang des Erlbaches bis zur Bahnlinie München-Geltendorf.

Im Umfeld sind Reste der früher weitläufigen Moorlandschaft erhalten geblieben. Außerdem findet man im Westen, angrenzend an die Gemeinden Puchheim und Germering, eine nicht allzu intensiv genutzte Feldflur aus Wiesen und Äckern, die sich gut für ausgedehnte Spaziergänge und Wanderungen eignet. Entlang der Feldwege wachsen Feldhecken aus Schlehen und anderen heimischen Sträuchern, Brutplatz von Singvögeln wie der Mönchsgrasmücke.

Schlehenhecke bei der Moosschwaige – die umliegende Flur aus Wiesen und Äckern bietet sich für ausgedehnte Spaziergänge an.

BESONDERS INTERESSANT

- Mehrere verlandende Teiche.
- Reste der einstigen Moorvegetation (Streuwiesen, Sumpfwälder).
- Hecken und Feldgehölze in der umgebenden Feldflur.
- Erlbach.

Zurück zur Moosschwaige: Die besonders wertvollen Moorwiesenreste sind heute in der Obhut der Münchner Naturschutzverbände, die versuchen, die durch Jahrhunderte lange schonende Nutzung entstandenen Lebensräume zu bewahren. Dazu müssen die Moorwiesen einmal im Jahr gemäht und vom Menschen eingebrachte Fichtenanpflanzungen und Entwässerungsgräben entfernt werden. Erste Erfolge stellen sich bereits ein: Moorpflanzen wie Fettkraut und Mehlprimel wachsen an einigen Stellen wieder. Wer sich an den Naturschutzaktivitäten beteiligen möchte, erhält beim Landesbund für Vogelschutz weitere Informationen (vgl. Stichwort „Naturschutz in München", Seite 134).

Die Moosschwaige selbst gehört mit dem Vorkommen vieler bedrohter Tier- und Pflanzenarten zu den wertvollsten Naturreservaten im Stadtgebiet. Die Teiche und die angrenzenden Sumpf- und Röhrichtbereiche sowie Sumpfwälder dienen zahlreichen Wasservogelarten wie Graureiher und Teichrohrsänger als Brut- und Rückzugsgebiet. Außerdem kommen hier noch größere Bestände der Amphibien vor wie Erdkröte, Grasfrosch und Wasserfrosch (vgl. Stichwort „Amphibien in München", Seite 132) sowie die im übrigen Stadtgebiet weitgehend ausgestorbene Ringelnatter. In den umliegenden Wäldern brüten Pirol, Mäusebussard und Sperber – alles Arten, die zwar deutschlandweit nicht vom Aussterben bedroht sind, in München aber selten geworden sind.

TIPPS FÜR NATURFREUNDE

- **Frühling:** Zur Vogelbeobachtung eignet sich besonders die Zeit vor der Belaubung der Bäume, später bieten sich morgendliche Vogelstimmenwanderungen an.
- **Frühling:** Frühlingsblüher entlang der Hecken und Gebüsche, Vogelzug.
- **April/Mai:** Amphibienlaichzeit.
- **Herbst:** Laubverfärbung, Vogelzug.

Feuchtgebiet im Bereich der ehemaligen Lehmgrube Lochhausen

27 Aubinger Lohe

Auch die Aubinger Lohe gehört zu den Resten des einst umfangreichen Lohwaldgürtels um München (vgl. Stichwort „Lohwald" auf Seite 135) und entstand auf einem Lehmrücken in der umliegenden Moorlandschaft des Aubinger Moos. Heute kann man drei Bereiche unterscheiden: Im Nordteil wurde der Lohwald weitgehend durch naturferne Fichtenpflanzungen ersetzt, die seit den großen Sturmschäden in den 90er Jahren des letzten Jahrhunderts wieder mehr und mehr zu Mischwald umgebaut werden. Naturnahe Laubwaldbereiche mit Buchen und Eichen sind besonders im Süden nah der Bahnlinie

München–Fürstenfeldbruck am Übergang zu den Mooswiesen und Wäldern der Moosschwaige (vgl. Kapitel Moosschwaige, Seite 130) erhalten geblieben. Bei Lochhausen (entlang des Lochhauser Fischbachs) findet man feuchte Waldbereiche mit Erlen. Im Umfeld einer ehemaligen Lehmgrube am Rand der Aubinger Lohe entstanden eine Grünanlage und naturnahe Bereiche mit mehreren Teichen und Tümpeln, die als Lebensraum bedrohter Amphibienarten sehr wichtig sind (vgl. folgendes Stichwort „Amphibien in München“). Weitere Lebensräume für Wassertiere sind die Kiesgruben („Böhmerweiher“) westlich der Aubinger Lohe an der Stadtgrenze.

Die gesamte Aubinger Lohe ist von einem dichten Netz aus Wanderwegen und Forststraßen durchzogen, das auch für Naturfreunde mit Kinderwagen oder im Rollstuhl befahrbar ist.

WANDERVORSCHLAG

Vom S-Bahnhof Lochhausen über die ehemalige Lehmgrube am Karl-Harz-Weg in die Aubinger Lohe bis zur Bahnlinie München-Geltendorf, zurück entlang des Erlbaches am Krähenweg.

AUBINGER LOHE

- **Stadtbezirk 22:** Aubing – Lochhausen – Langwied
- **Adresse:** Zugang über Eichenauer Str., Krähenweg
- **Zugänglichkeit:** öffentlich
- **Erreichbarkeit:** S3 Lochhausen/Bus 74, S4 Aubing/Aubinger Lohweg

TIPPS FÜR NATURFREUNDE

- **Frühling:** Zur Vogelbeobachtung eignet sich besonders die Zeit vor der Belaubung der Bäume, später bieten sich morgendliche Vogelstimmenwanderungen an.
- **März, April:** Frühlingsblüher in den Laubwaldbereichen und entlang der Bachufer.
- **April:** Amphibienlaichzeit.

BESONDERS INTERESSANT

- Älterer Laubbaumbestand.
- Reste der früher weit verbreiteten Lohwälder (siehe Stichwort „Lohwälder“).
- Mehrere Kleingewässer im Bereich der ehemaligen Lehmgrube.
- Lochhauser Fischbach.

Stellenweise wurden die Randbereiche als Grünanlage gestaltet...

STICHWORT

AMPHIBIEN IN MÜNCHEN

In München kommen zurzeit noch acht Amphibienarten vor: Erdkröte, Grasfrosch, Bergmolch, Teichmolch, Teichfrosch (Wasserfrosch), Wechselkröte, Laubfrosch, Kammolch. Alle außer den in geeigneten Lebensräumen noch recht häufigen Erdkröten, Grasfröschen und Bergmolchen, sind sie vom Aussterben bedroht, weil ihre Lebensräume weitgehend zerstört und die Wanderrouten der Tiere durch neue Straßen unpassierbar wurden.

Im Umfeld der Moosschwaige (Teiche und Bäche der Moosschwaige sowie Gewässer der Aubinger Lohe) leben neben Grasfrosch und Erdkröte auch noch einige seltenere Arten. Weitere Informationen über die Münchner Amphibien enthält eine interessante Broschüre des Bund Naturschutz e.V. (BN), sie kann beim BN, Pettenkofer Strasse 10a, 80336 München, Tel. 089/5156760, E-Mail info@bn-muenchen.de oder unter www.bn-muenchen.de angefordert werden.

28 Allacher Wald

Trotz der Beeinträchtigung durch den Bau des Münchner Rangierbahnhofs und des Autobahnrings A 99, die jeweils den Allacher Wald schädigten und kleinere Bereiche absplitterten, gehört dieses Gebiet heute noch zu den interessantesten und artenreichsten Wäldern in München. Er besteht größtenteils aus Laubbaumarten wie Rotbuche, Hainbuche und Eiche – und einem artenreichen Unterwuchs aus diversen Gehölzen, Farnen und Blütenpflanzen. Besonders im Frühling vor der Belaubung der Buchen und Eichen ist der Waldboden mit vielen Frühlingsblühern bedeckt. Botanische Raritäten sind Maiglöckchen und Türkenbundlilien, die in intensiv bewirtschafteten Nadelwäldern nicht vorkommen. Der alte Laubbaumbestand dient mehreren Spechtarten und im Stadtgebiet sehr seltenen Vogelarten wie Pirol, Grünspecht, Sperber und Waldkauz als Lebensraum. Ebenso findet man den im ganzem Großraum München sehr selten gewordenen Hirschkäfer.

ALLACHER WALD

- **Stadtbezirk 23:** Allach - Untermenzing
- **Adresse:** Zugang über Schrederbächlstr. oder Pasteurstr.
- **Zugänglichkeit:** öffentlich
- **Erreichbarkeit:** S2 Karlsfeld, Wilhelm-Zwölfer-Str.

Frühling im Naturschutzgebiet Allacher Wald: Die meisten Blütenpflanzen des Laubwaldes blühen, so lange noch Licht den Waldboden erreicht.

Ein hoher Anteil an Totholz ist typisch für einen naturnahen Laubwald. Viele seltene Tier- und Pflanzenarten sind darauf angewiesen.

Um den Erhalt des Allacher Walds als Flaggschiff des Münchner Naturschutzes tobte schon immer ein erbitterter Kampf. Die ersten herben Verluste entstanden in der Vorkriegszeit durch Bauten von MAN und MTU am Nordrand. Schwere Verluste fügten im letzten Jahrhundert der Bau des neuen Rangierbahnhofs und des Autobahnnordrings (A 99–Nord) dieser einmaligen Laubwaldlandschaft zu. Hierfür wurden jeweils viele Hektar alter Laubbäume geopfert. Erst danach wies man die immer noch sehr wertvolle Kernfläche endlich als Naturschutzgebiet aus.

Am Ostrand des Allacher Walds (Nähe Dachauer-Straße) wurden als Ausgleich für die Naturzerstörungen des Autobahnrings umfangreiche Waldflächen neu angelegt. Es wird aber mehrere Jahrzehnte dauern, bis sie ihre Funktion als Lebensraum bedrohter Waldarten übernehmen können.

Der Allacher Wald geht Richtung Süden in die Allacher Heide über (vgl. Kapitel „Allacher Heide"). Weitere ähnliche Lebensräume sind Angerlohe, Lochholz, Aubinger Lohe und Kapuzinerhölzl (vgl. entsprechende Kapitel).

TIPPS FÜR NATURFREUNDE

- **Frühling:** Zur Vogelbeobachtung eignet sich besonders die Zeit vor der Belaubung der Bäume, später bieten sich morgendliche Vogelstimmenwanderungen an.
- **März, April:** Frühlingsblüher (Buschwindröschen, Leberblümchen) in den Gebüschen und unter den Laubbäumen.
- **Herbst:** Blattfärbung.

STICHWORT

NATURSCHUTZ IN MÜNCHEN

Um den Erhalt der Münchner Natur kümmern sich besonders der Bund Naturschutz in Bayern e.V. (BN) und der Landesbund für Vogelschutz in Bayern e.V. (LBV). Beide sind im Münchner Stadtgebiet mit hauptamtlich besetzten Geschäftsstellen und mitgliederstarken Arbeitskreisen vertreten, die auf ehrenamtlicher Basis themenbezogen arbeiten. Neben der unmittelbaren Pflege wertvoller Biotope leisten sie insbesondere umfangreiche Lobbyarbeit bei Politik und Stadtverwaltung, um naturschädliche Planungen zu verhindern oder zu verbessern. In beiden Verbänden können auch Sie sich für den Erhalt des Münchner Naturerbes engagieren.

Kontakt: Bund Naturschutz in Bayern e.V. , Kreisgruppe München, Pettenkoferstr. 10a, 80336 München, Tel 089/5156760, Fax 51567677, E- Mail info@bn-muenchen.de, www.bn-muenchen.de

Kontakt: Landesbund für Vogelschutz e.V. (LBV), Klenzestr. 37, 80469 München, Tel. 089/2002706, Fax 20027088, E- Mail info@lbv-muenchen.de, www.lbv-muenchen.de

Zuständig für rechtliche Fragen, den Vollzug der Naturschutzgesetze (Ausweisung von Schutzgebieten, Verstöße gegen die Schutzbestimmungen) und den Baumschutz (Baumschutzverordnung, Baumfällungen) ist die Untere Naturschutzbehörde der Landeshauptstadt München.

Kontakt: Untere Naturschutzbehörde, Blumenstr. 28b, 80331 München, Tel. 089/233-24410, Fax 233-25869, E-Mail plan.ha4-naturschutz@muenchen.de

29 Angerlohe

Auch die Angerlohe gehört zu den Resten der einst umfangreichen Lohwälder im Münchner Norden und Westen wie Allacher Wald und Lochholz. Die bewaldeten Teile entsprechen einem naturnahen Laubwald aus Buchen und Eichen.

Nördlich schließt sich eine weitläufige Fläche aus Tümpeln und Kiesflächen an, die als Ausgleichsbiotope für die umfangreichen Naturschäden durch den Bau des neuen Münchner Rangierbahnhofes neu angelegt wurden. Die neuen Biotope werden heute zu Naturschutzzwecken gepflegt und sollen eine Biotopverbindung in Richtung Allacher Wald und zu den Resten der Allacher Heide ermöglichen.

Zu den botanischen Highlights der Angerlohe gehören neben den Frühlingsblühern zum Beispiel Aronstab und Türkenbundlilie.

Die Angerlohe wird intensiv als Naherholungsgebiet für die angrenzenden Stadtteile Moosach und Allach genutzt und ist daher mit einem dichten Netz aus Trampelpfaden durchzogen.

Angerlohe im Frühling. Die gesamte Angerlohe liegt in dicht besiedeltem Gebiet und ist daher mit einem dichten Netz aus Spazierwegen und Trampelpfaden durchzogen.

STICHWORT

LOHWALD

Der Name Lohwald stammt von der früheren Bedeutung dieser Wälder zur Gewinnung von Gerberlohe, einem Stoff zum Gerben von Leder, der aus den Rinden der Eichen gewonnen wurde. Lohwälder waren früher echte „Mehrzweckwälder" und versorgten die Bewohner der umliegenden Dörfer mit mehreren unverzichtbaren Rohstoffen: Aus der Eichenrinde wurde Gerberlohe gewonnen, die dort wachsenden Buchen und Hainbuchen wurden zur Brennholzgewinnung verwendet, im Herbst trieb man Schweine in den Wald und ließ sie die sehr nahrhaften Eicheln fressen. So entstanden in der Nähe der Dörfer lichte, unterwuchsreiche und offene Waldlandschaften. Heute sind die ehemaligen Lohwälder für den Naturschutz sehr wertvoll, da sich hier die typischen Tier- und Pflanzenarten der Buchen-Eichen-Laubwälder zurückgezogen haben.

Die großen Staats- und Privatforste wurden intensiv bewirtschaftet und größtenteils mit der im Großraum München natürlicherweise kaum vorkommenden Fichten aufgeforstet. Sie fielen daher als Lebensraum für einheimische Waldtierarten und Blütenpflanzen weitgehend aus.

ANGERLOHE

- **Stadtbezirk 23:** Allach - Untermenzing
- **Adresse:** Zugang über Angerlohstr.
- **Zugänglichkeit:** öffentlich
- **Erreichbarkeit:** S2 Allach, dann Bus 163 (Angerlohstr.)
- **Einkehrmöglichkeit:** Gasthof „Angerlohe", Wiebekingstr. 2

BESONDERS INTERESSANT

- Alter Baumbestand.
- Mehrere künstlich angelegte Kleingewässer zwischen Angerlohe und Ludwigsfelder Str.

TIPPS FÜR NATURFREUNDE

- **Frühling:** Zur Vogelbeobachtung eignet sich besonders die Zeit vor der Belaubung der Bäume. Im späten Frühling bieten sich morgendliche Vogelstimmenwanderungen an.
- **März, April:** Frühlingsblüher in den Gebüschen und unter den Laubbäumen.
- **Herbst:** Blattfärbung.

Die Allacher Heide vor dem Bau der neuen Gleisanlagen (undatierte Archivaufnahme) Anfang der 80er Jahre. Heute ist der Großteil dieses Gebietes mit den Gleisanlagen des neuen Rangierbahnhofes überbaut.

30 Allacher Heide/ Rangierbahnhofgelände

Vor dem Bau des neuen Rangierbahnhofs München Nord fand man zwischen dem Allacher Wald und Moosach einen weitläufigen Biotopkomplex aus Gebüschen, Wiesen, Heideflächen und unzähligen Tümpeln und Pfützen, die durch die Nutzung eines Teils als Testgelände für schwere Fahrzeuge entstanden. Hier gab es eines der größten Vorkommen an Fröschen, Kröten und Molchen im Großraum München. Viele Watt- und Wasservögel nutzten diese Feuchtgebiete auf dem Weg in die Winterquartiere. In den trockeneren Bereichen wuchsen Rasen aus Wärme liebenden Gräsern, Kräutern und Blumen. An anderen Stellen bildete sich undurchdringliches Dickicht aus Weiden und Sumpfpflanzen. Teile dieser Wildnis sind am Rand der heutigen neuen Rangierflächen erhalten geblieben, andere wurden mit Gleisanlagen des neuen Münchner Rangierbahnhofs überbaut. Einige Tümpel wurden als so genannte Ausgleichsbiotope mit künstlicher Abdichtung neu angelegt.

Interessant sind auch die Hänge der Lärmschutzwälle und die für den Bau des Rangierbahnhofs stark modellierte Landschaft: Bei der Bepflanzung wurden heimische Baum- und Straucharten verwendet und viel Platz für eine Entwicklung von Blumenwiesen und Wärme liebenden Gebüschen gelassen.

Das weitläufige Gebiet aus diesen Randbereichen des Rangierbahnhofs, parkartig gestalteten Grünflächen und den Wildnisbereichen aus Weidendickichten und Tümpeln, durchzieht ein Netz aus Rad- und Spazierwegen. Richtung Westen geht das Rangierbahnhofgelände über in den Allacher Wald (siehe Kapitel „Allacher Wald, Seite 133), nach Norden in den teilweise noch dörflich strukturierten nördlichen Stadtteil Feldmoching, mit vielen Äckern und Gartenbaubetrieben und einigen bewirtschafteten Bauernhöfen. Nach Süden schließt die Angerlohe (vgl. Kapitel „Angerlohe“, Seite 135) an.

Insgesamt ist dieser Biotopkomplex immer noch zu den wertvollsten Naturreservaten im Stadtgebiet zu zählen, wenn er auch durch die vielfältigen Baumaßnahmen (Rangierbahnhof,

ALLACHER HEIDE / RANGIERBAHNHOF

- **Stadtbezirk 23:** Allach - Untermenzing
- **Adresse:** Ludwigsfelder- und Dachauer Str.
- **Zugänglichkeit:** öffentlich
- **Erreichbarkeit:** S2 Allach, dann Bus 163 (zwischen Angerloh- und Ludwigsfelder Str.)

BESONDERS INTERESSANT

- Reste der einst umfangreichen Heiden im Münchner Norden und Westen.

Autobahnring A 99) stark isoliert ist, und daher sicher manche Arten mit großem Flächenbedarf langfristig nicht überleben werden.

Zu den Raritäten der Flora der Heideflächen gehören zum Beispiel Silberdistel und Fransenenzian. Die Tierwelt ist mit mehreren Bläulingsarten, dem Schachbrettfalter und Zaun- sowie Waldeidechse vertreten. Seltene Vogelarten der nahen Lohwälder Allacher Wald und Angerlohe nutzen die Allacher Heide häufig zur Nahrungssuche, wie der Grünspecht.

TIPPS FÜR NATURFREUNDE

- **Frühling:** Vogelbeobachtung besonders zur Zeit vor Belaubung der Bäume, später morgendliche Vogelstimmenwanderungen.
- **April:** Laichende Amphibien in den Tümpeln und Teichen.
- **Sommer:** Insekten, besonders Schmetterlinge auf den blütenreichen Wiesen und Trockenrasen der Lärmschutzwälle.
- **Herbst:** Blattfärbung

STICHWORT

AUSGLEICHSBIOTOPE

Das Naturschutzgesetz schreibt vor, dass bei einer Bauplanung die Schäden an Natur und Landschaft minimiert werden sollen. Unvermeidbare Eingriffe müssen durch Naturschutzmaßnahmen wie die Anlage von Hecken, Gehölzen oder Feuchtbiotopen ausgeglichen werden. In vielen Fällen dienen diese Ausgleichsbiotope aber nur als „grünes Mäntelchen“, um ökologisch nicht vertretbare Bauplanungen leichter durchsetzen zu können. Für den Bau des neuen Münchner Rangierbahnhofs und des Autobahnrings A 99 im Bereich des Allacher Waldes und der Allacher Lohe wurden umfangreiche Ausgleichsbiotope angelegt. Für die angerichteten Naturzerstörungen können sie aber zumindest in den nächsten fünfzig bis hundert Jahren, bis die neu gepflanzten Laubbäume älter geworden sind, keinen echten Ersatz darstellen.

Infotafel zu den Ausgleichsbiotopen im Bereich Allacher Wald Autobahnring A 99.

Weitere Plätze im Münchner Westen

Die in Klammern gesetzten Zahlen stehen für die Stadtbezirke

Dom-Pedro-Platz (9)

Platz zwischen Waisenhaus, Heilig-Geist-Spital und evangelischer Christuskirche. Ab 1896 von Stadtbaurat Hans Grässel als Zentrum für Neuhausen gestaltet. Heute Rasenfläche mit Altbaumbestand, Strauchpflanzungen und Staudenbeeten. Brunnen: Ein erhöht stehender Putto kämpft mit einer Schlange.

Erholungspark an der Taxisstraße (9)

Der Park wurde 1922 für Kriegsgeschädigte angelegt. Den Vereinsmitgliedern stehen die Freizeiteinrichtungen (z.B. Schwimmbecken) zur Verfügung. Im Park befinden sich ein Brunnen und ein Gedenkstein. Der Eintritt ist frei ab 18 Jahren. In der Nachbarschaft liegt ein Abenteuerspielplatz (1979 errichtet), eine Kleingartenanlage und der „Taxisgarten“ (Biergarten).

Montenschlösschen, ehemaliges Lusthaus Rainer (9)

Von der Montenstraße führt ein turmartiger Torbau in das private Anwesen. Dort befinden sich im ausgedehnten Villengarten, u.a. ein Gartenhaus und eine Kapelle. Die Villa ist im Stil eines Tiroler Schlösschens gehalten und 1905/06 von Karl Bauer geplant worden. Teilweise ist der Garten von der Straße aus einsehbar.

Winthirfriedhof (9)

Mittelalterliche Begräbnisstätte von Neuhausen mit Kirche St.-Nikolaus („Winthirkirche“). Der selige Winthir, dessen Gebeine hier in den 1930er Jahren gefunden wurden, gilt als „Ortsheiliger“ und Gründer von Neuhausen. Zahlreiche Grabmäler Prominenter befinden sich hier, etwa der Familie von Miller an der Kirchenostwand, Gedenkstein König Ludwigs I. für seinen Erzieher Sambuga und Grabtafel des Nymphenburger Porzellankünstlers Bustelli. Grabkreuz für den Neuhauser „Millionenbauer“ Lorenz Hauser (siehe Gilmer- oder Hauser-Schlössl), Gräber von Peter-Dörfler und von Ruth Schaumann. Altbaumbestand. Fläche ca. 0,3 Hektar.

Friedhof Nymphenburg (9)

Der Friedhof ist in seinen Ausmaßen eher bescheiden und überschaubar. Eine Ziegelmauer umgibt ihn. Ihm ist eine kleine Grünfläche vorgelagert. Der Friedhof besteht seit 1875. Übernahme durch die Stadt München 1899 nach Eingemeindung von Nymphenburg. Prominentengräber: Eugen Roth, Luggi Waldleitner, Bernhard Wicki.

„Wohnanlage Integriertes Wohnen“ beim Dall'Armi-Stift (9)

Nördlich des Münchner Bürgerhauses kleiner „Grünzug“. Im Zentrum Treffpunkt als Sechseck gestaltet mit Lattenwerk und Sitzbank. An den nördlichen und südlichen Enden Spielplätze. Siedlung ab 1985 entstanden. Integration verschiedener Bevölkerungsgruppen in einer Wohnanlage. Für Öffentlichkeit zugänglich.

Friedhof Obermenzing (21)

Aussegnungshalle am Haupteingang an der Bergsonstraße. Dort repräsentative Platzgestaltung mit Eingangstor und Pflanzbeet. Nördlich der Aussegnungshalle Wiesenfläche. Der ältere Baumbestand vermittelt einen waldartigen Eindruck. Im Jahr 1913 von der Gemeinde Obermenzing angelegt.

Friedhof Pasing (21)

Kirchvorplatz mit Linde und umgebenden Flieder. Alter Friedhofsteil an Kirche 1903 von der damaligen Gemeinde Pasing angelegt. Von einer Mauer umgeben. Zählt innerhalb der alten Ost- und Südmauer 21 Grabfelder.

Die neueren Grabfelder (bis Nummer 65) liegen außerhalb dieser Mauern. Grabstellen und Quartiere meist durch geschnittene Eiben und Hainbuchen strukturiert.

Kremser Straße (21)

Grünanlage durch Böcksteiner-Straße und den Fußweg Höhe Linzer-Straße in Räume geteilt. Wiesenfläche mit Baumkulisse. Modellierte Rasenfläche und Kinderspielplatz. Umlaufende Schutzpflanzung aus Großsträuchern. Baumbestand sind Winterlinde, Kirsche, Berg- und Feldahorn, Hainbuche und Lärche.

Villenkolonien I und II (21)

1892 erste Villenkolonie von Architekt und Unternehmer August Exter nördlich des Pasinger Bahnhofs gegründet. Stilformen der Häuser variierten zwischen mittelalterlich, ländlich und neubarock. Ab 1897 Erweiterung westlich der Pippinger Straße, bzw. der Alten Allee als Kolonie II. Dort steht die 1903 von Carl Hocheder erbaute Himmelfahrtskirche. Hocheder plante auch das „Müller'sche Volksbad“.

Die Villenkolonien waren ein Projekt im Sinn der Gartenstadtidee und entstanden acht Jahre vor der bekannteren Siedlung Hellerau in Dresden. In der Kolonie I liegt am Wensauer Platz eine ursprünglich als Marktplatz gedachte, von Linden umgebene längsovale Grünfläche. Wenige Schritte entfernt befindet sich ein weiterer Platz mit „Bismarckbrunnen“, von Kugelahornbäumen umgeben. In beiden Siedlungen sehenswerte Privatgärten.

Gutspark Freiham (22)

Südlich der Bundesstraße B 2 zwischen München und Germering führt die „Freihamer Allee“ als Kastanienallee zum Gut Freiham. Nach dem Bahnübergang folgt der Gutshof mit „Schlosswirtschaft“ und Biergarten, dem sich der private Gutspark am Herrenhaus von 1680 anschließt. Der Park ist nicht öffentlich. Im Zentrum der Gutsanlage liegt die Schloss- bzw. Hofmarkkirche aus dem 17. Jahrhundert. Gegenüber Parkgärtnerei. Vom Gut weitere Allee nach Süden zur Autobahn A 96, bestehend aus Spitz- und Bergahorn und Kastanien. Westliche Allee nach Harthaus wurde 2004 durch Neubau der Autobahnverlängerung A 99 zur A 96 durchschnitten. Im Gutspark gibt es Bauminseln auf verschiedenen Rasenflächen. Rasenrondell mit Blumenrabatte am Tor zur Freihamer Allee. Das Gut ist seit 1887 Eigentum der Familie von Maffei.

Gilmer Schloss „Hauser Schloss in Karlsfeld“ (23)

Vom „Millionenbauer“ Lorenz Hauser in Allach als „Jagdschloss“, bzw. als „Villa“ 1899 bis 1900 errichtet. Zur Erstanlagezeit herrlicher landschaftlicher Park mit offenen Rasenflächen und Teich. 1908 an Graf von Boos zu Waldeck und Montfort verkauft. Bis zum Verkauf an Dr. Ludwig Gilmer 1936 mehrere Eigentumswechsel. Nach dem Zweiten Weltkrieg zunächst durch US-Truppen heruntergewirtschaftet. Seit 1955 in MAN-Eigentum. Heute Gästehaus der MAN. Waldpark mit gepflegtem Bereich am Schloss. Park von der Straße an der Würm einsehbar. Liegt an der Stadtgrenze zu Karlsfeld. Nicht öffentlich.

Friedhof Untermenzing und Parkfriedhof (23)

Der Friedhof in Untermenzing besteht aus dem alten und neuen Teil an der Kirche St.-Martin und dem Parkfriedhof westlich der Würm. Beide Friedhofsareale sind über einen überdachten Steg über die Würm miteinander verbunden.

Der Parkfriedhof stellt die weitaus größere Fläche dar und wird seit seiner Entstehung 1952 laufend erweitert. Die Grabsteine sind überwiegend schlicht gestaltet. Etwas bescheidener in seinen Ausmaßen ist der Friedhofsbereich um die Kirche St.-Martin. Dort finden sich auch größere und kunstvoll bearbeitete Familiengräber.

Agnes-Bernauer-Platz (25)

Eine eher unscheinbare Grünfläche mit Baum- und Strauchpflanzungen.

Grünanlage am Laimer Kirchweg und der Agnes-Bernauer-Straße (25)

Freie Rasenfläche mit Betoneinfassungen und Betontrittelementen. Sommerblumenrabatte. Baumbestand: Esche und Platane.

Ida-Schumacher-Weg (25)

Grünanlage zwischen Schulgelände und Wohngebiet. Ida-Schumacher-Weg führt als Fußweg durch die Anlage. Zwei Rasenflächen. Am Spielplatz zum Platzrand modelliert. Bolzplatz und Skaterbahn, Kinderspielplatz, Tischtennisplatte. Solitärbäume auf Wiese. Schutzpflanzung aus Großsträuchern und Bäumen. Bäume: Hainbuche, Feldahorn, Pappel, Esche.

Joergplatz (25)

1929 entstanden. Änderungen mit Kinderspielplatz zwischen 1961 und 1962. Durch Weßlinger Straße zweigeteilter, rechteckiger kleiner Platz an einem Wohngebiet mit Wiese, Basketballkorb und Bänken. Spitzahorn, Hainbuche und Silberahorn fassen den Platz ein. Verzahnung mit anschließendem Wohngebiet. Östlicher Bereich größer, dort Spielplatz für Kleinkinder.

Kleinhaussiedlung Theodor Fischer (25)

Siedlung zwischen 1910/11 von Theodor Fischer errichtet. Besteht aus parallelen Reihenhauszeilen mit dazwischen liegenden Gärten. Die Gärten sind etwa 100 Quadratmeter groß. Straßenraum in der Gunzenlehstraße wird von Eschen geprägt. Torbogenzufahrt. Münchner Gehwegplatten. Gärten der Schneble- und Gunzenlehstraße jeweils nach hinten. Dort gemeinsamer, paralleler Mittelweg mit Blick in die Gärten. Kugelahornbäume an der Schneblestraße.

Laimer Platz (25)

Im Jahr 1909 entstandene Grünanlage. Spielplatz und zentrale Lindenreihe. Im westlichen Bereich Staudenbeete und ein Beet mit Sträuchern. Umlaufender Fußweg. Platzeinfassung durch Linde. Strauchabpflanzung zum Straßenraum. In der Anlage Linde, Esche, Bergahorn, Spitzahorn, Hainbuche.

Namenloser Platz nördlich der Kreuzung Agricola- und Geßlerstraße (25)

Durch die Agricolastraße zweigeteilter Platz. Jeweils quadratische Rasenfläche mit umlaufendem Fußweg. Geschnittene Hartriegelhecke als Einfassung. Beete mit Strauchpflanzungen. Sitzbänke. Bäume sind Birken, Lärche und Kirsche.

Platz an der Eringer Straße (25)

Längs gestreckte, schmale Rasenfläche mit Fußweg an der Straße. Dort Allee aus Mehlbeere und Kirschen. Nördliche Schutzpflanzung aus hohen Sträuchern und Bäumen. Gedenkstein aus Nagelfluh „Wohnanlage Arnold Knoblauch". Weitere Bäume: Bergahorn, Feldahorn und Pappel.

Pronner Platz (25)

1951 entstandene, längs gestreckte Grünfläche mit zentraler Wiesenfläche. Dort beherrschende Robinie und Linde. Im östlichen Bereich Spielfläche für Kleinkinder. Abpflanzung zum Straßenraum mit Pappel, Esche, Robinie, Spitzahorn und Großsträuchern.

Viebigplatz (25)

Rasenfläche mit Baumeinfassung. Keine Sträucher. Bergahorn, Esche, Hainbuche, Feldahorn.

Von-der-Pfordten-Straße (25)

Neben Bezirksportanlage Grünfläche mit Spielplatz. Strauchpflanzungen. Aufenthaltsbereiche.

Wessobrunner Platz (25)

Platz durch querlaufenden Weg und Erdwall in zwei Rasenflächen geteilt. Umlaufender Weg. Abgrenzung zur Straße durch hohe Strauchhecke und Linden. Westlicher Bereich: Rasenfläche mit Staudenbeet und Bänken. Solitäre Kastanien und Silberlinde. Tischtennisplatten. Östlicher Bereich: Zwei Spielplätze und Sitzbänke. Rasenfläche. Baumgruppen und solitäre Kastanien. Umgebende Bebauung mit Stadtvillen aus der ersten Hälfte des 20. Jahrhunderts.

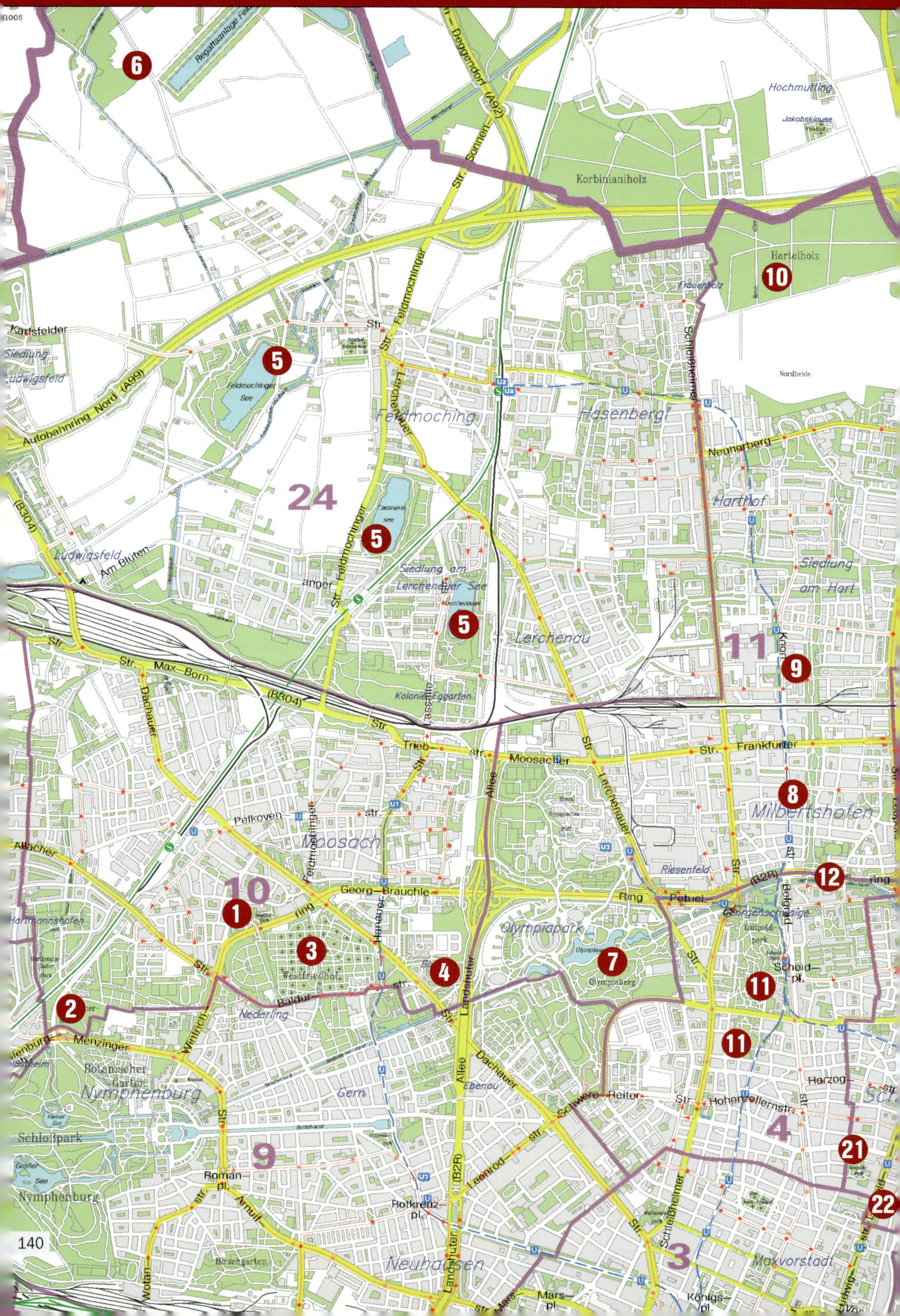
Regattaanlage
Deggendorf (A92)
Sonnen-
Str.
Hochmutting
Jakobsklause
Korbinianiholz
Hartelholz
Frauenholz
Karlsfelder
Siedlung
Ludwigsfeld
Feldmochinger See
Autobahnring Nord (A99)
Feldmochinger
Str.
Lerchenauer
Feldmoching
Hasenbergl
Schleißheimer
Nordheide
Neuherberg
Harthof
Siedlung am Hart
24
Fasanerie See
(B304)
Ludwigsfeld
Am Blüten-
anger
Siedlung am Lerchenauer See
Lerchenau
Knorr
11
Max-Born-
(B304)
Str.
Dachauer
Kolonie Eggarten
Trieb-
Moosacher
Frankfurter
Milbertshofen
Pelkoven
Moosach
Allee
Riesenfeld
(B2R)
Ring
Allacher
10
Georg-Brauchle
Ring
Petuel
Georgenschwaige
Belgrad
Hartmannshofen
Hanauer
Olympiapark
Landshuter
Luitpold park
Scheid-
pl.
Westfriedhof
Baldur-
Nederling
Menzinger
Wintrich
Botanischer Garten
Nymphenburg
Gern
Ebenau
Schwere-Reiter-
Str.
Herzog-
Hohenzollernstr.
4
Schloßpark
9
Roman-
pl.
Arnulf-
Rotkreuz-
pl.
Leonrod-
(B2R)
Nymphenburg
Hirschgarten
Neuhausen
Schleißheimer
Maxvorstadt
3
Wotan-
Mars-
pl.
Königs-
pl.
Ludwig-
1
2
3
4
5
5
5
6
7
8
9
10
11
11
12
21
22

Münchner Norden

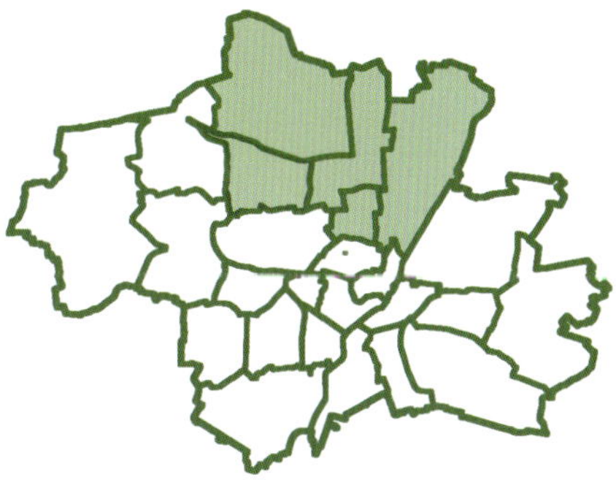

GRÜN IM WESTEN MÜNCHENS

1. **Amphionpark**
2. **Kapuzinerhölzl – Hartmannshofer Park**
3. **Westfriedhof**
4. **Borstei**
5. **Münchner Drei-Seen-Platte**
6. **Schwarzhölzl – Kalterbach**
7. **Olympiapark**
8. **Oberhofer Platz und Christoph-von-Gluck-Platz**
9. **Aussiger Platz**
10. **Panzerwiese mit Hartelholz**
11. **Luitpoldpark und Bayernplatz**
12. **Petuelpark**
13. **Wohnanlage Gartenstadt Heidemannstraße**
14. **Fröttmaninger Berg**
15. **Nördliche Isarauen**
16. **Quartierpark Berliner Straße**
17. **Nordfriedhof**
18. **Freizeitpark Biederstein**
19. **Englischer Garten – Hirschau**
20. **Schlösschen Suresnes**
21. **Leopoldpark**
22. **Siegestor und Leopldstraße**

● **Weitere Plätze im Norden**

Mit den Westschwabinger Fluren reicht der Münchner Norden am Elisabethplatz bis an die ehemalige Burgfriedensgrenze der alten Münchner Stadt heran. In diesem heutigen Innenstadtrandgebiet finden sich zahlreiche gärtnerisch gestaltete Stadtplätze. Aber bis vor einer Generation hatte der Münchner Norden außer dem stilistisch etwas verunglückten Luitpoldpark und dem Nordteil des Englischen Gartens zwischen Kleinhesseloher See, Hirschau und Aumeister kein urbanes Grün. Die umfangreichen Freiflächen am nördlichen Stadtrand wurden zum Ackerbau und Kiesabbau genutzt oder dienten als Militärübungsgebiet (z.B. „Panzerwiese") und als Industriegelände (Oberwiesenfeld). Nur wenige kleine Waldungen (Frauenholz, Hartelholz) waren eingestreut. Der Siedlungsbau der Nachkriegszeit (Am Hart, Harthof, Lerchenau und die Trabantenstadt Hasenbergl) war durch einen breiten Gürtel von Kasernen und Fabriken entlang der Ringbahn von der Innenstadt nahezu abgeschnitten.

Zum Münchner Norden zählen hier die Stadtbezirke 4 (Schwabing West), 10 (Moosach), 11 (Milbertshofen – Am Hart), 12 (Schwabing-Freimann) und 24 (Feldmoching-Hasenbergl) mit historischen Dorfkernen in Moosach und Feldmoching, sowie Restbestandteilen derselben in Schwabing, Milbertshofen und Freimann.

Der entscheidende Entwicklungsschritt war die Umwandlung des Oberwiesenfelds zum Olympiapark mit den zentralen Sportstätten der Olympiade 1972, dem Olympiadorf, der Zentralen Hochschulsportanlage und den ausgedehnten Grünanlagen unter Einbeziehung des Nymphenburg-Biedersteiner-Kanals („Olympiasee") und dem Schuttberg. Die U- und S-Bahn-Verbindungen trugen zur Urbanisierung des Münchner Nordens wesentlich bei. Parallel dazu entstand ab den 70er Jahren ausgehend von der Siedlung am Lerchenauer See aus ehemaligen Baggerseen das „Drei-Seen-Land", und zusammen mit den Grünanlagen am neuen Rangierbahnhof Nord eine grüne Erholungslandschaft zwischen Ludwigsfeld, Moosach, der Fasanerie Nord und Feldmoching.

Von größter Bedeutung für den Natur- und Artenschutz sind die Grünzonen an der nördlichen Stadtgrenze, die mit dem Karlsfeld-Ludwigsfelder-Moos den Übergang zum Dachauer Moos, und mit der Nordheide (ehemals „Panzerwiese") und der Fröttmaninger Heide den Übergang zur Garchinger Heide markieren. Hier sind noch seltene Vegetationstypen – ähnlich der russischen Taiga – anzutreffen. Flora-Fauna-Habitat-Gebiete – und damit unter besonderem Schutz – , sind der typisch münchnerische Lohwald am Allacher Forst und der Niedermoorwald am Schwarzhölzl. Auch die ehemalige Waldweide des Gutes Hochmutting, jetzt ein Laubmischwald am Schweizerholz ist erwähnenswert.

Ein Grünzug zwischen dem Mittleren Ring und dem Harthof entstand auf der ehemaligen Trambahntrasse durch Milbertshofen. Die Folge neuer Verkehrsbauten bzw. die Aufhebung alter Bauten auf dem Gebiet des ehemaligen Schwabinger Güterbahnhofs sind die „Parkstadt Schwabing" mit einem See und Grünanlagen sowie zehn Pavillons als Herzstück, und als zweitjüngste Münchner Parklandschaft der Petuelpark mit modernen Skulpturen über dem Petueltunell entlang des Biedersteiner Kanals.

1 Amphionpark

Der Amphionpark ist mit den Grünstrukturen des engeren Wohnumfeldes der umgebenden Bebauung verzahnt. Im Kern besteht der Park aus einer großen Rasenfläche mit Baumgruppen, Einzelbäumen und Gebüschzonen. Eiche, Esche, Linde und Ahorn dominieren den Gehölzbestand. Zwei Spielplatzbereiche und ein Hartplatz mit Fußballtoren sowie Tischtennisplatten bieten die Möglichkeit zur Freizeitgestaltung. In den Randbereichen zum Wintrichring besteht die Anlage aus großzügigen Strauchpflanzungen.

Der Amphionpark ist über eine Fußgängerbrücke über den Wintrichring mit der gegenüberliegenden Kleingartenanlage und im weiteren Verlauf mit dem Westfriedhof verbunden.

AMPHIONPARK

- **Stadtbezirk 10:** Moosach
- **Adresse:** Wintrichring/Templestr./Nanga-Parbatstr.
- **Zugänglichkeit:** öffentlich
- **Erreichbarkeit:** Tram 20 Wintrichring und Templestr., Bus 143 Amphionpark

Weg durch das Kapuzinerhölzl

KAPUZINERHÖLZL

- **Stadtbezirk 10:** Moosach
- **Adresse:** Menzinger Str., Schragenhofstr.
- **Zugänglichkeit:** öffentlich
- **Erreichbarkeit:** S1 Moosach, Tram 17 und 20
- **Größe in Hektar:** ca. 50 ha

❷ Kapuzinerhölzl/ Hartmannshofer Park

Innerhalb des dicht bebauten Stadtgebiets gibt es nur wenige zusammenhängende Waldflächen, die meist aus stadtgeschichtlicher Sicht eine besondere Bedeutung für die jeweils herrschenden Adeligen hatten. Der Rest wurde frühzeitig in die Siedlungsentwicklung der expandierenden Stadt München einbezogen und dabei überbaut oder für eine intensive Landwirtschaft in Anspruch genommen.

Andere Waldbereiche wurden in die intensive forstwirtschaftliche Nutzung genommen und mit Fichtenkulturen aufgeforstet. Das Kapuzinerhölzl war eines der königlichen Hofjagdreviere und daher für alle anderen Nutzungsansprüche tabu. Auch später wurde dieses Wäldchen nicht mit Nadelbäumen bepflanzt. Heute findet man hier daher viele alte Buchen und Eichen, ein Besuch lohnt sich besonders im Herbst, wenn sich die Blätter verfärben.

Ökologisch bilden Kapuzinerhölzl und der angrenzende Hartmannshofer Park eine Einheit mit den Randbereichen des Nymphenburger Parks, besonders Tierarten wie Grünspecht und Sperber nutzen alle drei Gebiete als Brutplatz und zur Nahrungssuche.

Durch das Kapuzinerhölzl und den Hartmannshofer Park fließt der Hartmannshofer Bach. Er wurde bei der Anlage des Nymphenburger Parks als Ablauf des Kugelweihers geschaffen und endet nah der Allacher Straße.

TIPPS FÜR NATURFREUNDE

- **Frühling:** Zur Vogelbeobachtung eignet sich besonders die Zeit vor der Belaubung der Bäume, später bieten sich morgendliche Vogelstimmenwanderungen an. Nach der Schneeschmelze: Auf Frühlingsblüher wie Buschwindröschen in den Gebüschen und unter den Laubbäumen.
- **Herbst:** Die Blätter der Laubbäume verfärben sich.

3 Westfriedhof

Der Westfriedhof gehört zu den Münchner Großfriedhöfen und wurde 1897 bis 1902 unter Stadtbaurat Hans Grässel errichtet. Er verstand seine Friedhöfe als „Gesamtkunstwerk". So bildeten Architektur, Gartenarchitektur und die funktional- hygienischen Ansprüche eine Einheit. Nach seiner Eröffnung am 1. November 1902 erfolgte in den 1920er Jahren eine Erweiterung nach Westen. Die Gebäude sind im Stil der frühchristlich-italienischen Epoche gestaltet. Im Gegensatz zu den symmetrischen Gebäudeensembles von Nord- und Ostfriedhof herrscht hier eine asymmetrische Gestaltung am Kuppelbau vor. Von diesem führt ein seitlicher Säulen- und Pfeilergang in Richtung Westen und Osten. Neben dem Kuppelbau bestimmt der Glockenturm das Ensemble. Auf der Terrasse befinden sich an erhöhter Stelle der Ölbergpavillon und zwei Zierbrunnen. Über Rampen gelangt man zu den Gräberfeldern. Hinter dem „Rasenparterre" steht eine große Kreuzigungsgruppe vor einer Wand aus Scheinzypressen. Auf den seitlichen Mauern der Rampe stehen große bepflanzte Tontöpfe. Sie vermitteln mit der Architektur „südliches Flair".

Im näheren Umfeld der Aussegnungshalle stehen viele Großgrabmäler. Der dichte Altbaumbestand wird nach Norden hin jünger und lichter. Die Erweiterungsfläche außerhalb der westlichen Friedhofsmauer ist überwiegend im landschaftlichen Stil gestaltet. Dort steht am Eingang zur Baldurstraße die 1960 errichtete Urnenhalle mit einem kleinen Teich. Regelmäßige Strukturen finden sich aber auch in diesem neueren Bereich. So gibt es dort eine längsovale Wiese in Ost-West-Ausrichtung mit umlaufenden, geschnittenen Eibenhecken. Diese bilden „Kammern", in denen Einzelgräber liegen. Auf diese Wiesenachse führt eine Lindenallee. Im alten Friedhofsteil beschatten Trauereschen mit ihrem Blätterdach viele Grabstellen.

Auf dem Westfriedhof liegen viele Persönlichkeiten begraben. Nachfolgend sei auf die „bekannteren" hingewiesen:

Maxl Graf: bayerischer Volkschauspieler (Theater und Fernsehen), Robert Lembke: Quizmaster der Sendung „Was bin ich?" mit der berühmten Frage: „Welches Schweinderl hättens denn gern?", Soraya Esfandiari Bachtiar: Exkaiserin von Persien (Iran), erste Ehefrau von Reza Pahlevi, Schah von Persien u.a.

Im Südwesten des Friedhofs steht im Übergangsbereich zwischen Baldurstraße und Nederlingerstraße die sehenswerte „Röthelinde". Sie ist als Naturdenkmal ausgewiesen.

WESTFRIEDHOF

- **Stadtbezirk 10:** Moosach
- **Adresse:** Baldurstr. 28
- **Zugänglichkeit:** öffentlich
- **Erreichbarkeit:** U1 Westfriedhof, Tram 20 und 21 Borstei und Hanauer Str.
- **Einkehrmöglichkeit:** „Gernerbräu", Dantestr. 33 und „Taxisgarten", Taxisstr. 12

Brunnen vor der Aussegnungshalle

4 Borstei

Die Borstei ist eine Denkmal geschützte Wohnsiedlung und besteht aus mehreren Wohn-, bzw. Gartenhöfen mit unterschiedlichem Charakter. Sie ist zwischen 1924 und 1929 auf Privatinitiative des Großunternehmers und Architekten Bernhard Borst entstanden. Ein von ihm ausgeschriebener Architektenwettbewerb endete mit zwei zweiten Plätzen – und so entwarf er selbst den Bauplan. Es entstanden mehrere Höfe, die über Durchfahrten und Wege verbunden wurden. Die Wohnhäuser waren für den gehobenen Mittelstand gedacht. Zudem sollte die Siedlung mit ihrer geschlossenen, vier- bis fünfgeschossigen

BORSTEI

• **Stadtbezirk 10:**	Moosach
• **Adresse:**	Dachauerstr./ Pickelstr./ Franz-Marc-Str./ Bernhard-Borst-Str./Hildebrandstr.
• **Zugänglichkeit:**	halböffentlich
• **Erreichbarkeit:**	U5 Westfriedhof, Tram 20 und 21 Borstei
• **Größe in Hektar:**	ca. 7 ha, davon entfallen etwa 5 ha auf die Höfe
Forum in der Borstei	Löfftzstraße 10, Bilder-, Kunsthandwerkausstellungen, Lesungen und Musikabende
Borstei-Café	10.00 bis 19.00 Uhr geöffnet, außer mittwochs

„Der Badende" im „Garten der Ruhe"

Straßenrandbebauung und den begrünten Innenhöfen eine Alternative für die Villenkolonien August Exters in Pasing darstellen. Borst wollte das Schöne des Einfamilienhauses mit dem Praktischen einer Etagenwohnung verbinden. Für die Versorgung der Siedlung standen 14 Geschäfte, eine Apotheke, ein Postamt, zwei Kindergärten, eine Vorschule, ein Café und ein Heizwerk zur eigenen Stromerzeugung zur Verfügung.

Die Höfe wurden von Gartenarchitekt Alwin Seifert gestaltet und mit Skulpturen und Brunnen zahlreicher Künstler ausgestattet. In den 1950er und 1960er Jahren wurde deren Bestand um zahlreiche Exemplare ergänzt. An den Hausfassaden finden sich auch heute noch etliche Reliefs und Wandgemälde. Die Höfe sind zugänglich, man sollte als Besucher jedoch den privaten Charakter respektieren.

Brunnen „Urteil des Paris" (Bernhard-Borst-Str.)

Hildebrandstraße

Über die beiden Torhäuser gelangt man in die Hildebrandstraße. Dort steht eine nicht zu übersehende bronzene Hirschskulptur von Heinrich Düll und Georg Pezold (1954). Der Straßenraum wird von Trauerweiden geprägt. Den Hausfassaden sind kleine Pflanzbeete vorgelagert.

Bernhard-Borst-Straße

Der lang gestreckte Platz besteht aus einer von Wegen unterbrochenen Rasenachse, einer seitlichen Kastanienreihe und der abschließenden Mauer mit aufgesetzten Vasen.

Am Beginn der Achse steht der Brunnen „Urteil des Paris" (1960), zur Mitte stehen zwei Brunnenvasen (1938) und die Skulptur des Hirtengottes Pan (1958).

„Garten der Ruhe"

Von der Bernhard-Borst-Straße führt eine Rampe durch ein Torhaus hinunter in den „Garten der Ruhe". Dieser Hof wird von einer Gartenanlage mit umgebenden Linden und Robinien beherrscht. Zentrales Element ist ein rechteckiges Wasserbecken mit der Bronzeskulptur „Der Badende“ (1937). Es wird von rechteckigen Staudenbeeten begleitet. Gegenüber dem Becken steht unter den Bäumen der Reiher- und der Haubentaucherbrunnen (beide 1958). Die Seiten des Beckens werden von jeweils einer liegenden Frauenskulptur begleitet - „Der Abend“ und „Der Morgen“ (beide 1952). Hinter dem „Morgen“ steht ein von zwei Löwen getragener, leerer Sarkophag (Kenotaph) zur Erinnerung an Bernhard und Erna Borst. Beide sind im Westfriedhof begraben. Über einen gemauerten Bogen mit seitlichen vergoldeten Bronzebüsten des „Frühling“ und „Herbst“ gelangt man in den rückwärtigen Bereich. Dort stehen zwei Figurenpaare. Sie stellen tanzende und lesende Kinder dar (1952).

„Rosengarten“

Der erhöhte Bereich dieses Hofes ist über Treppenaufgänge von der Hildebrandstraße oder der Franz-Marc-Straße erreichbar. Er gliedert sich in mehrere Räume. Von der Hildebrandstraße kommend erstreckt sich rechts ein Laubengang aus Metall zur Büste von Bernhard Borst (1883-1963). Am Laubengang wachsen Kletterrosen, Clematis und Katzenminze. Hier steht auch der Bronze- Nachguss (1961) des „David“ nach Donatello (ca. 1430). In der Nähe des Laubenganges befinden sich weitere Skulpturen aus unterschiedlichen Materialien.

Großbäume und Rasenflächen prägen den Hof. Geht man in Richtung Franz-Marc-Straße, gelangt man links in einen weiteren Sondergarten, der im Stil eines Kräutergartens angelegt ist. Zentrales Element ist dort eine goldene Hahnenskulptur auf einer Säule (1958). Sie steht inmitten einer formalen Rasenfläche umgeben von einer niedrigen Schnitthecke und Rosen. Im Eingangsbereich zur Franz-Marc-Straße befindet sich ein Neptunbrunnen mit drei Meerpferden (1956). Weitere Gestaltungselemente im unteren Hofbereich sind zwei bemalte Müllhäuschen mit Märchenszenen (1961), ein Kinderspielplatz und zwei kleine Sondergärtchen mit Skulpturen der Pallas Athene („Die Borstei“; 1957) und des Hirtenpaares Daphnis und Chloë (1957). Von diesem Hof gelangt man über die Franz-Marc-Straße in den „Verwaltungshof“.

„Ladenhof“ in der Franz-Marc-Straße

Dieser Hof wird von einem erhöhten Platz mit dem Merkur auf einer Steinsäule (1931) dominiert. Zwei Brunnen (1957) begleiten den Merkur. Robinien und Strauchgruppen begrünen den Platz. In diesem Hof befinden sich diverse Einkaufsmöglichkeiten und das Café. Vom „Ladenhof“ gelangt man in den unteren „Weidenhof“. Dort steht auf einer rechteckigen Rasenfläche ein bronzener Elch (1954) umgeben von Weiden.

„Paul-Bürck-Garten“

Am Eingang zur Voitstraße gelangt man an der Tormauer über eine Rampe hinunter in den Paul - Bürck - Garten. Hinter dem Schuppengebäude erstreckt sich ein nahezu trapezförmiger Garten. Auf den durch die Wege geteilten Rasenflächen stehen die Skulpturen der Diana und zwei Figurengruppen „Kinder mit Taube“ und „Kinder mit Buch und Flöte“ (1952). An das flache Gebäude lehnt sich eine Pergola. Sie wird von Kletterrosen bewachsen. Davor ist ein Brunnen mit einem Bub auf einem Meerpferd reitend.

Hirsch (Hildebrandstraße)

Laubengang mit Katzenminze im „Rosengarten“

Feldmochinger See ("Nordpark")

5 „Münchner Drei-Seen-Platte"

Feldmochinger See, Fasaneriesee und Lerchenauer See

Die drei Seen entstanden bereits in den 1930er Jahren durch Kiesabbau als Baggerseen. Ab 1970 wurden sie durch die Stadt München angepachtet und gärtnerisch gestaltet. Die landschaftlichen Modellierungen sind Aushubmaterial, das durch den U-Bahnbau angefallen war.

Feldmochinger See/„Nordwestpark"

Reizvoll modelliertes Naherholungsgebiet aus der Zeit 1972 bis 1983, bzw. 1988 bis 1989. Die Uferlandschaft bietet viele Liegewiesen. Als einziger der drei Seen hat er mit dem Kalterbach einen ständigen Abfluss, wodurch ein Wasseraustausch erfolgt. Das Areal ist als Landschaftsschutzgebiet ausgewiesen und unterliegt somit dem Naturschutzgesetz.

Fasaneriesee

Seine heutige Form ist in den Jahren 1972 bis 1979 entstanden. Auch der Fasaneriesee bietet breite Liegewiesen im Uferbereich. Seine Gestaltung folgt landschaftlichen Prinzipien. Auf den Wiesen wechseln Solitärbäume mit Baum- und Strauchgruppen ab, Blickbeziehungen im Uferbereich erhöhen den Reiz dieser künstlichen Landschaft. Der See ist ein beliebtes Naherholungs- und Landschaftsschutzgebiet.

Lerchenauer See

Lerchenauer See

Durch die Nähe der „Wohnanlage Lerchenauer See" ist der Lerchenauer See im Gegensatz zum außerhalb liegenden Fasaneriesee und Feldmochinger See in das städtische Wohnbaugefüge eingebunden. Seine Umgestaltung begann bereits 1967 und wurde zwischen 1973 und 1974 fortgeführt. Landschaftsarchitekt Alfred Reich plante die Gestaltung der Außenanlagen. Weite Liegewiesen in Ufernähe und die Gestaltung im landschaftlichen Stil mit Solitärbäumen und Baumgruppen machen den See zum beliebten Naherholungsgebiet.

DREI-SEEN-PLATTE

• **Stadtbezirk 24:**	Feldmoching – Hasenbergl
• **Adresse:**	
Feldmochinger See	Ferchenbachstr., Karlsfelderstr.
Fasaneriesee	Feldmochingerstr.
Lerchenauer See	Lasallestr.
• **Zugänglichkeit:**	öffentlich
• **Erreichbarkeit:**	Feldmochinger See, Bus 174, Fasaneriesee See S 1, Lerchenauer See, Bus 172
• **Einkehrmöglichkeit:**	Sommergastronomie an den Badeseen
• **Größe in Hektar:**	
Feldmochinger See	ca. 17 ha
Fasaneriesee	ca. 14 ha
Lerchenauer See	ca. 8 ha

Kalterbach beim Schwarzhölzl. Früher überflutete der Kalterbach bei Hochwasser große Flächen der Umgebung und prägte so die Moorlandschaft des Feldmochinger Mooses.

6 Schwarzhölzl Kalterbach

Auch im Norden reichten die Ausläufer des Dachauer Mooses weit in das heutige Stadtgebiet. Besonders lange konnten sich im Bereich des Schwarzhölzls an der nördlichen Stadtgrenze solche Moorrelikte halten – noch bis in die 60er Jahre war hier an eine intensive Landwirtschaft nicht zu denken, statt dessen prägten feuchte Moorwiesen und Tümpel die Landschaft. Der Name Schwarzhölzl kommt vermutlich von dem düsteren Eindruck, den die hier wachsenden Kiefern aus der Entfernung machen.

Heute ist es kaum mehr vorstellbar, dass hier noch in der Nachkriegszeit längst ausgestorbene Moorvögel wie der Große Brachvogel brüteten und große Wiesen mit Schwertlilien Naturfreunde aus München anzogen. Allerdings wurde mit

SCHWARZHÖLZL/KALTERBACH

• **Stadtbezirk 24:**	Feldmoching – Untermenzing
• **Adresse:**	Karlsfeld (Augustenfelder Weg) oder Kuppelfeldstr.
• **Zugänglichkeit:**	öffentlich
• **Erreichbarkeit:**	S1, U2, U8, Bus 172 Feldmoching
• **Einkehrmöglichkeit:**	In Feldmoching

STICHWORT

NATURSCHUTZGEBIET

1994 wurde als erstes Naturschutzgebiet in München das Schwarzhölzl unter Schutz gestellt. Nur in Naturschutzgebieten können negative Eingriffe wie Entwässerungen, Kahlschläge, Wegebau etc. wirksam unterbunden werden und so eine langfristig positive Entwicklung der Biotope gewährleistet werden. Eine Schutzverordnung regelt die Details, so kann auch das Verlassen der Wege verboten oder die land- und forstwirtschaftliche Nutzung mit Auflagen versehen werden. Weitere Schutzgebietskategorien mit viel geringerer Schutzwirkung sind Landschaftsschutzgebiete und Geschützte Landschaftsbestandteile (vgl. Stichwort „Geschützte Landschaftsbestandteile). Im Gelände werden die Schutzgebiete mit der Dreiecktafel mit fliegendem Adler gekennzeichnet.

dem Bau der nahen Ruderregattastrecke für die Olympischen Spiele 1972 auch im Umfeld des Schwarzhölzls das Grundwasser abgesenkt und so das Moor zerstört. Anschließend wurden die meisten Bereiche in eine intensive landwirtschaftliche Nutzung einbezogen.

Besser ist es dem Schwarzhölzl selbst und den direkt angrenzenden Moorflächen ergangen. Hier blieb stellenweise ein hoher Grundwasserstand bestehen. In den natürlichen und neu angelegten Tümpeln und Teichen kommen viele Amphibienarten vor, der Wald selbst ist Brutplatz für diverse Vogelarten, an den Moorbächen brüten selbst seltene Vögel wie die Wasseramsel. Da sich Naturschützer um den Karlsfelder Joseph Koller schon seit vielen Jahren um den Erhalt dieses Naturreservats bemühen, gibt es auch Positives zu vermelden (vgl. Literaturhinweise). So wurden einige Tümpel neu angelegt, die Moorwiesenreste fortlaufend gepflegt und schließlich als Naturschutzgebiet gesichert – dem höchsten Schutzstatus nach dem deutschen Naturschutzgesetz.

Die durch das Gebiet fließenden Bäche wurden schon früher begradigt und so die Überschwemmung der umliegenden Moorlandschaft unterbunden. Der Schwebelbach ist die Verlängerung des Feldmochinger Mühlbachs, er mündet außerhalb des Stadtgebietes in die Amper. Der Kalterbach entspringt aus dem Feldmochinger See, kreuzt den Würmkanal und den Schleißheimer Kanal und mündet später ebenfalls in die Amper. An vielen Stellen reicht die intensive Ackernutzung heute leider bis an die Bachufer, daher ist der Gehölzsaum meistens nur schmal und die Bedeutung dieser Fließgewässer für den Artenschutz gering. Außerdem führt eine so intensive Bewirtschaftung der Ufer zu starken Eintrag von Nährstoffen und Agrargiften in die Gewässer und vermindert so die Wasserqualität.

WANDERVORSCHLAG

Vom S/U-Bahnhof Feldmoching über den Schwarzhölzlweg zum Schwarzhölzl, zurück entlang des Kalterbaches.

TIPPS FÜR NATURFREUNDE:

- **Frühling:** Zur Vogelbeobachtung eignet sich besonders die Zeit vor der Belaubung der Bäume, später bieten sich morgendliche Vogelstimmenwanderungen an.
- **März/April:** Frühlingsblüher in den Laubwaldbereichen und entlang der Bäche
- **Herbst:** Laubverfärbung

BESONDERS INTERESSANT:

- Älterer Baumbestand
- Rest der einst ausgedehnten Moorwälder
- Natürliche und künstlich angelegte Kleingewässer
- Reste der ehemaligen Moorvegetation

Blick auf die Ausläufer des Schwarzhölzls mit den typischen Kiefern. Noch vor wenigen Jahrzehnten bestand die Umgebung aus Moorwiesen, heute dominieren Äcker.

Das Olympiastadion und Schwimmstadion aus der Vogelperspektive

7 Olympiapark

In den 1920er Jahren entstand auf dem Exerzierplatz Oberwiesenfeld nördlich des Nymphenburger Kanals, ein ziviler Flughafen, der ab 1936 vom Flughafen München-Riem abgelöst wurde (siehe Riempark). 1950 bis 1958 türmte man den Trümmerschutt der vom Luftkrieg zerstörten Häuser zu Schutthalden auf dem Oberwiesenfeld, dem Luitpoldpark und in Neuhofen. Als diese nach und nach begrünt waren, wurden sie zum Rodeln und als Aussichtsberge genutzt. Diese zusätzlichen Möglichkeiten waren in der ebenen Topografie Münchens in dieser Form vorher kaum denkbar. Für das Oberwiesenfeld eröffneten sich 1966 mit dem Zuschlag für die Olympischen Spiele 1972 neue Nutzungs- und Gestaltungsperspektiven.

Unter dem Motto „Olympiade im Grünen" und „Olympiade der kurzen Wege" entstand zwischen 1965 bis 1972 auf dem ehemals flachen Gelände ein modellierter Park in landschaftlichen Formen – der „Olympiapark". Sämtliche Wohn- und

Blick über den See im Olympiagelände

OLYMPIAPARK

- Stadtbezirk 11: Milbertshofen – Am Hart
- Adresse: Spiridon-Louis-Ring
- Zugänglichkeit: öffentlich
- Erreichbarkeit: U3, Tram 20, 21, 12 Olympiapark West, Bus 53, Ackermannstr.
- Größe in Hektar: ca. 87 ha

Blick vom Turm auf den Berg und den See

Sportanlagen wurden in eine parkartige Landschaft integriert. Den Planungswettbewerb gewann das Büro Behnisch und Partner. Es gelang ein harmonisches Nebeneinander von Zeltdächern der Sportanlagen und der landschaftlichen Formen des Schuttbergs sowie des zum „Olympiasee“ umgeformten Nymphenburger Kanals. Als Landschaftsarchitekt wurde Günter Grzimek hinzugezogen.

Der 290 Meter hohe Turm war ursprünglich unabhängig von den Olympiabauten als Fernsehturm geplant, wurde dann aber als eines der prägenden Elemente der Anlage als „Olympiaturm“ miteinbezogen. Nach der Olympiade wurde der Park ohne größere Rückbauten als Erholungspark geöffnet.

Die weitläufige Hügellandschaft ist ein beliebtes Naherholungsziel zu jeder Jahreszeit. Unterhalb des Aussichtshügels steht auf einem weiten Plateau die Skulptur der „Schuttblume“. Unweit davon erinnert ein Gedenkkreuz an die Toten der Bombenangriffe im Zweiten Weltkrieg. Vom Hügel des Olympiabergs und vom Olympiaturm hat man bei schönem Wetter einen herrlichen Blick über München und bei Föhn auch auf die Alpen.

Blick vom Berg zum Olympiastadion

Skulptur der "Schwimmerin"

8 Oberhofer Platz und Christoph-von-Gluck-Platz

Beide Plätze sind in den 1930er Jahren entstanden und bilden einen lang gestreckten Grünzug zwischen Frankfurter- und Petuelring, bzw. Bad-Kreuznacher-Straße, Bad-Nauheimer- und Ricarda-Huch-Straße. Zwischen den 1960er und 1990er Jahren befand sich dort auch eine Trambahntraße.

Boccia am Gluck-Platz

Der nördliche Oberhofer Platz ist eine große, zweigeteilte Wiesenfläche mit überwiegend einzeln stehenden Bäumen wie Linde, Eiche, Kiefer, Birke und Spitzahorn. Im Norden endet die Anlage mit einer breiten Unterführung zum Frankfurter Ring. In der Mitte wird der Platz von der Vogelhartstraße gequert.

Südlich der Milbertshofener Straße schließt sich der etwas größere Christoph-von-Gluck-Platz an. In seinem nördlichen Bereich laden Kinderspielgeräte ein, Richtung Süden stehen Freizeiteinrichtungen zur Verfügung. Der Park wird in den Randbereichen von Strauchpflanzungen begrenzt. Linde, Robinie, Kastanie und Buche sind überwiegend zu finden. Im Bereich der Querung Keferlohstraße sind mehrere Staudenbeete mit Rosen angelegt. Am südlichen Ende erinnert eine Büste an Mihail Eminescu, einen rumänischen Dichter und Lyriker deutscher Schule. In diesem Bereich gelangt man in den 2004 fertig gestellten Petuelpark (siehe dort).

CHRISTOPH-VON-GLUCK-PLATZ

- **Stadtbezirk 11:** Milbertshofen – Am Hart
- **Adresse:** Bad-Kreuznacher-Str./ Ricarda-Huch-Str.
- **Zugänglichkeit:** öffentlich
- **Erreichbarkeit:** U2 / U8 Milbertshofen und Frankfurter Ring
- **Größe in Hektar:** ca. 3,3 ha / 3,7 ha

9 Aussiger Platz

Der Aussiger Platz ist eine lang gestreckte Grünanlage in Nord - Süd - Ausrichtung. Er wird durch die Sudetendeutsche Straße in zwei Teile getrennt. Der Platz hat den Charakter eines Grünzuges und ist im landschaftlichen Stil gestaltet. Rad- und Fußwege führen durch die Anlage.

Südlich der Sudetendeutschen Straße

Auf einer ausgedehnten Rasenfläche stehen solitäre Bäume. An den Parkrändern schützen Großsträucher und Bäume vor der Straße.

Nördlich der Sudetendeutschen Straße

Die Gestaltung ähnelt dem Südteil, jedoch wird die Anlage durch modelliertes Gelände bereichert. Ein Gedenkstein erinnert an die ehemalige sudetendeutsche Stadt Aussig (heute Tschechien).

In der Grünanlage stehen Winterlinde, Bergahorn, Robinie, Hainbuche, Rotbuche, Pappel, Spitzahorn und Silberahorn.

Gedenkstein für die Stadt Aussig

AUSSIGER PLATZ

- **Stadtbezirk 11:** Milbertshofen – Am Hart
- **Adresse:** Aussiger Platz
- **Zugänglichkeit:** öffentlich
- **Erreichbarkeit:** U2 / U8 Am Hart
- **Einkehrmöglichkeit:** Gasthaus „Am Hart“ Sudetendeutsche Str. 40
- **Größe in Hektar:** ca. 3 ha

Blick in den nördlichen Teil der Anlage

Schafherde auf der Panzerwiese – ohne eine Beweidung oder Mahd würde auch in den Heiden nach wenigen

10 Panzerwiese mit Hartelholz

Besonders die schlechten, humusarmen Böden nördlich von München konnten bis vor wenigen Jahrzehnten nicht intensiv landwirtschaftlich genutzt werden – der Ackerbau ohne den Einsatz von Kunstdünger und schweren Maschinen lohnte sich nicht. Daher wurden diese weitläufigen Flächen nur mit Schafen beweidet oder gemäht, aber nicht gedüngt. Diese offene Landschaft nennt man in Süddeutschland „Heide". So entstand ein Gürtel aus Heiden um München, von denen die meisten nur noch in alten Orts- und Stadtteilnamen überlebt haben – die Heiden selbst wurden entweder im Zuge der Stadterweiterung überbaut oder von der Intensivlandwirtschaft vereinnahmt (vgl. auch Stichwort „Heide").

PANZERWIESE MIT HARTELHOLZ

- **Stadtbezirk 11:** Milbertshofen – Am Hart
- **Adresse:** Zugang über Dülferstr.
- **Zugänglichkeit:** öffentlich
- **Erreichbarkeit:** U2 / U8 Dülferstr., Bus 142 Aschenbrennerstr.
- **Größe in Hektar:** ca. 250 ha

Anders im Bereich der ehemaligen Übungsplätze der Bundeswehr: Hier blieben einige große Heideparzellen erhalten, so neben der Panzerwiese auch die Fröttmaninger Heide und die Mallertshofener Flur, beide an der nördlichen Stadtgrenze gelegen. Für diesen bis nach Oberschleißheim und Eching reichenden Komplex aus Heideres-

Jahrzehnten Wald entstehen.

STICHWORT

HEIDE

Viele Leser denken beim Stichwort Heide sicher an die ausgedehnten bunt blühenden Flächen in der Lüneburger Heide und nicht an Biotope im Münchner Umland.

Außer dem Namen haben sie auch nicht viel gemeinsam:

In der Lüneburger Heide bedecken Zwergsträucher den Boden, bei den Grasheiden Bayerns handelt es sich um Rasen aus diversen Gräsern und Blumen. Sie entstanden durch Jahrhunderte lange Beweidung mit Schafen. Auf den kargen, nährstoffarmen Schotterböden konnten viele Blumen ansiedeln, die auf gedüngten Äckern und Wiesen nicht wachsen können. Sie können sich in der Agrarlandschaft gegenüber schnellwachsenden Gräsern und Ackerpflanzen nicht behaupten und werden dort oft als „Unkräuter" bekämpft. Diese vielen Gräser und Blütenpflanzen bieten die Lebensgrundlage für viele Insektenarten, besonders bekannt sind die Heiden für ihre Artenvielfalt an Schmetterlingen und Heuschrecken. Zu den Highlights der Tierwelt gehören Steinschmätzer (eine Singvogelart), verschiedene Bläulinge (Tagfalter) und die Blauflügelige Ödlandschrecke, eine Heuschreckenart.

ten, Kiefernwäldern und Landwirtschaftsflächen wurde ein Heideflächenverbund-Konzept und ein Schafbeweidungs-Konzept entwickelt und umgesetzt, die Herden wechseln zwischen den einzelnen Heidebereichen.

Zu den botanischen und zoologischen Raritäten gehören zum Beispiel Fransenenzian, Blauflügelige Ödlandschrecke (eine Heuschreckenart) und mehrere vom Aussterben bedrohte Schmetterlingsarten.

Früher entstanden durch die Aktivitäten der Bundeswehr in den Fahrspuren immer wieder kleine Tümpel, in denen bedrohte Amphibienarten wie Laubfrosch und Wechselkröte laichten. Einige wurden nach dem Ende des Übungsbetriebes künstlich abgedichtet und sollen so diesen in München selten gewordenen Arten das Überleben ermöglichen.

In die Heideflächen eingestreut sind einige kleine Gehölze aus Kiefern und das Hartelholz, ein geschlossener Wald am Nordrand der Panzerwiese. Panzerwiese und Hartelholz sind seit dem Jahr 2002 als Naturschutzgebiet ausgewiesen (vgl. auch Stichwort „Naturschutzgebiet", Seite 150).

BESONDERS INTERESSANT

- Reste der einst ausgedehnten Heiden.
- Viele bedrohten Tier- und Pflanzenarten, besonders Blütenpflanzen und Insekten.

TIPPS FÜR NATURFREUNDE

- **Sommer:** Insektenbeobachtung (Schmetterlinge, Heuschrecken).
- **Frühling:** Vogelzug (durchziehende Singvögel rasten in der Heide).
- **Winter:** Mäusebussarde und Turmfalken jagen in der Heide.

11 Luitpoldpark und Bayernplatz

Der Münchner Norden erhielt relativ spät eine erste Volksparkanlage. Die Idee hierzu kam 1909 auf Initiative des Kommunalreferenten Steinhauser. In der Konzeption wurde eine dreigeteilte Anlage vorgesehen. Sie gliederte sich in den eigentlichen Luitpoldpark im Norden der Karl-Theodor-Straße, den Bayernplatz südlich davon und schließlich in eine schmale Fläche als Rasen mit Kinderspielplatz im Bereich der Clemensstraße und Destouchestraße südlich des Bayernplatzes. Im Dezember 1910 begannen die Ausführungsarbeiten auf der Luitpoldterrasse, dem Standort des heutigen Obelisken. 1911 wurden dort anlässlich des 90. Geburtstages von Prinzregent Luitpold 90 Linden gepflanzt. Die Terrasse

LUITPOLDPARK UND BAYERNPLATZ

• **Stadtbezirk 4:**	Schwabing - West
• **Adresse:**	Karl-Theodor-Str.
• **Zugänglichkeit:**	öffentlich
• **Erreichbarkeit:**	U2, Tram 12, Busse 44, 54 Scheidplatz
• **Einkehrmöglichkeit:**	„Bamberger Haus"
• **Größe in Hektar:**	28 bis 33 ha

war als überleitendes Element zum Bayernplatz gedacht. Durch den Kiesabbau im nördlichen Teil des landschaftlichen Parkbereichs wurden die weiteren Ausführungsarbeiten jedoch verzögert. Während des Ersten Weltkrieges wurden die Bauarbeiten im Park reduziert und der Pflegebetrieb der Stadtgärtnerei notdürftig aufrecht erhalten.

In dieser Zeit dienten viele öffentliche Park-

Der Obelisk im Park von Linden umrahmt

Blick vom Hügel in Richtung Bad Georgenschwaige

anlagen als Nutzgärten. So wurden in den Blumenbeeten Gemüse und Sonnenblumen angebaut, die Rasenflächen im südlichen Teil dienten ebenso dem Gemüseanbau. Gegen 1919 nutzten Anwohner die Rasenflächen als Tierweide. Im selben Jahr wurden die Schäden jedoch wieder behoben. Es wurden Hecken gepflanzt und die Flächen des ehemaligen Kiesabbaus endlich verfüllt und wie geplant gärtnerisch gestaltet. Bis zur letzten großen gestalterischen Maßnahme 1948 gelang es nicht den Luitpoldpark in Richtung Norden zu erweitern. Als Folge der Zerstörungen im Zweiten Weltkrieg wurde im nördlichen Bereich, also im geplanten Erweiterungsgebiet, der die Umgebung dominierende 37 m hohe „Schwabinger Schuttberg" aufgetürmt. Er wurde zwischen 1957 und 1960 von der Stadtgartendirektion landschaftlich gestaltet und trägt heute die Bezeichnung „Luitpoldhügel".

Der Hauptzugang der Parkanlage liegt an der Karl-Theodor-Straße. Über eine Treppenanlage mit flankierenden Steinvasen gelangt man zur zentralen Achse zwischen der Luitpoldterrasse mit dem Obelisk, der Wiesenachse und der Aussichtsterrasse am Rosenhang. Auf dem bewaldeten Schuttberg befinden sich mehrere Plateaus mit Sitzmöglichkeiten und Ausblicken in die umgebende Stadtlandschaft. Am höchsten Punkt steht ein Gedenkkreuz nach einem Entwurf von Bildhauer Heinrich Altmann für die Opfer der Bombenangriffe auf München. Der Aufstieg verläuft über Serpentinen. Von oben eröffnen sich Blickbeziehungen zum Aussichtshügel im Olympiapark und zur Frauenkirche. Der nördliche Parkbereich am Schuttberg ist landschaftlich gestaltet. Einzelbäume sowie Baum- und Strauchgruppen gliedern die große Rasenfläche.

Der Obelisk steht im Zentrum einer rechteckigen Rasenfläche. Lindenreihen umrahmen diese Platzsituation. Die Wiesenachse wird von roten und weißen Rosskastanienalleen begleitet. Im Nordwesten der Wiesenachse liegt ein Kinderspielplatz mit einem Hainbuchenlabyrinth. Der Park wird von mehreren Wiesenflächen entlang der Wiesenachse abgerundet.

Bamberger Haus im Luitpoldpark

Im Westen der Anlage befindet sich das „Bamberger Haus" (1707 – 1713 errichtet). Es wurde 1899/90 in Bamberg abgebrochen und Teile der Originalsubstanz 1912 im Luitpoldpark in einem Neubau integriert. Von 1912 bis 1944 und wieder seit 1985 dienen Haus und Garten als Restaurant und Café.

Die beiden Weltkriege und sich wechselnde Kunstauffassungen der verantwortlichen Planer unterbrachen den Planungs- und Baufortgang regelmäßig, so dass der Park nie als Ganzes angelegt werden konnte. Obwohl er heute ein beliebter Ausflugspark ist und von seinen Nutzern als „schön" empfunden wird, ist er im Sinne der Grundplanungen immer unvollendet geblieben.

In der südlichen Verlängerung des Luitpoldparks folgt der Bayernplatz. Der Hauptzugang liegt an der Karl-Theodor-Straße. Er korrespondiert mit der Luitpoldterrasse und wird von formalen Rosenbeeten begleitet. Über eine Stufenanlage gelangt man in den Park. Ein Kinderspielplatz, weite Rasenflächen und alter Baumbestand bieten, eine hohe Aufenthaltsfunktion. Der Bayernplatz ist ein beliebtes Naherholungsgebiet

Im Park stehen Rot- und Blutbuchen, ein Urweltmammutbaum und eine Gruppe Ginkgos.

Blick vom Rosenhügel zum Obelisken

Holzdeck als Welle an der oberen Promenade

12 Petuelpark

Nach dem Tunnelbau am Petuelring von 1997 bis 2002, begannen zwischen Belgrad- und Leopoldstraße die Arbeiten zur Anlage des Petuelparks. Unter Einbeziehung des Künstlers Stephan Huber entstand nach einer Planung der Landschaftsarchitekten Stefanie Jühling und Otto A. Bertram bis August 2004 ein 900 Meter langer funktionaler und ästhetisch ansprechender Park. Nach langer Trennung durch den Mittleren Ring sind die Stadtteile Schwabing und Milbertshofen nun wieder miteinander verbunden. Durch die Konstruktion des Tunnels entstanden im Park zwei Ebenen. Auf der oberen Ebene, der Tunneldecke, verläuft die Promenade mit Fuß- und Radwegen und von niedrigen Hecken umgebenen Spielnischen. Etwa zwei bis drei Meter darunter liegen auf der unteren Ebene formale Sondergärten, Spielplätze und Sportbereiche. Die Sondergärten entlang des Biedersteiner Kanals erreicht man über zwei große Treppen mit so genannten Rasenstufen. Im östlichen Teil Richtung Leopoldstraße befinden sich zahlreiche moderne Skulpturen. Im Rahmen der Umgestaltungsarbeiten wurde der Nymphenburg-Biedersteiner-Kanal optisch in den Park integriert und trägt so zu einer Belebung bei.

Rasenstufen zur Uferpromenade

PETUELPARK

- **Stadtbezirk 4:** Schwabing - West
- **Adresse:** Petuelring
- **Zugänglichkeit:** öffentlich
- **Erreichbarkeit:** U3 und Tram 27 Petuelring
- **Größe in Hektar:** ca. 5,5 ha

13 Wohnanlage Gartenstadt Heidemannstraße

Diese Siedlung entstand 1984 bis 1988 als „Sozialer Wohnungsbau“ unter der Rahmenplanung von Peter Petzold und Gottfried Hansjakob. Die Großform orientierte sich an der Hufeisensiedlung von Bruno Taut in Berlin (1925 – 1931). Das Wohngebiet am Carl-Orff-Bogen beschreibt einen kammartigen Viertelbogen. Nach Norden öffnet sich die Bebauung in die Fröttmaninger Heide. Vom Carl-Orff-Bogen werden über Torhäuser etwa zehn Höfe erschlossen. Diese sind über einen Hauptweg und Durchgänge miteinander verbunden. Zudem korrespondieren sie mit der sich nördlich anschließenden, parkartigen Grünanlage. Die unterschiedliche Gestaltung und Nutzung der Höfe verleiht der Gesamtanlage eine gewisse Spannung und Reiz. Es gibt Höfe mit und ohne Mietergärten. Einmal finden sich Brunnen und Skulpturen, ein andermal dominieren schlichte Rasenflächen und Gehölzpflanzungen die Szenerie. Gelegentlich befinden sich Spielmöglichkeiten für Kleinkinder im Hof, dann wiederum auch Parkplätze. Dann hat man einmal den weiten Überblick, in anderen Höfen hingegen versperren viele Nischen und verwinkelte Ecken den Blick. Weiterhin zeigen sich die Höfe entweder formal architektonisch, oder landschaftlich, naturnah. Das Wohngebiet erfreut sich über einen hohen Grad an Durchgrünung, ansprechender Gestaltung und guter Nutzungsqualität. Augenscheinlich wird dies auch von der Bewohnerschaft entsprechend honoriert.

GARTENSTADT HEIDEMANNSTRAßE

- **Stadtbezirk 12:** Schwabing - Freimann
- **Adresse:** Carl-Orff-Bogen
- **Zugänglichkeit:** halböffentlich
- **Erreichbarkeit:** U6 Kieferngarten, Bus 140 Gustav-Mahler-Str.
- **Größe in Hektar:** 20 bis 30 ha

Verschönt mit der Skulptur „Kapelle“

14 Fröttmaninger Berg
(„Müllberg Großlappen“)

Der „Fröttmaninger Berg“ ist eine naturnah begrünte, bzw. bewaldete ehemalige Mülldeponie. Diese entstand ab 1945. Am Gipfel steht auf dem gehölzfreien Plateau eine weithin sichtbare Windkraftanlage. Von dort hat man einen sehr schönen Blick über München, den Münchner Norden und auf die Alpen. Jenseits der Autobahn entsteht bis 2005 die „Allianzarena“. Sie wird das neue Fußballstadion des FC Bayern München und des TSV 1860 München. Unterhalb des Gipfelplateaus steht die Fröttmaninger Kirche „Heilig Kreuz“, einer der ältesten Kirchenbauten im Münchner Raum. Die Grünplanung wurde von Landschaftsarchitekt Dieter Ruoff entworfen und schrittweise umgesetzt. Vor dem Hintergrund seiner Entstehung ist der Berg ein ungewöhnlich gut besuchter Ort. Nur die Hinweisschilder und gelegentlich schwach auftretenden Gerüche lassen seine ursprüngliche Nutzung erahnen. Neben den ehemaligen Trümmerbergen in der Stadt ist er eine weitere große Aufschüttung in der Münchner Ebene. Als Hauptgehölzarten finden sich Stieleiche, Fichte, Linde, Bergahorn, Hainbuche, Hartriegel, Holunder und Pfaffenhütchen. Am Fuß des Berges sind Parkplätze an der Freisinger Landstraße eingerichtet.

Das Windrad – weithin sichtbare Landmarke

FRÖTTMANINGER BERG

- **Stadtbezirk 12:** Schwabing - Freimann
- **Adresse:** Freisinger Landstr.
- **Zugänglichkeit:** öffentlich
- **Erreichbarkeit:** U6 und Bus 293 Fröttmaning
- **Größe in Hektar:** ca. 39 ha

Isarauen bei Oberföhring – innerhalb des Hochwasserbettes entstanden kleine Weidenauen und Kiesinseln. Außerhalb spielt der Wasserstand der Isar keine Rolle mehr, hier wächst ein Laubwald.

15 Nördliche Isarauen

Aumeister bis zur Stadtgrenze

Der Englische Garten geht nördlich des Föhringer Ringes (Aumeister) nahtlos in die Isarauen über, die den Fluss bis zur Mündung in die Donau bei Plattling begleiten. Auch im nördlichen Teil der Isarauen begann die Kanalisierung schon im 19. Jahrhundert (vgl. auch Einleitung). Die

NÖRDLICHE ISARAUEN

- **Stadtbezirk 12:** Schwabing – Freimann
- **Adresse:** Zugang über Unterföhring (Dammstr.) oder Lillweg
- **Zugänglichkeit:** öffentlich
- **Erreichbarkeit:** U6 Studentenstadt, dann Bus 293 Floriansmühlstr. oder Wallnerstr. (Islamisches Zentrum/Moschee)

Isarauen südlich des 1920 erbauten Oberföhringer Wehres wurden nach der Kanalisierung in die weitläufigen Grünanlagen der Hirschau einbezogen. Nördlich führt die Isar heute kaum mehr Wasser. Von einem Fluss kann stellenweise keine Rede mehr sein, da der Großteil am Wehr in den „Mittleren Isarkanal“ ausgeleitet wird (vgl. Stichwort „Stromerzeugung an der Isar“). Dies wirkt sich sehr negativ auf den Grundwasserstand und die weitläufigen Wälder entlang des Ufers aus. Ursprünglich wurden sie als Auwälder regelmäßig überschwemmt, so entstanden dichte, unterwuchsreiche Wälder aus Weiden und anderen Baumarten, die regelmäßige Überschwemmungen überleben können. Die meisten Auwälder verschwanden aber nach der Kanalisierung der Isar, seitdem sind sie trocken gefallen und verändern sich zu einem „normalen“ Laubwald aus Eschen und Ahorn.

Der zwischen Isar und Mittlerem Isarkanal gelegene Bereich der Isarauen wird Oberföhringer Insel genannt, neben Bereichen mit sehr starker Freizeitnutzung finden sich stellenweise auch naturnähere Flächen mit Tümpeln und feuchten Waldbereichen.

STICHWORT

STROMERZEUGUNG AN DER ISAR

Am Wehr Oberföhring wird der Isar ein Großteil der Wassermenge entzogen und in das Kanalsystem (Mittlerer Isarkanal) geleitet. Erst viele Kilometer flussabwärts bei Moosburg erhält die Isar das Wasser zurück. Dazwischen liegen mehrere Kraftwerke und Stauseen zur Stromgewinnung. Aufgrund der geringen Wasserführung und des naturfernen, kanalartigen Ausbaus ist die Isar in diesem Bereich ökologisch stark entwertet. Eine Wanderung der Fische und anderer Wasserorganismen wird durch die Wehre verhindert oder stark eingeschränkt, auch Fischtreppen können nur begrenzt Abhilfe schaffen. Trotz dieser negativen Auswirkungen sind aber die Stauseen Ismaninger Speichersee und Echinger bzw. Moosburger Isarstausee von großer Bedeutung als Rast- und Überwinterungsgebiet für Wasservögel.

Am Westufer der Isar auf Höhe des Klärwerks Großlappen liegt die Obere Isarau, ein naturnaher Laubwald aus Eschen und anderen Laubbäumen. Sie wird von mehreren Bächen (Schwabinger Bach, Garchinger Mühlbach) durchflossen und stellt einen wichtigen Lebensraum für Tiere und Pflanzen der Auenlandschaft dar, so kommen Märzenbecher als typische Blumenart der Auwälder und sogar der Biber vor.

Im Isarhochwasserbett haben sich kleinere Weidenauen innerhalb des Flussbettes neu entwickelt. Kiesinseln entstanden früher besonders nach Hochwassern – diese Flussdynamik gibt es nicht mehr, seit die Stauseen die Hochwasser und die mitgeführten Kiesmengen abfangen und die Ufer befestigt sind. Die wenigen Kiesflächen werden wie im ganzen Großraum München im Sommer von Badegästen überrannt, als Brutplatz für die typische Vogelwelt wie Flussregenpfeiffer und Flussuferläufer stehen sie daher nicht zur Verfügung. Eisfreie Bereiche der Isar wie am Oberföhringer Wehr sind im Winter ein wichtiger Lebensraum für Wasservögel – neben den häufigen Stockenten und Blässhühnern kann man hier immer wieder seltene Enten und Wintergäste aus Nordeuropa beobachten – Bestimmungsbuch nicht vergessen!

BESONDERS INTERESSANT

- Alter Baumbestand.
- Quellen in den Hangbereichen.
- Oberföhringer Isarinsel.

TIPPS FÜR NATURFREUNDE

- **Frühling:** Zur Vogelbeobachtung eignet sich besonders die Zeit vor der Belaubung der Bäume, später bieten sich morgendliche Vogelstimmenwanderungen an.
- **Herbst:** Blattfärbung.
- **Winter:** Überwinternde Wasservögel, besonders im Bereich des Oberföhringer Stausees.

Wehr am Isarstausee Oberföhring. Hier wird ein Großteil des Wassers in den „Mittleren Isarkanal" zur Stromerzeugung ausgeleitet. Daher ist die Isar flussabwärts oft nur ein kleines Rinnsal.

Blick über den Schwabinger See

16 Quartierpark Berliner Straße
mit Schwabinger See

Im Zentrum des umliegenden Wohngebietes liegt der gepflegte Quartierpark mit dem Schwabinger See und einer Insel. Der See ist Teil des im Westen von der Würm abzweigenden Nymphenburgkanals, der dann über den nördlichen Kanal in den Olympiapark überleitet und danach als Biedersteiner Kanal und Schwabinger See im Schwabinger Bach endet. Das Seeufer wird von Kastanienreihen und gemauerten Pergolen begleitet.

Ein Rondell aus Pyramidenpappeln mit einem flachen Steinquader im Zentrum erinnert an die „Rousseauinsel“ in den Wörlitzer Anlagen (Sachsen- Anhalt) oder deren Vorbild der Insel mit dem Grab des Philosophen Rousseau in Ermenonville (Frankreich). Am See und in den umliegenden Wohnhöfen befinden sich zahlreiche Spielmöglichkeiten für Kinder. Die Höfe sind durch Wege miteinander verbunden und bilden ein regelrechtes Hofgeflecht.

Uferpromenade mit Kastanienallee

QUARTIERPARK BERLINER STRASSE

• **Stadtbezirk 12:**	Schwabing – Freimann
• **Adresse:**	Berlinerstr./ Ungererstr., Ungererbad
• **Zugänglichkeit:**	öffentlich
• **Erreichbarkeit:**	U6 Nordfriedhof
• **Größe in Hektar:**	ca. 2,9 ha

17 Nordfriedhof

Von der Gemeinde Schwabing wurde 1884 ein Friedhof im Bereich der heutigen Gräberfelder 1 bis 14 (südlich der heutigen Aussegnungshalle) angelegt, und im Rahmen der Eingemeindung von der Stadt München übernommen. Die Aussegnungshalle und die Leichenhallen entstanden 1896 bis 1899 nach Entwürfen von Hans Grässel. Der Friedhof wurde bis zu seinem Endausbau neun Mal erweitert. Grässel gestaltete unter Verwendung historisierender Baustile auch den West-, Wald- und Ostfriedhof sowie den Neuen Israelitischen Friedhof.

Am Beispiel des Nordfriedhofs verwendete er frühchristlich-byzantinische Motive. Der Nordfriedhof folgt der Architektur und der Grabgliederung des Ostfriedhofs, erlangt jedoch längst nicht dessen Monumentalität.

Die Trauerhalle ist für katholische und evangelische Zeremonien vorgesehen und verzichtet daher auf typischen konfessionellen Zierrat. Die Friedhofseite besteht aus einem symmetrischen Platz mit Säulengang und zwei Brunnenanlagen. Unterhalb der Terrassenmauer sind ebenfalls zwei Wasserbecken angeordnet.

Von der Terrasse gelangt man über Treppen und Rampen zu einem vorgelagerten Rasenplatz. In seinen Feldern sind ein Herz und ein Kreuz in den Rasen gemäht. Im Hintergrund schließen von geschnittenen Hainbuchen gekammerte Grabstellen den Platz ab. Der Weg von der mittleren Rampe führt durch die beiden Rasenfelder zu einem großen Brunnen mit Wasserbecken und einer bekrönenden Deckelvase. Weiter führt der

NORDFRIEDHOF

- **Stadtbezirk 12:** Schwabing - Freimann
- **Adresse:** Ungererstraße 130
- **Zugänglichkeit:** öffentlich
- **Erreichbarkeit:** U6 Nordfriedhof und Alte Heide (neuer Teil)
- **Einkehrmöglichkeit:** Gegenüber dem Haupteingang
- **Größe in Hektar:** ca. 32 ha

Rampe zur Aussegnungshalle

Weg zu den „Nördlichen“- und „Südlichen Arkaden“ mit Urnenhallen nach Osten. Nördlich der Aussegnungshalle gelangt man zum Ehrenhain für Luftkriegsopfer. Dieser besteht seit 1943 und wurde 1959 neu gestaltet. 2.099 Tote der über 70 Bombenangriffe auf München haben hier ihre letzte Ruhestätte gefunden.

Der Hain besteht aus einer großen Rasenfläche mit lichtem Baumbestand und ist von einer geschnittenen Hecke umgeben. Das Bronzedenkmal symbolisiert eine Bombe und wurde von Hans Wimmer geschaffen. Vereinzelte Steindenkmäler erinnern an zerstörte Gebäude und an die zerstörte Innenstadt Münchens. Im Rasen sind im Raster kleine Namenssteine aus Porzellan eingelassen.

Im Nordfriedhof sind zwei über die Grenzen Münchens bekannte Persönlichkeiten begraben:

Beppo (Josef) Brehm, Volksschauspieler und Klaus Havenstein, Schauspieler und Kabarettist. Er war von 1956 bis 1968 Mitglied der Münchner Lach- und Schießgesellschaft und synchronisierte den King Loui in Wald Disneys „Dschungelbuch“.

18 Freizeitpark Biederstein

FREIZEITPARK BIEDERSTEIN

- **Stadtbezirk 12:** Schwabing – Freimann
- **Adresse:** Biedersteinerstr./ Isarring
- **Zugänglichkeit:** öffentlich
- **Erreichbarkeit:** U6 Dietlindenstr., Bus 44 Osterwaldstr.
- **Einkehrmöglichkeit:** „Hirschau“ (Biergarten), Gyßlingstr. 15
- **Größe in Hektar:** ca. 1,7 ha

Der heutige Freizeitpark Biederstein ist 1807 als Schlosspark (Biedersteiner Schloss) für Königin Karoline entstanden und wurde 1967 in den heutigen Formen gestaltet. Heute findet man eine lang gestreckte Grünanlage an der eiszeitlichen Geländeschwelle vor, an der sich der Englische Garten anschließt. Im Zentrum der großen Wiesenfläche befindet sich eine kleine Terrasse mit Tischtennisplatten. Die Anlage wird augenscheinlich von den Bewohnern des angrenzenden Studentenwohnheimes genutzt. Den Parkabschluss bildet eine umlaufende Baumkulisse.

19 Englischer Garten Hirschau

Nördlicher Teil, Isarring bis Frankfurter Ring

Die „Hirschau“ ist der nördliche Teil des Englischen Gartens und ein innerstädtischer Grünzug entlang des Isarkanals und des Schwabinger Baches. Parallel hierzu fließt der Oberstjägermeisterbach in der Mitte des Parks. Vom gärtnerisch gestalteten südlichen Englischen Garten (siehe dort) wird der Park nach Norden naturnaher. Und so wandert oder radelt man in der Hirschau durch ausgedehnte naturnahe Wiesenflächen mit malerischen Baumgruppen und Einzelbäumen.

In die landschaftliche Gestaltung wurde ein langes Rad- und Fußwegenetz integriert. Im südlichen Teil der Hirschau quert der „Gleisweg“ den Park. Dort kann man am „Minihofbräuhaus mit Biergarten“ eine Rast einlegen.

Der Gleisweg ist das Überbleibsel der ehemaligen Bahntrasse, welche die Maffai'sche Lokomotivenfabrik mit dem Schwabinger Güterbahnhof und dem Münchner Eisenbahnnetz verband. Richtung Norden erlebt man verschiedene Wiesenräume, so z.B. die Rumford-, Siebenbuchen- und Thompsonwiese. Etwa im Zentrum liegt ein Amphitheater. Hier finden in den Sommermonaten Aufführungen statt. Es wurde 1985 in Erinnerung an das alte Theater im südlichen Englischen Garten errichtet. Dieses existiert seit 1807 nicht mehr. Vorbei am Schwammerlweiher, Libellenteich und Entenfallweiher gelangt man zum „Aumeister“. Er wurde zwischen 1810 und 1811 errichtet, markiert das nördliche Ende der Hirschau und ist ein beliebter Biergarten. In diesem Bereich geht die Hirschau in die oberen Isarauen über.

HIRSCHAU – ENGLISCHER GARTEN

- **Stadtbezirk 12:** Schwabing – Freimann
- **Adresse:** Isarring/Föhringerring/Isarkanal
- **Zugänglichkeit:** öffentlich
- **Erreichbarkeit:** U6 Dietlindenstraße – Studentenstadt
- **Einkehrmöglichkeit:** „Hirschau“, „Aumeister“, „Grüntal“, „St.Emmeram“, Biergärten auf der östlichen Isarseite
- **Größe in Hektar:** 373 ha, davon ca. 220 ha nördlicher Teil

20 Schlösschen Suresnes

„Werneck-Schlösschen"

Um Altmünchen entwickelten sich im 18. Jahrhundert mehrere kleinere Adelssitze. So auch „Suresnes", oder das Stubenrauch-Schlösschen und das Gohrenschlösschen im Dorf Schwabing (1890 eingemeindet). Nach dem verlorenen Spanischen Erbfolgekrieg befand sich der bayerische Kurfürst Max Emanuel von 1706 bis 1715 in französischem Exil. Anlässlich der beginnenden Friedensverhandlungen bezog er im Februar 1713 mit seinem Hofstaat den Landsitz Suresnes bei Paris westlich des Bois de Boulogne. Mit dabei war auch sein Kabinettssekretär Franz Xaver Ignaz von Wilhelm. Das Leben und der Prunk am Hof Max Emanuels in Frankreich weckte in ihm das Bestreben in München ebenfalls ein „Suresnes" zu errichten. Bis zum Herbst 1717 entstand auf dem erworbenen Land der Edelsitz „Suresnes".

Das barocke Ensemble bestand aus dem Herrenhaus, dem vorgelagerten Garten und einem nach Süden liegenden Park. Dort wuchsen vor allem Rosskastanien. Nach bisherigen Erkenntnissen dürfte es sich beim Architekten des Hauses um Johann Baptist Gunezrainer handeln. Der Haupteingang lag damals westlich des Hauses am heute noch erhaltenen Tor zur Werneck-Straße. Nach Südosten führte ein untergeordnetes Tor zum späteren Englischen Garten. Heute steht

SCHLÖSSCHEN SURESNES

• **Stadtbezirk 12:**	Schwabing - Freimann
• **Adresse:**	Werneckstraße 1
• **Zugänglichkeit:**	nicht öffentlich, nach Anmeldung
• **Erreichbarkeit:**	U3/U6 Münchner Freiheit

hier das „Kardinal-Wendel-Haus". „Suresnes" war über eine Sichtachse mit Nymphenburg verbunden. Diese wurde jedoch bereits 1773 durch den Bau des Schlössl Mitterschwabing unterbrochen. Nach Wilhelms Tod 1741 verkaufte seine Frau 1756 das Anwesen an Maria Clara Freifrau von Manteuffel. Damit begann die wechselvolle Geschichte „Suresnes". Bis 1969 wechselten 48 Besitzer das Anwesen.

Der barocke Garten von „Suresnes" wurde um 1800 in landschaftlichen Formen umgestaltet. 1822 stand das Schloss zur Verlosung frei. Zu dieser Zeit war die Parkumgestaltung offensichtlich schon abgeschlossen, denn es wurde in den amtlichen Unterlagen von einem englischen, also landschaftlichen Bereich mit einem Tanzplatz gesprochen. Dieser enthielt „ausgesuchte" und „wohl riechende Ziersträucher". Ein erhöhter Platz bot einen weiten Ausblick. Im Nutzgarten fanden sich Gemüse, Wein und Obstbäume wie Pfirsich, Aprikose, Kirsche und Apfel. Weiterhin wurde von einer großen Fontäne in der Mitte des Gartens berichtet. Mit der Verlosung von 1822 wurde der Park im Süden verkleinert. Im Juli 1871 erwarb der Apotheker August Federhaft das Anwesen und nannte es in Ableitung der sich im Park befindlichen Rosenbeeete „Rosenau". Zu dieser Zeit lag der Landsitz „inmitten eines prachtvollen Parks, der reich an hundertjährigen Bäumen, an labyrinthischen Gebüschen, an heimlichen Lauben und glühenden Rosen... (war) ...". 1876 erwarb Emil Schüler die „Rosenau" und untersuchte erstmals die Geschichte dieses Landadelsitzes. Die Ergebnisse wurden 1882 veröffentlicht und der Name „Suresnes" wieder eingeführt.

Ab 1882 war der Fortbestand des Ensembles in Gefahr. Es tauchten Pläne auf, das Anwesen im landschaftlichen Parkbereich durch Verbindungsstraßen und Wohnungsbau zu verringern. Im Frühjahr 1919 richtete sich der Maler Paul Klee sein Atelier in „Suresnes" ein. Zu dieser Zeit befanden sich Haus und Garten in verwahrlostem Zustand. So weideten zu Beginn der 1920er Jahre Ziegen unter den alten Bäumen und das alte Wasserbecken war außer Betrieb. Erst mit den neuen Eigentümern Leonhard Weishau und Samuel Weiß kam neues Leben in Haus und Garten. Ab 1925 wurde das Schloss vom Architekten Bückler umfassend saniert und der nördliche Seitenflügel mit einem Säulengang angebaut. Das Schloss erhielt auf der Gartenseite einen halbrunden Vorbau mit Terrasse. An der Westfassade wurde der Eisenbalkon aus dem 19. Jahrhundert durch einen massiven, von Säulen und Pfeilern getragenen Balkon ersetzt. An der südlichen Stirnseite wurde eine gemauerte Pergola angefügt. Die sich im heutigen Parterre befindlichen Figuren und Vasen wurden teilweise erst im Rahmen dieser Sanierung in den Garten gebracht. Im Februar, bzw. Juni 1936 wurde „Suresnes" unter dem Namen „Wernerckschlösschen" an die Dresdner Bank zwangsversteigert. In der amtlichen Auflistung wurde auch der Park „Rosenau" mit 0,892 Hektar genannt. Auch diesmal wurden die Parzellierungs- und Baupläne der neuen Hausherren abgewehrt. Und so wurde 1937 der Korbiniansverein der Erzdiözese München und Freising neuer Eigentümer, der das Albertusstift II einrichtete. Im Juli 1944 trafen Brandbomben das Gebäude und richteten schwere Schäden an. 1960/62 wurde östlich des Schlosses, noch im Park liegend, das Kardinal-Wendel-Haus für die Katholische Akademie Bayern erbaut. 1969 pachtete die Akademie das Schloss mit Nebengebäuden und Park aus Platzgründen vom Korbiniansverein an und restaurierte das Schloss. Als Vorbild diente der Zustand nach der letzten Umbauphase von 1925, da die Idee, die Erstanlage zu rekonstruieren aufgrund fehlender Planunterlagen und Originalsubstanz nicht in

Putto im Garten von „Suresnes"

Querachse zum Heckenkabinett

Betracht kam. Lediglich der Balkon an der Westfassade des Schlosses erhielt den Zustand des 19. Jahrhunderts zurück.

Garten und Park wurden 1969/70 vom Landschaftsarchitekten Hermann Mosbauer neu gestaltet. Im März 1977 wurde das Albertusstift aufgelöst.

In der Regel betritt man den Garten heute über das Kardinal-Wendel-Haus im Osten der Anlage. Von dort gelangt man über den Rasen oder die seitlichen Wege zum Gartenparterre am Schlösschen. Auf dem Rasen stehen vereinzelte Solitäre wie Esche und Eiche. Eine Holzskulptur erinnert an eine Ulme, die wegen der Ulmenkrankheit gefällt werden musste. Vom Parterre gelangt man über eine Stufenanlage in ein kleines Heckenkabinett aus geschnittenen Hainbuchen. Daneben befindet sich eine Pergola mit einem zentralen Brunnen. Die Brunnenschale wird von geflügelten Meerespferden getragen. An den Säulen der Pergola schlingt sich die Pfeifenwinde hoch. Westlich der Pergola und des Heckenkabinetts schließt sich ein etwas verwilderter waldartiger Bereich an. Vom nördlichen Schlosseingang gelangt man zum schmiedeeisernen Tor an der Werneckstraße. Das Prunkstück des Gartens ist zweifelsfrei das in barocken Strukturen gehaltene Parterre. Es besteht aus zwei größeren Kompartimenten, welche von geschnittenem Buchs eingefasst sind. Im Parterre sind Brunnen, Vasen und Figuren symmetrisch angeordnet. Der Garten ist von einer Mauer umgeben.

21 Leopoldpark

Friedrich von Gärtner errichtete 1843 im Auftrag König Ludwig I. eine „Königliche Villa“ für seine Gattin Therese. Die Villa lag zu dieser Zeit an der „Neuen-Schwabinger-Land-Straße“, also der heutigen Leopoldstraße. Um die Villa wurde anfänglich nur eine kleine geometrische Gartenanlage angelegt. Nach dem Tod Ludwig I. (1868) wurde das Anwesen Wohnsitz des Prinzen Leopold (1846–1930) und seiner Braut Prinzessin Gisela (1856–1932). Aus diesem Grunde wurde die Villa ab 1872 in mehreren Bauabschnitten zu einem stattlichen Palais erweitert. In diesem Zusammenhang wurde der Garten zu einer großen Parkanlage im landschaftlichen Stil ausgebaut. Es befanden sich hierin auch Reitwege und ein Parcours, da Prinz Leopold begeisterter Reiter war. Der Park reichte ursprünglich bis fast zum ehemaligen Türkengraben (jetzt Kurfürstenstraße). Im Zug der Stadterweiterung wurde der Park vom Straßenneubau durchschnitten und auf weniger als die Hälfte seiner ursprünglichen Fläche reduziert.

Nach dem Tod von Leopold und Gisela erwarben die Nationalsozialisten als neue Machthaber Villa und Park. Nachdem das Anwesen bisher sämtliche Krisen überstanden hatte, wurde es nun abgerissen. An seiner Stelle war der Neubau eines Gästehauses, später des Jagdmuseums, vorgesehen. Dazu kam es kriegsbedingt nicht mehr. Im Park entstanden im Krieg Baracken in Einfachbauweise. Nach dem Zweiten Weltkrieg wurden sie noch einige Jahre von der Bayerischen Obersten Baubehörde genutzt. Heute befindet sich eine Kindertagesstätte darin. Das Gelände an der Leopoldstraße verwahrloste im Lauf der Zeit, bis in den 1970er Jahren die Gebäude der Universität errichtet wurden. Vom ehemals großen Park hat sich nur noch ein spärlicher Rest erhalten. Er wurde von der Stadtgärtnerei neu angelegt und mit Bänken ausgestattet. Der Park besteht aus einer zentralen Wiesenfläche, einem Kinderspielplatz mit Rodelhügel und diversen Freizeiteinrichtungen.

In Richtung Leopoldstraße befindet sich die schon erwähnte Kindertagesstätte der Ludwig-Maximilians-Universität und mehrere Universitätsgebäude mit der Mensa. Erhalten hat sich ein Metallgitterzaun mit Portalen. Dominierende Gehölze sind Spitzahorn, Rotbuche, Eiche, Esche und Kastanie. Zu Fuß ist der Park auch über die Leopoldstraße oder einen etwas versteckten Zugang an der Georgenstraße 10 zu erreichen.

LEOPOLDPARK

- **Stadtbezirk 12:** Schwabing – Freimann
- **Adresse:** Friedrichstr.
- **Zugänglichkeit:** öffentlich
- **Erreichbarkeit:** U3/U6 Giselastr.
- **Einkehrmöglichkeit:** An der Leopoldstr. Traditionsgaststätte „Leopold“
- **Größe in Hektar:** ca. 2,7 ha

Siegestor mit Theatinerkirche und Feldherrenhalle im Hintergrund

22 Siegestor und Leopoldstraße

Zu beiden Seiten der Leopoldstraße (ehemalige Schwabinger Landstraße) findet man herrschaftliche Gebäude mit Vorgärten. Vom Siegestor führt eine das Straßenbild prägende Allee aus Pyramidenpappeln nach Norden zur Münchner Freiheit. Städtebaulich betrachtet stellt das von Friedrich von Gärtner zwischen 1843 und 1852 für das bayerische Heer erbaute Siegestor eine bedeutende Gelenkstelle zwischen Ludwigstraße und Leopoldstraße dar. Über dem Tor prangt eine Löwenquadriga. Der Straßenzug wurde mit seinen Pappeln im Zweiten Weltkrieg stark zerstört. Weitere Alleen aus Pyramidenpappeln findet man in der Lindwurmstraße und in der Englschalkingerstraße.

Pyramidenpappeln entlang der Leopoldstraße

SIEGESTOR UND LEOPOLDSTRASSE

- **Stadtbezirk 12:** Schwabing – Freimann
- **Adresse:** Leopoldstr.
- **Zugänglichkeit:** öffentlich
- **Erreichbarkeit:** U3/U6 Universität

Weitere Plätze im Münchner Norden

Die in Klammern gesetzten Zahlen stehen für die Stadtbezirke

Elisabethplatz (4)

Platz von 1898 mit Rasenfläche und Lindeneinfassung. Umlaufende, geschnittene Kornelkirschenhecke. Im Zentrum des Platzes runder Sandkasten mit „Brunnenplastiken“. Brunnen mit Bär auf Kugel dem Thema Wasser und Getreide gewidmet. Hohe Steinstele im Zentrum. Gestaltung nach Wettbewerbsplänen von Landschaftsarchitekt Teutsch 1973 bis 1975. Belebter Platz.

Hohenzollernplatz (4)

Rechteckiger, gepflasterter Platz (Granitmosaik, Schuppenbögen) von einer Linden-Doppelreihe umgeben. Seit 1979 in der heutigen Form. Im Zentrum runder „Hohenzollernplatz-Brunnen“ von Alfred Aschauer (1980). Lindenbaumscheiben (rund) mit Schneebeeren (niedrig geschnitten). Innere Umrahmung mit halben Fässern als Pflanztröge (Eibe, Pachysandra, Kiefer, Spindelstrauch). Am Brunnen Sommerblumen. Durchgangsplatz.

Schmuckplatz Ecke Hiltenspergerstraße/ Hohenzollernstraße (4)

Rechteckiger Platz mit Rasenfläche und zentralem Brunnen. Umlaufende Baumreihe aus Winterlinden. Unterpflanzung mit niedrigem Feuerdorn (gelb und rot). Brunnen „Mädchen mit Seehund“ (Bronze) von 1930. Zwei Schalen, an Füßen des Mädchens vier Wasserspeier.

Claudiusplatz (10)

Durch die Scharnhorststraße zweigeteilter Platz. Rechteckige Fläche mit Einzelbäumen und Großsträuchern. Zur Straße von Hecke abgetrennt. Im Südteil Spielplatz. Im Nordteil Bodenschach, Tischtennisplatten. Modelliertes Gelände. Bäume: Stieleiche, Eberesche, Esche, Feldahorn.

Glogauer Platz (10)

Längliche Grünanlage in Ost-West-Ausrichtung. Durch Rothschweigestraße zweigeteilt. Im Ostteil offene Rasenfläche mit umgebender Schutzpflanzung aus Bäumen und Großsträuchern. Im Westteil Rasenfläche mit Fußweg, umlaufende Schutzpflanzung aus Bäumen und Großsträuchern. Spielplatz.

Grünfläche an der Lippstraße (10)

Lang gestreckter, weiter Wiesenraum mit seitlich begleitender Baumkulisse, Strauchabpflanzungen und vereinzelten Solitärbäumen. Im Norden der Anlagen befindet sich ein Kinderspielplatz. Das Areal ist mit den Abstandsflächen der benachbarten Wohnbebauung verzahnt. Hauptbaumarten sind Linde, Spitzahorn und Bergahorn.

Grünfläche an der Nanga-Parbat-Straße (10)

Große Wiese mit Rodelhügel und Spielbereichen. Sie ist mit den Abstandsflächen der benachbarten Wohnbebauung verzahnt und erfüllt im Verbund mit dem benachbarten Amphionpark (siehe dort) wichtige Grünfunktion. Areal von Linden und Kastanien umrahmt. Auf der gegenüber liegenden Straßenseite an Strauchgruppe Bronzeplastik einer liegenden Frau.

Leidingerplatz (10)

Gepflegte Rasenfläche mit Rodelhügel und zwei Kinderspielplätzen. Gebüschzonen, Baumgruppen und Einzelbäume gliedern den Raum. Hauptbaumarten sind Hainbuche, Kastanie, Pappel, Eiche, Feldahorn und Bergahorn.

Ohlauer Straße (10)

Lang gestreckte, mehrgeteilte Grünfläche in Nord-Süd-Ausrichtung. Am nördlichen Ende offene Rasenfläche mit Einzelsträuchern. Südlich davon Rasen mit umgebender, seitlicher Schutzpflanzung aus Großsträuchern, die zur Straße hin wie eine geschnittene Hecke wirken. In der Folge Richtung Süden geschlossene Gehölzfläche mit Bäumen und Großsträuchern. Im Zentrum Spielplatz und Fußweg. Nach außen Strauchabpflanzung, geschnitten, Wandeffekt zur Straße. Nach innen locker wachsend mit Parkeffekt. Rasenfläche mit einzelnen Solitärbäumen und Strauchgruppen. Dichter Gehölzbestand mit kleinen Rasenlichtungen. Schutzpflanzung wie oben. Übergang zum Glogauer Platz. Bäume: Birke, Holunder, Stieleiche, Bergahorn, Hainbuche, Esche, Pappel, Feldahorn, Spitzahorn, Robinie.

Seydlitzplatz (10)

Spielplatz im Zentrum des Platzes. Abpflanzung zur Straße mit hohen Strauchhecken und

Bäumen. Am Spielplatz Betonstufen. Am Südende kleiner Baumhain.

Weidmannstraße (10)

Rotbuchenallee entlang der Weidmannstraße mit sehenswerten Altbäumen. Allee leider lückenhaft. Wohngebiet. Verkehrsberuhigt. Zufahrt nur für Anlieger. Parken im Wurzelbereich der Buchen bitte vermeiden.

Grünanlage am Post-Sportpark (11)

1967 entstandener „Grünzug" entlang des Post-Sportparks mit Wiesenflächen, Sportfeld und Rodelhügel. Gehölzkulisse in den Randbereichen.

Korbiniansplatz (11)

Vor 1936 entstanden. Änderungen in 1960er Jahren. Lang gestreckte Grünanlage zwischen Knorrstraße und Korbinianstraße. Spielplatz. Bolzplatz. Strauchabpflanzung zur Straße. Bäume: Linde und Bergahorn.

Mettenleiterplatz (11)

Im Zug der Erbauung der Reichskleinsiedlung Kaltherberge 1936/37 entstanden. Rechteckige, offene Rasenfläche. An Südseite ohne Bepflanzung. Übrige Seiten mit Schutzpflanzung aus niedrigen bis halbhohen Sträuchern und Robinien. An Südecken jeweils eine Robinie. In Südostecke Wegekreuz mit Gedenkstein für die verstorbenen Siedler.

Südlich der Straße Rasenfläche mit Maibaum und umgebender Strauchpflanzung. Spielplatz mit Rasenfläche und umgebender mittelhoher Strauchhecke mit Bäumen. Südlich der Staudenrauchstraße in Richtung Hürnbeckstraße sich anschließende Grünfläche mit Charakter eines kleinen Grünzugs.

Milbertshofener Platz (11)

Rechteckiger Platz an der Kirche St.-Georg mit Spielgeräten für Kleinkinder und Tischtennisplatte. Eiche, Spitzahorn, Linde und umgebende Strauchabpflanzung.

Neuer Israelitischer Friedhof (12)

Friedhof mit vorgelagerter Grünfläche. Parkplätze am Haupteingang an der Garchinger Straße. Nördlicher Teil mit Erweiterungsflächen. Sehenswerte Einzel- und Familiendenkmäler. Auf ehemaliger Kiesgrube errichtet. Nach Plänen von Hans Grässel 1904 bis 1907 errichtet und 1908 eingeweiht. Im Gegensatz zu seinen bisherigen Friedhofsprojekten beschränkte sich der Planungsauftrag nur auf die Gebäude, die er äußerlich nahezu baugleich wie die des Waldfriedhofs gestaltete. Die Planung und Ausgestaltung des Gräberfelds oblag traditionell der Kultusgemeinde. Friedhof dient bis heute der Bestattung im Bezirk Oberbayern. Vor Hauptgebäude Ehrenmal für die im Ersten Weltkrieg gefallenen jüdischen Soldaten Münchens.

1925 vom Architekten Fritz Landauer entworfen. In seiner Nähe Denkmal für die Opfer des Faschismus. Es besteht aus drei aufeinandergelegten Blöcken und symbolisiert die Werte Gottesfurcht, Lehre und Barmherzigkeit, auf denen die Welt beruht. Urnengrab von Dr. Kurt Eisner, der 1918 die Erste Bayerische Räterepublik proklamierte und Ministerpräsident des neuen Freistaat Bayern war. Er wurde am 21.Februar 1919 von Graf von Arco auf Valley erschossen.

Garten am ehemaligen Biedersteiner Schloss (12)

Ehemaliges Biedersteiner Schloss in Nachbarschaft zum Harrachschlösschen (heute Klinikum am Biederstein, Biedersteinerstraße 21a) und dem Gohrenschlösschen (Biedersteinerstraße 21). Im Zweiten Weltkrieg schwer zerstört. Ist jetzt Teil des Klinikums Rechts der Isar und gehört zur TU München-Außenstelle Biederstein). Die ehemaligen Raumstrukturen sind den Neubauten gewichen und bis auf relikthafte Grünflächen im Eingangsbereich nicht mehr erkennbar. Der Teil der ehemaligen Gartenanlage am Englischen Garten ist heute als „Freizeitpark Biederstein“ bekannt.

Garten am ehemaligen Harrachschlösschen (12)

Villa 1923 für Maler Graf von Harrach erbaut. Harrachschlösschen (Biedersteinerstraße 21a) in Nachbarschaft zum ehemaligen Biedersteiner Schloss (Biedersteinerstraße 28/32, heute Klinikum zur TU München) und zum Gohrenschlösschen (Biedersteinerstraße 21).

Die Harrach-Villa gehört heute ebenfalls zum Klinikum, bzw. zur TU München. Die ehemaligen Raumstrukturen sind den Neubauten gewichen und bis auf Rudimente nicht mehr erkennbar. Brunnen mit zwei Säulen und weiblicher Figur. Harrachschlösschen war vormals ehemaliger Rittersitz Neufelden. Geblieben ist größerer Villengarten. Von der Straße teilweise einsehbar.

Habsburger Platz (12)

1898 entstanden. Baumpflanzung von 1902. Lang gestreckte Anlage in umgebender Wohnbebauung. Platz von Kastanien eingefasst. Staudenrabatten, ein Kinderspielbereich und der „Kindlbrunnen mit Hund“ (1929) von Anton Hiller laden zum Verschnaufen im hektischen Stadttrubel ein. Eine Gedenksäule aus Sandstein vom April 1968 ist dem Philosphen und Nationaldichter Muhamad Iqbal gewidmet.

Grünanlage Garchinger Straße (12)

Neu gestaltete Grünanlage Im Wohngebiet „Alte Heide“. Große Wiese und Spielplatz. Geschwungene Wege. Neupflanzung von Bäumen.

Grünanlage zwischen Brabanter- und Amsterdamer-Straße (12)

Kinderspielplatz. Kleiner Grünzug am Isarring. Modelliertes Gelände. Bäume: Kastanien und Linden.

Friedhof Feldmoching/ Obermoching (24)

1930 von der Gemeinde Feldmoching angelegt. Überwiegend kleinere Grabsteine. Gliederung westlich der Aussegnungshalle durch Bergahornallee und Baumreihen. Dort auch Einzelgräber in Nischen von Hainbuchen. Gliederung durch Hainbuchenhecken.

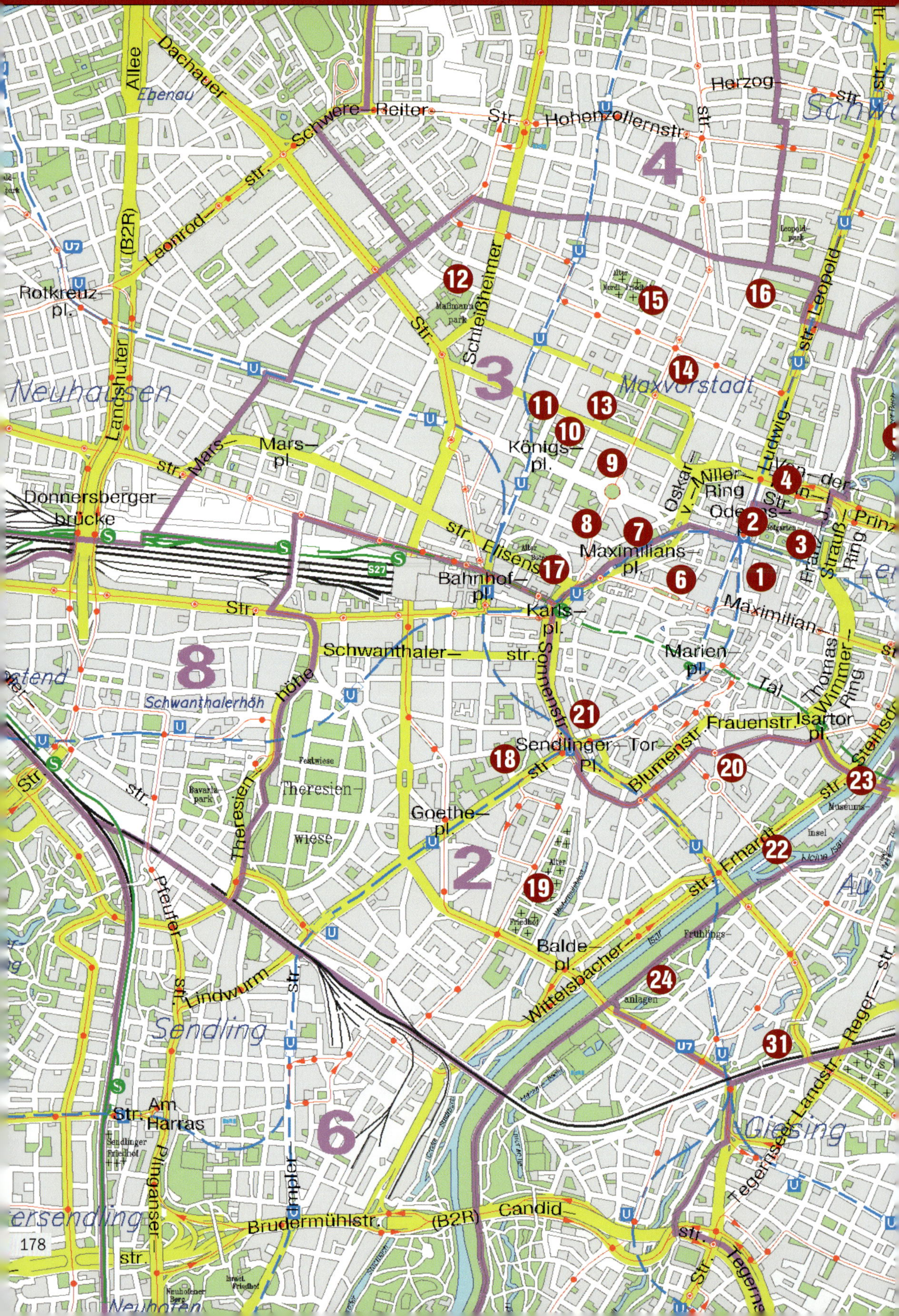

Dachauer
Allee
Ebenau
Schwere-Reiter-Str.
Hohenzollernstr.
Herzog-str.
4
Leonrod-str.
(B2R)
U7
Rotkreuz-pl.
Landshuter
Leopold-park
Leopold-str.
12
Maßmann-park
Schleißheimer Str.
Alter Nördl. Friedhof
15
16
14
3
Maxvorstadt
Neuhausen
11
13
10
Königs-pl.
9
Marsstr.
Mars-pl.
Oskar-v.-Miller-Ring
Ludwig-str.
Von-der-Tann-Str.
4
Odeons-pl.
2
Hofgarten
Prinz
3
Franz-Josef-Strauß-Ring
Donnersberger-brücke
8
7
Maximilians-pl.
Elisenstr.
17
6
1
Bahnhof-pl.
S27
Karls-pl.
Maximilianstr.
Str.
8
Schwanthaler-str.
Marien-pl.
Westend
Schwanthalerhöh
Sonnenstr.
Tal
Thomas-Wimmer-Ring
21
Frauenstr.
Isartor-pl.
Festwiese
18
Sendlinger-Tor-Pl.
20
Blumenstr.
Bavaria-park
Theresien-wiese
Theresienhöhe
23
Museums-Insel
Goethe-pl.
Erhardtstr.
22
Kleine Isar
2
Au
Alter Südl. Friedhof
19
Pfeuffer-str.
Baldepl.
Wittelsbacher Str.
Isar
24
Frühlings-anlagen
Lindwurmstr.
Sendling
U7
31
Regerstr.
Am Harras
Sendlinger Friedhof
Giesing
6
Tegernseer Landstr.
Obersendling
Plinganserstr.
Brudermühlstr.
(B2R)
Candidstr.
Neuhofen

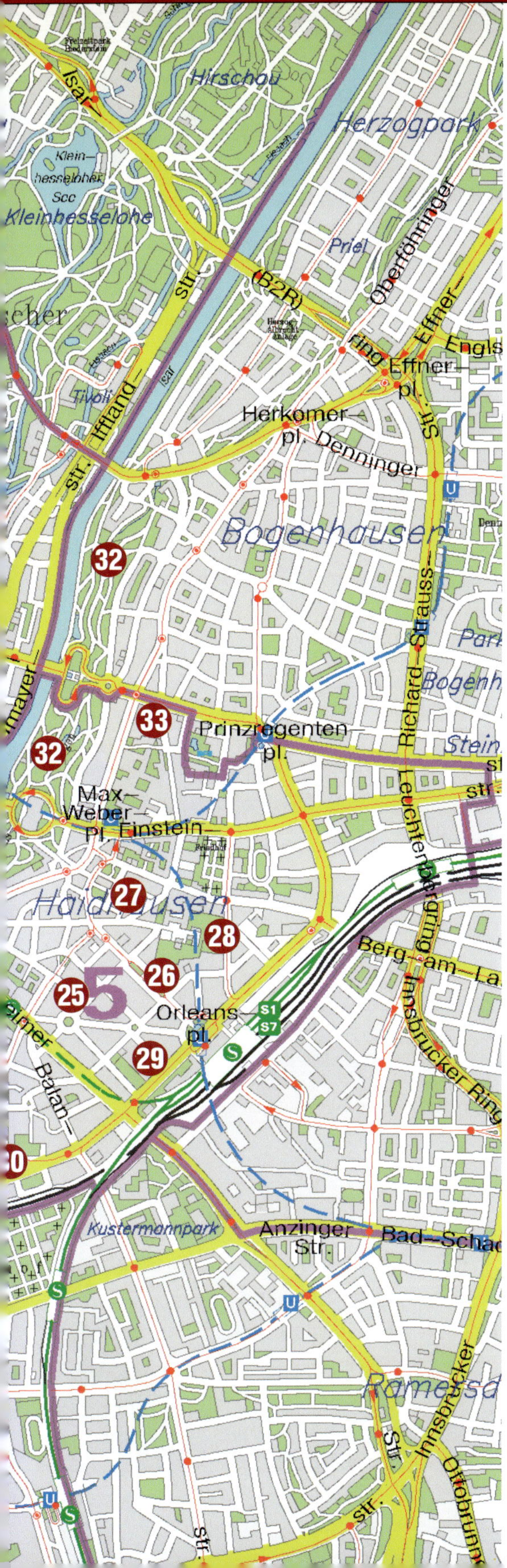

Münchner Innenstadt

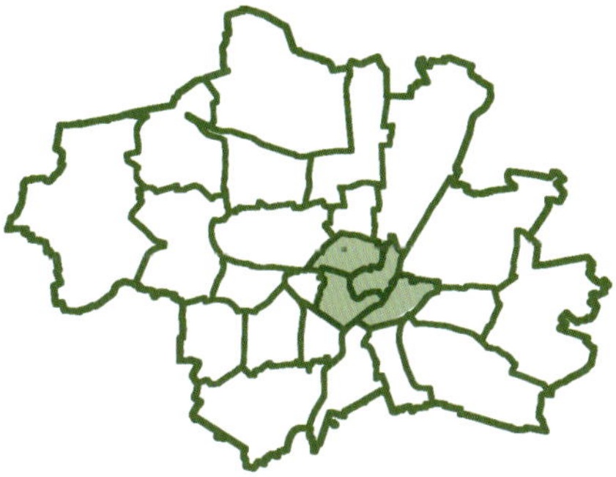

GRÜN IN DER INNENSTADT

1. Residenzhöfe mit Gärten
2. Hofgarten
3. Unterer Hofgarten
4. Finanzgarten
5. Englischer Garten
6. Promenadeplatz
7. Maximiliansplatz
8. Eschenanlage mit Nornenbrunnen
9. Karolinenplatz
10. Königsplatz
11. Lenbachhaus mit Garten
12. Maßmannpark
13. Alte Pinakothek - Außenanlagen
14. Neue Pinakothek - Außenanlagen
15. Alter nördlicher Friedhof
16. Akademie für bildende Künste
17. Alter Botanischer Garten
18. Nussbaumanlagen
19. Südlicher Friedhof
20. Gärtnerplatz
21. Grünanlage Herzog-Wilhelmstraße
22. Isar in der Innenstadt
23. Vater-Rhein-Anlage
24. Freizeitpark „Eduard - Schmid - Straße“; Frühlingsanlagen
25. Weißenburger Platz
26. Bordeauxplatz
27. Johannisplatz
28. Hypopark (Freizeitzentrum Elsässerstraße)
29. Postwiese
30. Tassiloplatz
31. Kronepark am Nockherberg – Schmedererweg
32. Maximilians- und Gasteiganlagen
33. Garten der Villa Stuck

● Weitere Plätze in der Innenstadt

Zur Innenstadt zählen nicht nur der Stadtbezirk 1 (Altstadt–Lehel) und die Stadtbezirke innerhalb der Burgfriedensgrenze des alten München: 2 (Ludwigvorstadt–Isarvorstadt) und 3 (Maxvorstadt), sondern mit Fug und Recht jenseits der Isar der stark urbanisierte Stadtbezirk 5 (Au–Haidhausen).

Einige historisch nachweisbare Gärten in der Altstadt sind im Einleitungskapitel benannt, ebenso die ersten gärtnerisch gestalteten Anlagen und Plätze nach der Schleifung der Festungsanlagen. Die bedeutendste historische Anlage ist der Hofgarten, der auf die Renaissance zurückgeht und mit der neuen Residenz innerhalb der Stadtbefestigung lag. Relikt des Zweiten Weltkriegs im Herzen der Stadt ist die unbefriedigend gestaltete Fläche des so genannten „Marienhofs", an der Stelle eines ehedem dicht bebauten Viertels, im Mittelalter Ort des jüdischen Ghettos in München.

Der populärste Park Münchens ist ohne Zweifel der Englische Garten – ab 1789 von Benjamin Thompson (Graf Rumford), von Werneck und von Sckell realisiert. Er war einer der ersten öffentlichen Landschaftsparks überhaupt und fand mit dem Garten des Palais Salabert („Prinz-Carl-Palais", heute „Finanzgarten") den Anschluss an den Hofgarten, und gliederte zugleich eine private Villen- und Gartenlandschaft auf dem Schönfeld rechts und links der Oberen und Unteren Gartenstraße (heute Kaulbachstraße) an. In Reste derselben kann heute noch Einblick genommen werden wie z.B. in den Garten der Villa Kaulbach.

Die Entwicklung der Anlagen in den damaligen Vorstädten (s.o.) war weitgehend städteplanerisch bestimmt durch Straßenachsen, markante Plätze, wie z.B. den Karolinen- und Königsplatz, und durch Bauwerke, wie die Universität, die Pinakotheken und die Kunstakademie. Das quadratische Straßenmuster der Maxvorstadt wurde abgelöst vom sternförmigen des Gärtnerplatzviertels und des stumpf- und spitzwinkeligen Straßensystems um den längs gestreckten Kaiser-Ludwig-Platz sowie dem von Alleen gesäumten Bavariaring um die Theresienwiese.

Königlicher Inspiration folgten die Gasteig-Anlagen zwischen Ludwigsbrücke und Maximilianeum, dem Mammon der „Kriegsentschädigung" des Deutsch-Französischen Kriegs von 1870/71 die fächerförmige Anlage des Ostbahnhof- oder „Franzosenviertels" mit ihren Schmuckplätzen, und zuletzt der Sparsamkeit die Haidhauser Postwiese als Freizeit- und Spielgelände.

Herbstanemonen im Kabinettsgarten

Wasserbecken im Kabinettsgarten

1 Residenzhöfe mit Gärten

Die Residenz wurde nach dem Umzug der Wittelsbacher Herrscher vom „Alten Hof“ von 1508 bis 1918 deren neuer Wohn- und Regierungssitz. Nach dem Ende der Monarchie wurde das Stadtschloss 1920 als Residenzmuseum öffentlich zugänglich. Das Stadtschloss entwickelte sich aus einer Wasserburg von 1385, der „Neuveste“, im Bereich des heutigen „Apothekenhofes“, also in der nordöstlichen Ecke, und wurde mehrfach umgebaut. Im Zug dieser Umbau- und Erweiterungsarbeiten entstanden mehrere Höfe, von denen einige gärtnerisch gestaltet waren. Im Zweiten Weltkrieg wurde die Residenz stark zerstört und bis 1980 wieder aufgebaut. Heute kann man zehn Höfe besichtigen. Im Folgenden werden nur die Gartenhöfe vorgestellt.

Der Grottenhof

Im neuen südlichen Teil der Residenz wurden unter Herzog Wilhelm V. zwei Gärten angelegt. Der kleinere wurde als das „Schöne Gärtlein“ bezeichnet, und trägt heute den Namen „Grottenhof“. Er entstand zwischen 1581 und 1586 im Anschluss an das unter Albrecht V. erbaute Antiquarium. Seinen Namen trägt er nach der Grotte, die an der westlichen Wand des Antiquariums angelegt worden war. Die Grotte wurde mit Tropfsteinen, Halbedelsteinen und Muscheln ausgeschmückt. Bekrönt war sie von einem goldenen Merkur und wurde von Brunnenfiguren begleitet. Heute sind vom einstmals prächtig ausgeschmückten Grottenhof nur noch der Mittelbrunnen von 1590 und Rasenflächen erhalten. Der Brunnen zeigt den Perseus und ist eine Nachbildung eines Brunnens von Benvenuto Cellini. Der Garten war in vier Kompartimente aufgeteilt. Die Beete waren mit weißem Marmorkies bedeckt. Im Zentrum jedes Kompartiments befand sich ein steinerner Brunnen. Die umlaufenden Mauern waren mit Statuen besetzt. Vor der Grotte

RESIDENZHÖFE MIT GÄRTEN

- **Stadtbezirk 1:** Altstadt – Lehel
- **Adresse:** Hofgartenstr./ Maximilianstr.
- **Zugänglichkeit:** öffentlich
- **Erreichbarkeit:** U3/U4/U5/U6 Odeonsplatz, Tram 19 Nationaltheater

befand sich eine gepflasterte Fläche aus blauen Steinchen. Von einem Altan aus konnte man das Gärtchen überschauen und auch in den zweiten Garten blicken, den „Großen Residenzgarten", bzw. späteren „Königsbauhof".

Königsbauhof

Der „Große Residenzgarten", Vorgängergarten des späteren Königsbauhofs, war der zweite Gartenhof, den Herzog Wilhelm V. anlegen ließ.

„Flora III" und Platanen

Platanen am Wasserbecken

Er war ein in acht, etwa gleich große Teile aufgeteiltes längliches Rechteck. Auf der einen Seite war er von einer Loggia, auf der anderen Seite von einem grünen Lattenwerk begrenzt. Sechs Kompartimente waren von Hecken, zwei von weißen Steinen gesäumt. Die Ecken wurden von Bäumen markiert. Der Hauptschmuck war ein Weiher am Ende des Gartens mit einem figurenreichen Brunnen. Er wurde von einem Neptun gekrönt. Gegenüber dem Brunnen befand sich ein Grottenwerk, auf dessen Spitze eine lebensgroße Bavaria stand. Weiterhin zierte ein von einem Pegasus überragter runder Tempel den Gartenhof. Der Hofgarten wurde übrigens erst nach diesen beiden Gärtchen angelegt. Mit der Errichtung des Königsbaus von Leo von Klenze zwischen 1826 und 1835 wurde dieser Teil der Residenz verändert. Der alte „Große Residenzgarten" verschwand, übrig blieb der Königsbauhof. Dieser hat heute ein zurückhaltendes Erscheinungsbild mit Rasenflächen und Balustraden mit begleitendem Figurenschmuck.

Der Kabinettsgarten

Vom Marstallplatz mit dem „Justitiabrunnen" gelangt man in einen weiteren Gartenhof, den Kabinettsgarten.

Zwischen 1826 und 1837 wurde die Residenz unter König Ludwig I. von Leo von Klenze im Bereich der Allerheiligen Hofkirche erweitert. In diese Bauphase fällt auch die Entstehung des Kabinettsgartens. Er liegt zwischen der ehemaligen Allerheiligen Hofkirche und dem Cuvilliés-Theater. Zum Marstallplatz war er durch eine Mauer abgegrenzt. Im Zweiten Weltkrieg schwer getroffen, und durch den Bau des Kulissenmagazins für das Nationaltheater 1962/63 vom Marstall abgetrennt, geriet der Garten in Vergessenheit und wurde vernachlässigt.

Erst mit der Sanierung der Kirche als Konzertsaal richtete man den Garten 2003 als Pausenhof wieder her. Jedoch entschied man sich für eine Neugestaltung des Gartens. Der längliche Hof besteht aus einer zentralen Weg- und Wasserachse zwischen der Skulptur „Flora III" von Fritz König am Eingang, und einem runden Brunnen unter vier Platanen. Die beiden Wasserbecken sind mit farbigen Mosaiksteinen ausgelegt und werden von niedrigen Lichtstelen auf einer Betonmauer begleitet. Im Eingangsbereich befinden sich zwei Hochbeete aus Kalkstein. Sie sind mit Hochstammrosen bepflanzt. Die hinter den Wasserbecken liegenden Rasenflächen werden von niedrigen Buchshecken eingerahmt. Im Rasen stehen Magnolien. Steinbänke laden zu einem Sonnenbad ein.

Brunnen mit Hofgartentempel

2 Hofgarten

Der Hofgarten liegt zwischen Residenz und Finanzgarten und südlich des Englischen Gartens. Zu seiner Entstehungszeit lag er am Rand der damaligen Stadtbefestigung. Im Gegensatz zu seinen „Nachbarn“ besteht er aus vier gleich großen Flächen rechteckigen und symmetrischen Rechtecken. Diese haben im Zentrum je einen Brunnenplatz und sind in sich wiederum in vier Teile zerlegt. Um die Brunnen stehen Kugelahornbäume und über zwei sich kreuzende, diagonal laufende Wege sind die Brunnen miteinander verbunden. Der Kreuzungspunkt der Wege markiert gleichzeitig das Zentrum des Gartens. Dort steht der Hofgartentempel („Dianatempel“) von 1615, der sehr wahrscheinlich von Heinrich Schön d. Ä. stammt. Linden umgeben den Garten und Hecken aus geschnittener Kornelkirsche grenzen ihn nach außen ab, bzw. gliedern die inneren Bereiche. Im Osten geht der Hofgarten über in den tiefer liegenden Garten an der Neuen Staatskanzlei („Unterer Hofgarten“). Dort werden die beiden Gärten von einem breiten Weg mit drei begleitenden Lindenreihen getrennt. Die Böschung ist eine natürliche Hangkante.

Bereits im 15. Jahrhundert wurde unter Wilhelm IV. ein erster Hofgarten auf dem Gelände des heutigen Marstallplatzes (östlich der Residenz) als Rosengarten angelegt und 1560 unter Albrecht V. in Richtung Norden um einen zweiten auf dem Gelände des späteren Armeemuseums, der heutigen Neuen Staatskanzlei erweitert (siehe dort). Der Hofgarten mit der heutigen Lage geht zurück auf Maximilian I. Er wurde zwischen 1613 bis 1617 in Anlehnung an italienische Renaissance-Gärten angelegt. So gliederten Laubengänge aus Maulbeerbäumen und elf offene Rundtempel an den Wegkreuzungen den Raum. An den Einfassungsmauern waren Spaliere für Kletterpflanzen angebracht. Die Begrenzung des Hofgartens im Norden und Westen bildeten Arkadenbauten, die im nördlichen Teil 1777 unter

HOFGARTEN

- **Stadtbezirk 1:** Altstadt – Lehel
- **Adresse:** Ludwigstr./ Hofgartenstr./ Galeriestr., Altstadtring
- **Zugänglichkeit:** öffentlich
- **Erreichbarkeit:** U3/U4/U5/U6 Odeonsplatz
- **Einkehrmöglichkeit:** Café „Tambosi“, Odeonsplatz
- **Größe in Hektar:** ca. 3,80 ha

Brunnen mit Blick auf die Theatinerkirche

Kurfürst Carl Theodor von Karl Albrecht Lespilliéz zu einer Gemäldegalerie aufgestockt wurden. Zwischen Hofgarten und Residenz führte der Stadtgraben vorbei. Er wurde später verfüllt. Im ersten Viertel des 18. Jahrhunderts erfolgten unter Kurfürst Max Emanuel erste gärtnerische Umgestaltungen im barocken Geschmack. 1716 und 1717 wurde der Garten mit regelmäßigen Baumreihen aus Rosskastanien eingerahmt. Die aufwändige Bepflanzung mit Buchsornamenten, Brunnen und Hecken wurde 1776 aufgegeben und innerhalb der Kastanienalleen Linden gepflanzt. 1790 wurde der Garten der Bevölkerung zugänglich gemacht. 1816 bis 1817 erbaute Leo von Klenze das Hofgartentor (zur Ludwigstraße) und erhöhte 1835 bis 1840 die Bögen der Nordarkaden. Erstaunlich spät erfolgte eine tiefgreifende Umgestaltung der französischen Gartenanlage. Zwischen 1895 und 1897 wurden unter Prinzregent Luitpold die beiden Diagonalachsen durch Hofgarteninspektor Kaiser aufgelöst und zwei lang gestreckte Räume mit halbrundem Abschluss geschaffen. Gleichzeitig wurden die Linden auf der gesamten Gartenfläche im Raster neu gepflanzt. Der Hofgarten in seiner heutigen Form wurde in den ersten Jahren nach dem Zweiten Weltkrieg restauriert. Der Garten ist im Bombenhagel fast vollständig zerstört worden und so entschied man sich für eine „Neugestaltung“ in Form eines Kompromisses. Die Gestaltung des Zentrums des Hofgartens orientierte sich hierbei am Bestand der Erstanlage aus der Zeit Maximilians I. Die umgebenden Lindenreihen erinnern an den Baumgarten aus der Zeit der Umgestaltung am Ende des 19. Jahrhunderts.

Der Bereich des Stadtgrabens wurde bis vor wenigen Jahren als Parkplatz genutzt. Heute ist er nach Plänen von Carl Effner sen. in der ursprünglichen Form von 1853 wieder hergestellt. Man sieht dort kreisförmige Pflanzbeete und einen Obelisken.

Der Hofgarten ist nicht nur aus kulturgeschichtlicher Sicht bedeutsam. Er ist besonders im Sommer eine wichtige Oase im Herzen der Landeshauptstadt.

3 Unterer Hofgarten

Außenanlagen der Neuen Staatskanzlei (ehemals Armeemuseum)

Unterhalb, bzw. östlich des Hofgartens schließt der so genannte Untere Hofgarten an der Neuen Staatskanzlei an. Er wurde bereits 1560 als höfischer Lustgarten unter Herzog Albrecht V. angelegt. Dort befanden sich, etwa an der Stelle der heutigen Staatskanzlei, drei kleine Gartenhäuser und Arkadenarchitekturen. Davor lagen durch einen Mittelgang getrennt zwei rechteckige Weiher. Die Mitte dieses Dammes weitete sich zu einem Rondell. Später wurde im Rondell ein grüner Pavillon errichtet. Im Zentrum jeden Weihers befand sich ein Springbrunnen. Zwischen dem Unteren Hofgarten und seinem „größeren Bruder“ liegt seit jeher eine natürliche Hangkante. Diese Böschung war als geneigtes Gartenstück gestaltet und in zwei große Rechtecke geteilt. 1796 wurden die Weiher abgelassen, das Gelände eingeebnet und 1802/03 im Rahmen des Baus der Hofgartenkaserne zu einem Exerzierplatz umgestaltet. 1899 wurde die Kaserne abgebrochen und zwischen 1900 und 1905 das Armeemuseum errichtet. Im Zweiten Weltkrieg war es stark zerstört worden und wurde bis zum Um- und Neubau 1989 zur Neuen Staatskanzlei als Ruine erhalten. Die Neue Staatskanzlei in den jetzigen Formen konnte 1993 ihrer Bestimmung übergeben werden.

Vom Hofgarten führen heute Treppen und eine seitliche Rampe hinunter zum Garten der Neuen Staatskanzlei. Am Portal vor der Freitreppe steht

UNTERER HOFGARTEN

- **Stadtbezirk 1:** Altstadt – Lehel
- **Adresse:** Franz-Josef-Strauß-Ring
- **Zugänglichkeit:** öffentlich
- **Erreichbarkeit:** U3/U4/U5/U6 Odeonsplatz
- **Größe in Hektar:** ca. 0,90 ha

Platanenhain vor der Neuen Staatskanzlei

im Zentrum die Reiterstatue des Herzog Otto von Wittelsbach aus dem Jahr 1911. Davor befindet sich ein abgesenktes Kriegerdenkmal für die Gefallenen des Ersten Weltkriegs, das zwischen 1924 und 1926 von Karl Knappe, Thomas Wechs und Eberhard Finsterwalder erschaffen wurde. Die Stufen führen hinab zur Bronzefigur des „Ruhenden Kriegers" (Bernhard Bleeker, 1923). An beiden Seiten des Denkmals liegen rechteckige Rasenflächen mit regelmäßig gepflanzten Platanen. Sie wurden im Rahmen der Umgestaltung zur Staatskanzlei um 1993 gepflanzt.

Durch die Anordnung der Bäume und die geschnittene Kronenform vermittelt der Platanenhain einen intensiven architektonischen Eindruck. In der Verlängerung der Galeriearkaden des Hofgartens führen in Relikten erhaltene Arkaden auf den nördlichen Längsflügel der Neuen Staatskanzlei. Darunter befindet sich das ehemalige Hofbrunnwerk. Obwohl jüngeren Datums, greift der Garten die Formensprache des sanierten Gebäudes und des Hofgartens auf, und bildet mit diesen ein harmonisches Ganzes. Vergleicht man historische Ansichten aus der Zeit der beiden Teiche mit dem heutigen Bestand, so kommt man zu dem interessanten Schluss, dass heute eine annähernd inverse Gartengestaltung geschaffen worden ist. Anstelle der Teichsenken hat man die beiden erhöhten Platanenhaine, und anstelle des erhöhten Dammes mit dem Pavillon finden wir eine Senke mit dem Kriegerdenkmal im Zentrum vor.

Fontaine vor dem Prinz Carl Palais

4 Finanzgarten

Der Finanzgarten liegt auf dem Weg zwischen Englischem Garten und Hofgarten westlich des Prinz Carl Palais. Dieses wurde 1799 durch den kurfürstlichen Minister von Salabert am Fuße einer Bastion der Stadtbefestigung als „Palais–Salabert“ errichtet und ab 1825 durch Prinz Carl genutzt. Das Gelände der Bastion wurde ab 1664 den Mönchen des Theatinerklosters als Nutzgarten überlassen. Im Zuge der Stadtentfestigung wurde die Bastion von 1638 abgebrochen und der „Palaisgarten“ angelegt. Nach dem Tod Salaberts machte sich Friedrich Ludwig von Sckell für eine grüne Verbindung von Hofgarten und Englischem Garten stark. Der „Palaisgarten“ sollte das verbindende Glied sein. Seit 1918 diente das Prinz Carl Palais als Wohnung der bayerischen Finanzminister, daher der heutige Name „Finanzgarten“. Im Laufe der Zeit hat sich die ursprüngliche Form des Palais stark verändert. Nach 1968 war es Sitz des Bayerischen Ministerpräsidenten. Der westliche Teil des Parks am Staatsministerium für Landwirtschaft und Forsten wurde nach dem Zweiten Weltkrieg als Tankstelle und später als Parkplatz genutzt. 1984 erfolgte die Rückgestaltung zur öffentlichen Grünfläche.

Der Park ist auch heute noch landschaftlich gestaltet und besteht aus dem Bastionshügel mit einer den Hangfuß begleitenden Wiesenfläche. Auf dem Hügel befindet sich eine dem Dichter Heinrich Heine gewidmete Grotte mit dem „Heinrich-Heine-Brunnen“. Der durch ein Gitter gesicherte Brunnen mit dem „Buch der Lieder“ wird von einer Quellnymphe bewacht. Vor der Heinrich-Heine-Grotte befindet sich die kürzlich aufgestellte Statue des Fjodor Tjutschew. Am Weg zwischen Prinz Car Palais und Hofgarten steht die Statue des „Harmlos“ auf einem Sockel unter einer Baumgruppe. Auf der Steintafel ist die Inschrift zu lesen: „Harmlos wandelt hier. Dann kehret neu gestaerkt zu ieder Pflicht zurük“. Das Denkmal widmete Theodor Graf Morawitzky seinen Mitbürgern. Es wurde im Jahre 1803 durch Franz Schwanthaler geschaffen und markierte den ursprünglichen Eingang zum Englischen Garten. Im Park finden sich überwiegend Fichte, Rotbuche, Hainbuche, Bergahorn, Eibe, Ilex und Linde.

Grotte mit dem Heinrich-Heine-Brunnen

FINANZGARTEN

- **Stadtbezirk 3:** Maxvorstadt
- **Adresse:** Galeriestr./ Von-der-Tannstr.
- **Zugänglichkeit:** öffentlich
- **Erreichbarkeit:** wie Hofgarten, Bus 100
- **Größe in Hektar:** ca. 2 ha

Altstadtsilouette mit Frauenkirche und Neuer Staatskanzlei

5 Englischer Garten

(Südlicher Teil) – „Theodorspark"

Der Englische Garten gehört neben dem Central Park in New York zu den größten innerstädtischen Grünanlagen der Welt. Münchens „Grüne Lunge" erstreckt sich vom Hofgarten an der Residenz bis in die nördlichen Isarauen als eine mächtige grüne Achse. Er besteht aus einem „Südlichen Teil" zwischen dem Haus der Kunst mit dem „Japanischen Teehaus" bis zum Seehaus am Kleinhesseloher See und einem „Nördlichen Teil" vom Isarring mit der „Kennedybrücke" bis zum Föhringer Ring mit der „Herzog-Heinrich-Brücke". Dieser „Nördliche Teil" wird auch als

ENGLISCHER GARTEN

• **Stadtbezirk 1:**	Altstadt – Lehel
• **Adresse:**	Prinzregentenstr./ Königinstr./ Isarring
• **Zugänglichkeit:**	öffentlich
• **Erreichbarkeit:**	U3/U4/U5/U6 Odeonsplatz, U3/U4 Münchner Freiheit, Bus 100 Königinstr.
• **Einkehrmöglichkeit:**	„Chinesischer Turm" und „Seehaus"
• **Größe in Hektar:**	ca. 370 ha, davon ca. 150 ha südl. Teil

Monopteros – Wahrzeichen inmitten des Parks

„Hirschau“ bezeichnet (siehe dort) und erscheint etwas landschaftlicher als der Parkteil im Süden.

Nicht nur der Gartenhistoriker zeigt seine Begeisterung für diese Anlage. Zahlreiche Möglichkeiten für Freizeitaktivitäten locken „das normale Volk“ an. Ausgedehnte Reit-, Rad- und Wanderwege, die Gewässer und Biergärten im Sommer sowie Schlittschuhlaufen und Eisstockschießen im Winter dienen zur Erholung. In der Biergartensaison strömen die Massen zum Chinesischen Turm, zum Seehaus oder in die Hirschau und zum „Aumeister“. Am Fuße des Monopteros und auf den weitläufigen Wiesen liegen die zahlreichen Sonnenanbeter, be- oder unbekleidet. Vom Monopteros kann man den herrlichen Blick auf die Münchner Altstadt genießen.

Die Geschichte des Englischen Gartens beginnt im August 1789 als Kurfürst Carl Theodor per Dekret die „Anlegung eines allgemeinen englischen Gartens“ im kurfürstlichen Jagdrevier und Hochwassergebiet in den Isarauen veranlasste. Diese Aufgabe übertrug er seinem Berater Benjamin Thompson, der spätere Graf Rumford, dem wiederum der Schwetzinger Hofgärtner Friedrich Ludwig Sckell in gärtnerischen Fragen zur Seite stand. Dieser hatte bereits Erfahrungen in Frankreich, England und Deutschland gesammelt, und war in der Gestaltung von Gärten im englischen Landschaftsstil geschult. Also jener Sckell, der einige Jahre später den barocken Schlosspark Nymphenburg im englischen Landschaftsstil überformen sollte. Bayerisches Militär begann mit den Bauarbeiten, die 1792 mit der Eröffnung

Chinesischer Turm – belebter Biergarten

Sonnenanbeter am Eisbach im Englischen Garten, oft auch „FKK“

Biergarten am Kleinhesseloher See

für das Volk offiziell abgeschlossen waren. Der „Theodorspark“, so hieß der Englische Garten anfänglich, erstreckte sich vom Hofgarten mit den Militärgärten auf der „Schönfeldwiese“ und dem „Elevengarten“ über den Hirschanger nach Norden. Von der uns heute bekannten Form war die Anlage jedoch noch weit entfernt, denn Sckell war nur beratend tätig, während Thompson seine eigenen Ideen umsetzte. Im ersten Englischen Garten stand bereits der Chinesische Turm von 1790. Anfänglich diente er als Aussichtsturm, denn die Bäume in seiner Umgebung waren noch relativ niedrig. Als Vorbild diente die „Great Pagoda“ in den Königlichen Botanischen Gärten in Kew (London). 1944 brannte der Turm im Bombenhagel ab und wurde 1952 wieder aufgebaut. Ein baufälliger hölzerner „Apollotempel“ wurde 1838 durch die heute noch existierende steinerne Bank („Marmor – Exedra“) von Leo von Klenze ersetzt. Aus der Anfangszeit ist auch ein Amphitheater überliefert, das 1793 bis 1807 existierte. Schließlich hat sich im südlichen Parkteil noch das Rumforddenkmal erhalten. Nach dem Weggang Rumfords (Benjamin Thompson) löste sein Nachfolger Freiherr von Werneck 1799 die Militärgärten auf und legte 1800 bis 1802 den „Kleinhesseloher See“ an. Danach vergrößerte er die Parkfläche in Richtung Norden (Hirschau).

Am Japanischen Teehaus

STICHWORT

KANSHOAN – JAPANISCHES TEEHAUS IM ENGLISCHEN GARTEN

Das Teehaus ist ein Geschenk der Urasenke Foundation an den Freistaat Bayern anlässlich der Olympiade 1972. Es dient der Übung und der Präsentation des Teeweges. Urasenke (das „hintere Sen-Haus") ist eine der größten Teeschulen Japans. Von April bis Oktober kann man im Teehaus an jedem zweiten und vierten Wochenende öffentlichen Vorführungen von Teezeremonien beiwohnen. Rund um das Teehaus findet im Juli ein Japanfest statt. Aktuelle Termine, Einlasszeiten und Preise unter www.urasenke.de oder Telefon 089/ 224319).

Für seine Verdienste erhielt er 1838 ein Denkmal am nördlichen Ufer des Kleinhesseloher Sees. Erst 1804 tritt Friedrich Ludwig Sckell wieder in Erscheinung. Nun jedoch mit allen Vollmachten eines Bayerischen Hofgartendirektors. Nach einer Bestandsaufnahme des „Theodorspark" beginnt die eigentliche Gestaltung des Englischen Gartens, wie wir ihn heute in seinen Grundstrukturen kennen.

Ab 1807 entstand der Englischen Garten gemäß den Prinzipien der Landschaftsmalerei und der Landschaftsgärtnerei. Von Süden nach Norden entwickelte sich eine Abfolge von gärtnerisch gestalteten Parkflächen („kunstvoll") bis hin zu natürlich erscheinenden Arealen („natürlich"). In seiner Denkschrift von 1807 kritisierte Sckell die Gestaltung der Erstanlage vor 1804 und erläuterte den Zweck und die Charakteristik eines Volksgartens im Allgemeinen und die des Englischen Gartens in München im Speziellen. 1812 bis 1813 wurde der Kleinhesseloher See erweitert und die Gartenanlagen am Biedersteiner Schloss optisch mit dem Park verbunden. Heute sind Reste dieser Anlagen als „Freizeitpark Biederstein" erhalten. Nach dem Tod Sckells 1823 wurde der Park schrittweise erweitert und in Teilbereichen umgestaltet und ergänzt. 1832 bis 1837 wurde der von Sckell geplante „Monopteros" durch Leo von Klenze auf einem künstlichen Hügel errichtet.

Der Restaurationsbetrieb am Kleinhesseloher See wurde 1882 aufgenommen. Einen entscheidenden Einschnitt erfuhr der Park mit der Fertigstellung des „Haus der (Deutschen) Kunst" 1937 und der Umgestaltung der Prinzregentenstraße. Damit war die Grünverbindung zum Hofgarten mit dem Finanzgarten unterbrochen. Das Japanische Teehaus mit seinem Garten entstand 1972.

Im Englischen Garten werden bis heute die Gestaltungsprinzipien der „Landschaftsgärtnerei" eindrucksvoll vor Augen geführt. Sckell erschuf eine scheinbar natürliche Landschaft. Die Natur wurde in „begehbaren, dreidimensionalen", an der Landschaftsmalerei orientierten Bildern geschickt inszeniert. Hierzu gehörten Bodenmodellierungen, geschwungene Wege, die Auswahl und Anordnung von Gehölzen mit deren unterschiedlichen Laubfärbungen, große Wiesen, Bachläufe und Seen, Ausnutzung von Licht und Schatten, Brücken, Denkmale sowie der Einsatz von Blickbeziehungen. Im Englischen Garten hat Sckell den Blick auf die Stadtsilhouette in einzigartiger Weise gestalterisch eingebunden.

Und so dürfen wir heute noch ein Gartenkunstwerk erleben, wie es in Deutschland wohl nur noch in den etwas älteren „Wörlitzer Anlagen" (Sachsen-Anhalt), im Park an der Ilm bei Weimar (Thüringen), oder dem etwas jüngeren Park in Bad Muskau (Sachsen) möglich ist.

Blick über den Kleinhesseloher See

Blumenbeete und Denkmale am Promenadeplatz

6 Promenadeplatz

Noch vor der Schleifung der nutzlos gewordenen Befestigungsanlagen zu Beginn des 19. Jahrhunderts begann man Einrichtungen vor die zu eng gewordene Altstadt zu legen. Und nach der Entfestigung entwickelte sich die Stadt ungehindert nach außen weiter. Innerhalb der Altstadt entstanden nun größere Plätze und Grünanlagen. Der Promenadeplatz ist der erste seiner Art, der in diesem Zusammenhang entstanden ist. Bereits 1780 waren dort die Salzstadel abgebrochen worden. Kurfürst Carl Theodor entschloss sich nicht für eine Wiederbebauung, sondern stattdessen sollte die Fläche als Paradeplatz genutzt werden. Zu diesem Zweck wurde der Platz mit Linden bepflanzt. Erst 1804 wurde die Fläche unter Kurfürst Max Joseph von Friedrich Ludwig Sckell als Promenadeplatz geplant und der Öffentlichkeit nutzbar gemacht. Es entstand eine Fläche mit Kiesbelag und umlaufender Lindenallee. So entstand im Rahmen der Entfestigungsmaßnahmen das „erste Beispiel für die Hereinnahme von Natur in den dichtbebauten Altstadtbereich“. Nachdem die Linden aufgrund zu geringer Pflanzabstände und zu kleiner Baumgruben abgestorben waren, schlug Kronprinz Maximilian 1839 vor, Baumpflanzungen ähnlich den englischen Squares anzulegen. 1841 wurde der Vorschlag in die Planungen des Baurats Himbsel aufgenommen. Doch erst 1854 tauschte man die abgestorbenen Bäume durch neue. Der Kies wurde durch Rasen und Wege ersetzt. Ein eisernes Gitter umgab nun den Platz und in seinem Inneren stellte man eiserne Bänke auf. Blumenbeete und niedrige Strauchgruppen rundeten die Gestaltung ab. 1869 erfolgte eine weitere Umgestaltung. Aus den mittleren Bosketts entstanden drei ovale Beete und je zwei Rundbeete.

Entlang der Lindenallee und der Wegeachse befinden sich vier Standbilder auf einer Wiesenfläche. Die vier Denkmale sind folgenden Personen gewidmet:

- **Lorenz von Westenrieder:** „Die Bayern ihrem Geschichtschreiber“
- **Christoph Willibald Ritter von Gluck:** Tondichter, „Errichtet von Ludwig I. Koenig von Bayern“, stand von 1848 bis 1860 am Odeonsplatz
- **Maximilian Emanuel Churfürst von Bayern:** „Belgrad'scher Erobererer“, „Errichtet von Ludwig I. Koenig von Bayern“
- **Roland de Lattre:** „Genannt Orlando di Lasso, Tondichter“, „Errichtet von Ludwig I. Koenig von Bayern“ stand von 1849 bis 1860 am Odeonsplatz.
- **Wiguläus Xaverius Aloisius Kreittmayr:** Konferenzminister, 1845 von Ludwig von Schwanthaler, steht nicht mehr am Promenadeplatz.

  Der Promenadeplatz ist wichtiges Zeugnis für die Erforschung der Platzgestaltung des 19. Jahrhunderts, da er in seiner Grundstruktur erhalten blieb. Er beschreibt noch heute eine lang gestreckte Anlage im umgebenden Straßenraum.

PROMENADEPLATZ

- **Stadtbezirk 1:** Altstadt – Lehel
- **Adresse:** Promenadeplatz
- **Zugänglichkeit:** öffentlich
- **Erreichbarkeit:** S-Bahnen, U3/U6 Marienplatz, Tram 19 Theatinerstr.

7 Maximiliansplatz

Der Maximiliansplatz ist eine lang gestreckte Anlage zwischen Lenbachplatz und Platz der Opfer des Nationalsozialismus. Er ist im landschaftlichen Stil gestaltet und steht im Kontrast zum regelmäßigen Straßenbild.

1801 bis 1804 wurde hier der Stadtgraben im Zusammenhang mit der Entfestigung der nutzlos gewordenen Wallanlagen um die Münchner Innenstadt verfüllt. Ab 1819 war der Maximiliansplatz zunächst ein unbegrünter und staubiger Dultplatz. Seinem Aussehen nach wurde er im Volksmund auch als „Münchner Sahara" bezeichnet. Den Kontrast im Hintergrund bildeten damals an der Ottostraße die beiden Teile des Eschenwäldchen (heute mit Nornenbrunnen, siehe dort). 1847 wurde auf Anordnung König Ludwigs I. eine Doppelreihe der rotblühenden Kastanie entlang der Ostseite des Platzes gepflanzt.

1864 erhielt Hofgärtner Karl von Effner den Auftrag zur Umgestaltung in eine gärtnerische Anlage. Hierbei übernahm er die äußere Platzform, wie sie Lenné in seinem Masterplan von 1854 vorgeschlagen hatte. Aus finanziellen Gründen wurde erst 1875 mit den Umgestaltungsarbeiten begonnen. 1876 war die Anlage fertiggestellt. 1889 erfolgte der Einbau von Balustraden am Abgang zur Max-Joseph-Straße. Mit den Grünflächen der Sonnenstraße stellt der Maximiliansplatz die einzige Begrünung der ehemaligen befestigten Wallflächen dar.

Der Platz ist in den umgebenden Straßenraum eingebettet und wird durch die kreuzende Max-Joseph-Straße zweigeteilt. Aufgrund dieser eher ungünstigen Gegebenheiten wird der Maximiliansplatz kaum als attraktive Grünanlage wahrgenommen. Vorbeirauschende Verkehrsteilnehmer haben zudem kaum Gelegenheit die Schönheit dieser Anlage zu bemerken.

Vom Platz der Opfer des Nationalsozialismus kommend beginnt die Anlage mit der Statue des Dichters Friedrich von Schiller. Robinien und Linden beschatten diesen Bereich. Dem Denkmal, 1863 von Ludwig I. in Auftrag gegeben, sind

Denkmal für Justus von Liebig

Brunnen von Prof. Toni Stadler

MAXIMILIANSPLATZ

- **Stadtbezirk 1:** Altstadt – Lehel
- **Adresse:** Maximiliansplatz
- **Zugänglichkeit:** öffentlich
- **Erreichbarkeit:** U3/U4/U5/U6 Odeonsplatz
- **Größe in Hektar:** ca. 0,4 ha

Der Wittelsbacherbrunnen am Maximiliansplatz

Beete mit Sommerblumen vorgelagert. Der Weg führt in das Innere der Anlage vorbei, an einer Steinbank mit dem Denkmal für Karl von Effner (1886) zum Karl-Amadeus-Hartmann-Brunnen. Er zeigt zwei Liegende, umgeben von Stufen aus Nagelfluh. Der Brunnen wurde 1971 von Prof. Toni Stadler gestaltet. In diesem Bereich stehen Flügelnuss, Spitzahorn, Rotbuche und Kastanie.

An der Schnittstelle zur Max-Joseph-Straße befindet sich eine auffällige, Figurengruppe. Hier sitzt Justus von Liebig (Chemiker), Max von Pettenkofer (Hygieniker) gegenüber. Von jeder Figur führt zu beiden Seiten eine Rampe im Viertelkreis und eine Treppe zur Straße hinab. Seitlich der Rampen liegen Rasenparterres, die von einer niedrigen, geschnittenen Ligusterhecke eingefasst sind. Die Geländer werden von Balustraden und Deckelvasen begleitet. Das Denkmal für Justus von Liebig wurde am 6. August 1883 „von dankbaren Schülern und Freunden errichtet“. In den seitlichen Nischen finden sich Darstellungen aus Chemie und Landwirtschaft.

Vom Denkmal Pettenkofers führt der Weg über eine Wiesenfläche in Richtung Lenbachplatz und endet am imposanten Wittelsbacher Brunnen. Er besteht aus einem Wasserbecken mit zentralen Schalenbrunnen und zwei flankierenden Figuren. Der Wittelsbacher Brunnen wurde zwischen 1893 und 1895 von Adolf von Hildebrand gestaltet und anlässlich der Vollendung der Hochdruckquellwasserleitung aus dem Mangfalltal von der Stadt München errichtet. Die Figuren symbolisieren Kraft und Segen des Wassers. An sonnigen Sommertagen bietet der Brunnen Erfrischung und ist magischer Anziehungspunkt für Passanten.

Der Maximiliansplatz ist in fast unveränderter Form erhalten geblieben und stellt ein beispielhaftes Zeugnis für die gegen Ende des 19. Jahrhunderts auf kleinstem Raum angelegten Plätze landschaftlichen Stils dar. Er bildet ein städtebauliches Dreieck mit Karolinenplatz und Max-Joseph-Straße.

Unter Flügelnüssen

8 Eschenanlage mit Nornenbrunnen

Nördlich des Maximiliansplatzes steht in einem Eschenhain der „Nornenbrunnen". Er wurde 1907 von Hubert Netzer gestaltet und stand ursprünglich am Karlsplatz. Im Rahmen des dortigen Umbaus wurde der Brunnen 1965 in die Eschenanlage versetzt.

Hier scheint er thematisch besser aufgehoben, denn die Nornen sind in der nordischen Mythologie drei weise Jungfrauen oder auch Schicksalsgöttinnen von nie alternder Schönheit und nie wechselndem Ernst. Ihre Namen lauten Urd, Naranda und Skult. Ihr Zuhause ist ein Palast unter der Esche Yggrasil. Der Platz ist um den Brunnen mit Waschbetonplatten belegt.

Die drei Nornen lehnen an einer Brunnenschale. Von dort fließt das Wasser in drei flache runde Becken auf Bodenniveau. Regelmäßige Staudenbeete unterbrechen die Strenge des Ortes. Die Eschenanlage besteht aus zwei Plätzen. Sie sind, wie auch der Maximiliansplatz, durch die Max-Joseph-Straße getrennt. Der zweite Bereich liegt westlich der Max-Joseph-Straße.

Die Eschenanlage wurde 1819 bis 1822 von Fredrich Ludwig Sckell im Auftrag der Kammer des Innern entworfen. Der Eschenhain sollte im Kontrast zum damals noch unbegrünten Maximiliansplatz stehen. Dieser wurde als Festplatz (Dultplatz) genutzt.

Heute nimmt man die Eschenanlage durch den nun im landschaftlichen Stil angelegten, dominanten „Nachbarn" weniger wahr, bzw. hat sie an gestalterischer Bedeutung verloren.

Eine der drei Nornen im Detail – der mystische Brunnen an der Eschenanlage

ESCHENANLAGE

- **Stadtbezirk 3:** Maxvorstadt
- **Adresse:** Maximiliansplatz
- **Zugänglichkeit:** öffentlich
- **Erreichbarkeit:** U3/U4/U5/U6 Odeonsplatz
- **Größe in Hektar:** ca. 0,32 ha

Obelisk am Karolinenplatz

9 Karolinenplatz

Der Karolinenplatz beschreibt einen Kreis mit zentralem Obelisk im umlaufenden Straßenverkehr. Die runde Rasenfläche um den Obelisk wird durch die Wegeführung geviertelt. Vor dem Obelisk liegen Beete mit Sommerblumen. Der 29 Meter hohe schwarze Obelisk ist ein von Leo von Klenze erschaffenes Denkmal für die „Dreyssig Tausend Bayern", die im Befreiungskrieg gegen Napoleon (Russlandfeldzug von 1812) den Tod fanden. Er wurde unter Ludwig I. König von Bayern errichtet und am 28. Oktober 1833 vollendet. Vom Obelisk führt der Blick zur Theatinerkirche, zur Frauenkirche und zum Königsplatz.

Im Rahmen der Planungstätigkeiten der Baukommission wurde 1808 ein Generalplan zur städtebaulichen Entwicklung durch Fischer und Sckell erarbeitet. Der Karolinenplatz wurde dabei als grüne Villensiedlung mit großen Grundstücken und weiten Bauabständen geplant. 1809 war der Platz fertig und gehört seit 1870 zu den Schmuckplätzen der Stadt. In dieser Zeit erhielt der vormals eher unansehnliche Platz seinen Sommerflor unter dem Oberleiter der Stadtgärtnerei Max Kolb.

KAROLINENPLATZ

- **Stadtbezirk 3:** Maxvorstadt
- **Adresse:** Karolinenplatz
- **Zugänglichkeit:** öffentlich
- **Erreichbarkeit:** Tram 27 Karolinenplatz
- **Größe in Hektar:** ca. 0,40 ha

10 Königsplatz

mit Propyläen, Glyptothek und Staatlicher Antikensammlung

Die traditionelle Verbindung zwischen Stadtresidenz und der Sommerresidenz Nymphenburg besteht aus der Nymphenburger- und Briennerstraße. Im Zug der Stadtentfestigung am Anfang des 19. Jahrhunderts wurde die Briennerstraße mit einer Folge von Stadtplätzen überplant. So entstand neben dem kreisförmigen Karolinenplatz (1909) auch der quadratische Königsplatz (ab 1816) durch Leo von Klenze. Er symbolisierte die neue Stadtgrenze und erhielt ab 1848 als symbolisches Stadttor die Propyläen. Sie stellten die Stadtausfahrt nach Nymphenburg dar. Trotz der eher zurückhaltenden Begrünung soll der Platz wegen seiner kulturellen und städtebaulichen Bedeutung ausführlicher dargestellt werden.

Die Glyptothek wurde im Auftrag von Kronprinz Ludwig von Leo von Klenze zwischen 1816 und 1830 errichtet. Sie war ein Museum für die Sammlung antiker Skulpturen. Der Vierflügelbau beschrieb einen quadratischen Hof. 1944 wurde das Gebäude stark zerstört und 1964 bis 1972 rekonstruiert. Sehenswert ist auch der Innenhof.

Die Staatliche Antikensammlung entstand zwischen 1838 und 1848 als Kunst- und Industrie ausstellungsgebäude im Anschluss an das Bene diktinerkloster St. Bonifaz. Unter König Ludwig I. wurde es zur Förderung der Künste und des Gewer-

KÖNIGSPLATZ

• **Stadtbezirk 3:**	Maxvorstadt
• **Adresse:**	Königsplatz
• **Zugänglichkeit:**	öffentlich
• **Erreichbarkeit:**	U2 / U8 Königsplatz
• **Einkehrmöglichkeit:**	Café-Bistro Glyptothek, „Rhaetenhaus“ Luisenstr. 27
• **Größe in Hektar:**	ca. 4,3 ha

Propyläen

bes in Bayern eingerichtet. 1898 bis 1916 diente es der Münchner „Secession“ und seit 1919 der Neuen Staatsgalerie. Es wurde in Form eines römischen Podesttempels mit korinthischem Portikus gestaltet und bildet baulich ein Gegenstück zur Glyptothek. Auch dieses Gebäude wurde im Zweiten Weltkrieg stark zerstört und zwischen 1962 bis 1966 durch Johannes Ludwig wieder hergestellt. Es dient seitdem als Museum.

Die Propyläen waren bereits 1817 durch Leo von Klenze geplant, wurden jedoch erst 1846 bis

1862 errichtet. Sie stellen von Klenzes letztes Bauwerk in München dar und zeigen im Zentrum dorische Tempelfronten mit flankierenden ägyptisierenden Pylonen. Die Straße führte ursprünglich durch den mittleren „Tempel“.

Erst im Dritten Reich wurde der Platz nachhaltig als „Forum der Partei“ umgestaltet und dabei flächendeckend mit Granitplatten belegt. An der östlichen Platzgrenze flankierten ihn zwei „Ehrentempel“ zwischen „Führerbau“ (heute Hochschule für Musik und Theater) und „Verwaltungsbau“ (heute von mehreren Institutionen genutzt). Am 10. Mai 1933 fand hier die „Bücherverbrennung“ statt. Bis 1987/88 diente der ehemalige Aufmarschplatz der Nationalsozialisten in Teilbereichen als Parkplatzfläche. Daher wurde er von den Münchnern gern als „Plattensee“ bezeichnet. Erst Ende der 1980er Jahre erhielt der Platz seine Rasenflächen zurück und die Straßenführung wurde verändert. Der Rasen zwischen der Staatlichen Antikensammlung und der Glyptothek wird von der auf die Propyläen zulaufenden Briennerstraße durchschnitten.

Nördlich der Glyptothek, also in deren rückwärtigen Bereich, befindet sich eine Grünanlage mit Aufenthaltsfunktion. Dort führt ein halbkreisförmiger Weg mit Spitzahorn und Linden zu einer lang gestreckten Rasenfläche mit diversen Freizeiteinrichtungen südlich der Mensa der Technischen Universität München. Im Nordosten gelangt man auf diesem Weg zum Kinderspielplatz an der Luisenstraße.

11 Lenbachhaus mit Garten

Von den Propyläen am Königsplatz gelangt man von der Luisenstraße aus in den sehenswerten Garten des Lenbachhauses. Es beherbergt die 1904 gegründete Städtische Galerie. Dort befindet sich neben anderen Schöpfungen eine einmalige Sammlung von Werken der Künstlergruppe „Blauer Reiter". Die heutige symmetrische Anordnung der Gebäude ist nicht ursprünglich. Das Ensemble bestand zunächst aus einer Zweiflügelanlage, bestehend aus dem Wohnhaus und dem Ateliergebäude des Münchener Malers Franz von Lenbach. Es wurde 1887 bis 1891 von Gabriel von Seidl erbaut. 1912 verband man die beiden Flügel miteinander. 1924 verkaufte die Witwe Lenbachs das Anwesen an die Stadt München und überließ die Sammlung als Stiftung. 1927 bis 1929 erweiterte Hans Grässel die Villa mit dem Südflügel (Museumsflügel) und dem Nordflügel (Galeriegebäude). Erst jetzt war die heutige Hofsituation entstanden. Nach schweren Kriegszerstörungen wurde das Ensemble wieder hergestellt. 1969 bis 1972 erfolgte ein weiterer Anbau zur Briennerstraße durch Rudolf Thönessen.

Der rechteckige Hof ist zur Straße durch eine Mauer begrenzt. Die zentrale Achse zwischen Gartenmauer und Hauseingang besteht aus einem vertieften rechteckigen Wasserbecken und einem runden Wasserbecken. Das rechteckige Wasserbecken dominiert mit seinem dreietagigen Schalenbrunnen den Garten. Die unterste Schale wird von vier Pferden, die obere von Meerjungfrauen getragen. Auf der obersten Schale

LEHNBACHHAUS

- **Stadtbezirk 3:** Maxvorstadt
- **Adresse:** Luisenstr. 33
- **Zugänglichkeit:** öffentlich, für Galerie Eintritt, Garten frei
- **Erreichbarkeit:** U2 Königsplatz
- **Größe in Hektar:** 0,08 ha

befindet sich ein sitzender Putto als Wasserspeier. Das Becken ist von einer niedrigen geschnittenen Ligusterhecke eingefasst. Über eine Treppe gelangt man zum oberen Wasserbecken und dem Rasenparterre. Die Treppe wird zu beiden Seiten von je einer Fuchsie im Pflanzkübel flankiert, gefolgt von zwei kleinen Steinsäulen. Im Rundbecken steht auf einem Sockel eine geflügelte Brunnenfigur „Herkulesknabe mit Keule" von Ferdinand von Miller. Das Becken umgeben mehrere Steinbänke, Pflanztröge und eine geschnittene Ligusterhecke. Hinter dem Becken gelangt man zur zweiläufigen Treppe am Hauseingang. Zwischen den Balustraden steht ein weiteres, jedoch kleineres Rundbecken mit einem Putto als Brunnenfigur. Den Hauswänden neben der Treppe sind große Pflanzbeete vorgelagert. An der nördlichen Hauswand sind Weinspaliere und ein Blauregen in der Mauerecke angebracht. Davor befindet sich ein kleiner „Biergarten". Dieser Bereich ist vom übrigen Garten durch eine höhere Schnitthecke getrennt.

Am Hofeingang führt eine mit Blauregen bewachsene Steinpergola zu einem Treppenaufgang. Prägende Hofbäume sind eine Stieleiche, eine Robinie und zwei Pyramidenpappeln.

⑫ Maßmannpark

„Maßmannbergl"

Der Park erstreckt sich am „Maßmannbergl" auf zwei Ebenen. In der oberen Ebene befinden sich Sport- und Kinderspielplätze sowie eine große Wiese. In der unteren Ebene gibt es ebenfalls ein große Wiesenfläche.

Im oberen Bereich steht ein Gedenkstein für Hans Ferdinand Maßmann, Universitätsprofessor und Turnlehrer (1797 bis 1847), war Gründer der öffentlichen Turnanstalt am Maßmannpark (1828). Der ältere Baumbestand besteht aus Esche, Kastanie, Platane, Spitzahorn und Bergahorn.

MASSMANNPARK

- **Stadtbezirk 3:** Maxvorstadt
- **Adresse:** Maßmann-, Schleißheimer-, Dachauer Str.
- **Zugänglichkeit:** öffentlich
- **Erreichbarkeit:** U5 Theresienstr. U7 Stiglmaierpatz
- **Einkehrmöglichkeit:** Löwenbräukeller, Stiglmaierplatz

⑬ Alte Pinakothek Außenanlagen

Die Rasenflächen auf der Nord- und Südseite sind durch die auf das Gebäudezentrum zulaufenden Wege in vier gleiche, rechteckige Teile zerlegt. An den Straßenseiten werden die Rasenflächen von einer Kastanienallee begleitet. Auf der Nordseite befinden sich mehrere Skulpturen aus der jüngeren Zeit und ein 1998 errichteter Kinderspielplatz. Auf der Südseite steht in der Südostecke eine Tierskulptur. Die Eingänge an den Stirnseiten werden von Löwen bewacht.

ALTE PINAKOTHEK

- **Stadtbezirk 3:** Maxvorstadt
- **Adresse:** Theresienstr., Gabelsbergerstr., Arcisstr., Barerstr.
- **Zugänglichkeit:** öffentlich
- **Erreichbarkeit:** Tram 27 Pinakotheken
- **Größe in Hektar:** ca. 1,5 ha

Wasserbecken mit der Aglaia

14 Neue Pinakothek Außenanlagen

Am Haupteingang zur Theresienstraße befindet sich eine Terrasse mit einer Rampen- und Stufenanlage. Im oberen, halbrunden Wasserbecken ist ein Springbrunnen und die Plastik „Kontinente“ von Georg Brenninger installiert. Der Brunnen ist 1981 nach einem Entwurf Alexanders von Branca entstanden. Von dort führt ein Wasserfall hinunter in das zweite, rechteckige Becken mit der liegenden Skulptur der Aglaia. Sie wurde von Toni Stadler entworfen. Von der Terrasse des Café „Greco“ kann man die Anlage besonders gut genießen.

Eine Treppe führt hinauf zum Haupteingang. In sonnigen Sommertagen vermitteln Terrasse und die auf den Stufen stehenden Pflanzkübel mediterranes Flair. Um das Gebäude befinden sich weitere Grünflächen und Skulpturen.

An der Stelle der heutigen Neuen Pinakothek befand sich der Vorgängerbau der ersten Neuen Pinakothek aus der Zeit von 1846 bis 1853. Sie wurde von Friedrich von Gärtner und August von Voit erbaut. 1949 trug man sie aufgrund schwerer Kriegszerstörungen von 1944 ab und errichtete sie in den Jahren 1975 bis 1981 neu.

NEUE PINAKOTHEK

• **Stadtbezirk 3:**	Maxvorstadt
• **Adresse:**	Theresienstr./ Arcisstr./ Barerstr./ Heßstr.
• **Zugänglichkeit:**	öffentlich
• **Erreichbarkeit:**	Tram 27 Pinakotheken
• **Einkehrmöglichkeit:**	Café Greco

5 Alter Nördlicher Friedhof

Der Alte Nördliche Friedhof gehört zu den wenigen Grünanlagen im nördlichen Innenstadtgebiet mit älterem Baumbestand und trägt daher zu einem positiven Stadtklima bei. Am Haupteingang Arcisstraße befinden sich zur Schnoorstraße zwei vorgelagerte Rasenflächen als Viertelkreis mit einer Einfassung aus geschnittenen Hainbuchen. Beide Rasenstücke werden von Pyramidenpappeln begleitet. Der Alte Nördliche Friedhof wird heute als Stadtpark genutzt. Viele der verblieben Grabsteine und Gräber werden noch immer gepflegt.

Der Weg entlang der Friedhofsmauer ist ein beliebter „Rundkurs“ in Joggerkreisen. Und so mutet es manchmal seltsam an, wenn diese ihre Runden drehen, wo andere in Stille ruhen. An der Westseite wurde zu beiden Seiten der Friedhofsmauer ein Kinderspielplatz angelegt. Aufgrund der intensiven Nutzung als Naherholungsgebiet ist die Bedeutung für den Artenschutz eher gering, es kommen aber beispielsweise die typischen Vogelarten der Grünanlagen mit älterem Gehölzbestand wie Zilpzalp und Mönchsgrasmücke vor. Als Hauptbäume sind Rotbuche, Bergahorn, Stieleiche, Winterlinde und Esche zu nennen. Bei genauerem Betrachten der Gräber fallen an manchen Stellen Trauereschen auf. Sie wurden hinter den Grabsteinen gepflanzt und bilden mit ihrer Krone einen Schirm über dem Grab. Im Bereich mancher Grabsteine und im Traufbereich alter Bäume findet man relativ artenreiche Moos- und Kräutervorkommen, in den nicht zu intensiv gepflegten Lichtungen blütenreiche Wiesen und Säume. Von den ursprünglich etwa 9000 Familiengräbern sind heute noch etwa 850 erkennbar. Der Alte Nördliche Friedhof steht sowohl als Denkmal und als geschützter Landschaftsbestandteil nach Denkmal- und Naturschutzrecht unter Schutz.

Unter der Gesamtplanung von Stadtbaurat Arnold Zenetti entstand der „Nordfriedhof“ als symmetrische Anlage mit 16 Gräberfeldern. Ab Oktober 1868 wurden die ersten Bestattungen durchgeführt. Der Alte Nördliche Friedhof stellte zu dieser Zeit eine Entlastung des Südlichen Friedhofs („Südfriedhof“) an der Kapuzinerstraße dar. Doch bereits gegen Ende des 19. Jahrhunderts kam es zum erneuten Gräbermangel und so sollte ein Münchner Zentralfriedhof geplant werden. Man entschied sich jedoch für eine dezentrale Lösung

Im Alten Nördlichen Friedhof

ALTER NÖRDLICHER FRIEDHOF

- **Stadtbezirk 3:** Maxvorstadt
- **Adresse:** Arcisstr./Zieblandstr./ Adalbertstr./Tengstr.
- **Zugänglichkeit:** öffentlich
- **Erreichbarkeit:** U2 / U8 Josephsplatz, Tram 27 Schellingstr.
- **Größe in Hektar:** 3,95 ha

und so entstanden um die Jahrhundertwende der Ost-, West- und Nordfriedhof, etwas später der Waldfriedhof. Seit dem Sommer 1939 finden hier keine Beerdigungen mehr statt. Im Zweiten Weltkrieg wurde auch der Alte Nördliche Friedhof durch Bomben schwer beschädigt. Fast alle Gebäude wurden zerstört. Nach 1945 erfolgte ein Wiederaufbau in den heutigen Formen. Zwischen 1959 und 1965 wurden etwa 350 Grabstellen eingeebnet, da sehr viele Trümmerteile herumlagen und bei den Instandsetzungsarbeiten hinderlich waren. Nachdem die Grabsteine in der Deponie Großlappen „ihre letzte Ruhe" gefunden hatten, verhinderte eine „Gräberkommission" 1967 die weitere Zerstörung von denkmalpflegerisch wertvoller Originalsubstanz. Seit den 1980er Jahren ist der Friedhof als Erholungsstätte ganztägig geöffnet.

Unweit des Eingangs an der Arcisstraße ist Hans Bauer begraben. Er war der Erfinder des ersten U-Bootes.

Buchen im Park an der Akademie für bildende Künste

6 Akademie für bildende Künste

Der Bereich am Haupteingang zur Akademie Der Bereich am Haupteingang zur Akademie für bildende Künste an der Akademiestraße besteht aus Repräsentationsgrün. Entlang der Straße und am Treppenaufgang stehen Pyramideneichen mit unterschiedlichem Erscheinungsbild. Im Jahr 2004 wurde dieser Bereich durch Baustellenarbeiten am modernen Ateliertrakt beeinträchtigt.

An der Gebäuderückseite hingegen erstreckt sich ein etwas vernachlässigter kleiner Park, der im hektischen Stadtrummel einen Rückzugsort bietet. Dort entdeckt man interessante alte Bäume wie Rotbuche, Hainbuche, Flügelnuss, Bergahorn und Platane. Ein augenscheinlich trockengefallenes Wasserbecken und die stellenweise Vermüllung laden derzeit nicht unbedingt zum Verweilen ein. Der Parkbereich ist über ein Tor an der Leopoldstraße in der Nähe des Siegestors erreichbar. Die Planungen für den Garten der Akademie erfolgten 1886 von Max Kolb. Dieser war seit 1869 technischer Oberleiter der städtischen Anlagen und Alleen. Die Akademie wurde 1874 bis 1885 als repräsentatives Zentrum der Kunststadt München von Gottfried von Neureuther erbaut. Sie ist im Stil der Neorenaissance errichtet und stellt ein lang gestrecktes U-förmiges Gebäude mit Ehrenhof und zentraler Auffahrt dar. 1909 bis 1912 erfolgte der Anbau einer Aula auf der Nordseite des Mittelpavillon. In die Konzeption gehörte auch die Anlage eines Gartens. Nach den Zerstörungen im Zweiten Weltkrieg erfolgte ein Aufbau in vereinfachter Form.

AKADEMIE FÜR BILDENDE KÜNSTE

• **Stadtbezirk 3:**	Maxvorstadt
• **Adresse:**	Akademiestr./ Leopoldstr./ Türkenstr./Georgenstr.
• **Zugänglichkeit:**	halböffentlich
• **Erreichbarkeit:**	U3/U6 Universität
• **Einkehrmöglichkeit:**	In der Amalien-, Adalbert- und Türkenstr.
• **Größe in Hektar:**	ca. 0,95 ha

Neptunbrunnen von Josef Wackerle

17 Alter Botanischer Garten

Gegenüber dem imposanten Justizpalast liegt der Alte Botanische Garten. Nach der Aufgabe seiner ursprünglichen Nutzung ist er heu te eine beliebte grüne Oase in der Innenstadt.

ALTER BOTANISCHER GARTEN

- **Stadtbezirk 3:** Maxvorstadt
- **Adresse:** Elisenstr./Sophienstr.
- **Zugänglichkeit:** öffentlich
- **Erreichbarkeit:** S- und Trambahnen, U4/U5 Karlsplatz
- **Öffnungszeiten:** **Kinderspielplatz** 1.März – 15.Oktober: 8 Uhr bis Einbruch der Dunkelheit 16. Oktober bis Ende Februar: 9 bis 18 Uhr

Kinderspielhaus (6 bis 12 Jahre) Mo – Fr: 13 – 18 Uhr

Der Park beschreibt eine halbkreisförmige Fläche und ist um den „Neptunbrunnen" architektonisch gestaltet. Dort begleiten Sommerblumenbeete den Brunnen und schließen im Verbund mit Treppen und Mauern den Platz ab. Die Treppen führen in die höher gelegenen landschaftlichen Bereiche. Nördlich des Neptunbrunnens steht der „Kunstpavillon". Neuere Einbauten sind der Spielplatz, das Parkrestaurant Löwenbräu und der Gedenkstein des Verbandes Deutscher Elektrotechnik vom Oktober 1952. Er erinnert an die erste Kraftübertragung mit Hochspannung, die im Kunstpavillon im Oktober 1852 anlässlich der internationalen Elektrizitätsausstellung stattfand.

Im Park sind noch Reste der Gehölze aus der Zeit des Botanischen Gartens vorhanden. Mit dem Umzug in den neuen Botanischen Garten an der Menzinger Straße wurde ein Großteil der Gehölze umgesiedelt. Heute findet man im Park beispielsweise Baumhasel, Spitzahorn, Eibe, Mammutbaum, Silberahorn, Kirsche, Ginkgo, Flügelnuss, Linde, Robinie und eine Rotbuche in Säulenform. Entlang der Wege liegen Staudenbeete. Der Alte Botanische Garten wurde 1812 durch Franz von Schrank gegründet, von Ludwig

Staudenbeet mit dem Justizpalast im Hintergrund

von Sckell geplant, und von Franz von Paula angelegt. 1813 waren die Arbeiten abgeschlossen. Der historische Eingangsbereich befand sich am frühklassizistischen Eingangsportal am Lenbachplatz. Dieses stammt noch aus der Entstehungszeit und wurde von Emanuel Josef von Herigoyen geschaffen.

Im Architrav ist eine lateinische Inschrift zu lesen. Sie stammt von Johann Wolfgang von Goethe und heißt übersetzt: „Die über die Erde verstreuten Gattungen der Pflanzen wurden 1812 kunstvoll vereint auf Geheiß König Max Josephs."

1853/54 entstand der „Glaspalast" von August von Voit, der die bis dahin vorhandenen Gewächshäuser ersetzte. Gegen Ende des Jahrhunderts war der Botanische Garten durch zahlreiche Gebietsabtretungen derart reduziert, so dass er seinen wissenschaftlichen Aufgaben nicht mehr genügte. Daher wurde die Einrichtung eines neuen, größeren Botanischen Gartens notwendig. Im Jahr 1914 erfolgte unter Karl von Goebel der Umzug außerhalb der Stadt, nach Nymphenburg an die Menzinger-Straße.

1931 brannte der Glaspalast aus und wurde abgebrochen. Zu dieser Zeit fand dort die Münchner Kunstausstellung statt. Die Flammen vernichteten viele Werke zeitgenössischer Künstler und mehr als hundert Gemälde der deutschen Romantik.

Ab 1935 wurde die Anlage umgestaltet und an die Stelle des ehemaligen Glaspalastes der Ausstellungspavillon und ein Café gebaut. Der Botanische Garten wurde nun zum Erholungspark. In diese Zeit fällt auch die Errichtung des „Neptunbrunnens" auf dem neuen Platz. Er wurde von Josef Wackerle entworfen, 1937 aus Kirchheimer Muschelkalk errichtet, und korrespondiert mit dem gegenüber liegenden Justizpalast. 1957 wurden die Kriegsschäden beseitigt und der Park neu gestaltet.

Sehenswert ist auch die Skulptur am westlichen Ende des Parks. Dort steht auf einer Platzfläche ein zwölf Meter hoher Ring aus Stahl. Er ist mit roter Farbe gestrichen und wurde 1996 von Mauro Staccioli geschaffen.

Denkmal im Park für Obermedizinalrat Dr. Ernest von Grossi

18 Nussbaumanlagen

Vor dem „Allgemeinen Krankenhaus" wurde im frühen 19. Jahrhundert aus hygienischen Gründen ein Rasen als Abstandsfläche angelegt. 1872 wurde diese Fläche im englischen Landschaftsstil als Park entwickelt. Die überwiegend heimischen Gehölze waren mit Schildern zur Belehrung der Bevölkerung versehen.

NUSSBAUMANLAGEN

• **Stadtbezirk 2:**	Ludwigvorstadt – Isarvorstadt
• **Adresse:**	Ziemssenstr.
• **Zugänglichkeit:**	öffentlich
• **Erreichbarkeit:**	U1/U2//U3/ U7/U8 und Tram vom Sendlinger-Tor-Platz 15
• **Größe in Hektar:**	ca. 1,00 ha

Der Stadtpark befindet sich westlich des Sendlinger Tores und beschreibt eine längs gestreckte Form von der dominanten evangelisch-lutherischen Kirche St. Matthäus bis zur Ziemssenstraße. Die viel genutzte Anlage beeindruckt noch heute durch den alten Baumbestand aus überwiegend heimischen Gehölzen. So findet man neben Bergahorn, Linde, Eibe und Buche auch schöne Exemplare von Flügelnuss, Platane und Catalpa. Im Park steht auch ein Brunnen für den Forscher, Lehrer und Arzt Friedrich Bezold. Er stammt von 1914 und wurde von Karl Hoepfl gestaltet. Die Büste stammt von Georg Mattes. Das Denkmal für Obermedizinalrat Dr. Ernest von Grossi besteht aus Büste und Sockel. Die Büste wurde 1831 von Ludwig Schwanthaler geschaffen, der Sockel stammt von 1900. Ursprünglich stand das Denkmal von 1831 bis 1900 im Garten des Krankenhauses. Bäume und Wiesenflächen vermitteln auch heute noch einen landschaftlichen Charakter. In den 1970er Jahren wurde ein Spielplatz angelegt. Ein Bodenschachspiel und Staudenbeete bereichern die Grünanlage.

19 Südlicher Friedhof

Alter und Neuer Teil (vormals „Südfriedhof“)

Das Gesamtareal ist geteilt in den im Norden gelegenen „Alten Südlichen Friedhof“ an der Kirche St. Stephan und den südlich anschließenden „Neuen Südlichen Friedhof“. Die Mauern des alten Teils sind mit einer Höhe von etwa zwei Metern deutlich niedriger als die des neuen im Süden. Beide Friedhofsbereiche sind über einen Durchgang mit romanisierenden Bögen und Kuppelgewölben miteinander verbunden. Die Bezeichnung führt gelegentlich zu Verwechslungen mit dem Neuen Südfriedhof im Münchner Osten (siehe dort). Etwa eine Woche vor Allerheiligen werden die Gräber ausgezeichneter Bürger mit Kränzen und Schleifen in den Farben der Landeshauptstadt geschmückt. Diese Grabstellen sind dann leichter zu finden. Nach Beendigung des Bestattungsbetriebes wurde der ehemalige Friedhof als öffentlicher Stadtpark mit all seinen Begleiterscheinungen genutzt.Der Südliche Friedhof ist als Denkmal geschützt. Und so ist seit Sommer 2004 das gesamte Areal wegen Sanierungsarbeiten an den Grabsteinen eingeschränkt zugänglich. Die Sperrung wird längere Zeit andauern.

SÜDLICHER FRIEDHOF

- **Stadtbezirk 2:** Ludwigvorstadt – Isarvorstadt
- **Adresse:** Kapuzinerstr./ Thalkirchnerstr./ Pestalozzistr.
- **Zugänglichkeit:** öffentlich
- **Erreichbarkeit:** U3/U6 Sendlinger-Tor-Platz, Tram 17,18, 27 Müllerstr., Bus 152 Stephansplatz
- **Größe in Hektar:** 8,79 ha

Alter Teil

Der Alte Südliche Friedhof wurde bereits unter Albrecht V. im Pestjahr 1563 angelegt und war ursprünglich für arme Leute gedacht. 1674 bis 1681 wurde anstelle der alten Salvatorkirche eine neue Kirche gebaut und dem Pestpatron St.-Stephan geweiht. Mit der Auflösung sämtlicher innerstädtischer Friedhöfe aus hygienischen Gründen, wurde 1788 der heutige „Alte Südliche Friedhof“ zum neuen Gesamtfriedhof Münchens. Nach 1800 wurde aus dem konfessionsgebundenen katholischen Friedhof trotz vieler Widerstände ein „simultaner Zentralfriedhof“. Neben katholischen und evangelischen Christen wurden auch Juden begraben, deren Begräbnisstätte ursprünglich am Maßmannplatz lag. Erst 1816 wur-

Mauer mit wildem Wein an der Kapuzinerstraße

de der spätere „Ältere Israelitische Friedhof“ an der Thalkirchener-Straße errichtet (siehe dort). Zwischen 1818 und 1821 räumte man im Zug der Friedhofserweiterung nach Süden ein Soldatengräberfeld. Bei der erneuten Erweiterung 1830 erhielt der Friedhof eine Mauereinfassung in Form eines Sarkophags. Weiterhin wurde die Wegeführung rechtwinklig formal umgestaltet und die Gesamtanlage gärtnerisch überarbeitet. Zwischen 1820 und 1830 wurden durch Baurat Gustav Vorherr die Arkaden, das Leichenhaus und die Verwaltungsgebäude als südlicher Abschluss des alten Teils errichtet.

Neuer Teil

1844/45 erfolgte eine Erweiterung durch Friedrich von Gärtner nach Süden in streng geometrischen Formen. Im Gegensatz zur älteren nördlichen Friedhofsanlage wurde diese südliche Erweiterung als quadratischer „Campo Santo“ nach italienischem Vorbild gestaltet. Nun war der „Neue Südliche Friedhof“ entstanden. Beide Friedhofsteile wurden durch eine offene Vorhalle verbunden. Seit 1944 finden hier keine Beerdigungen mehr statt. Im Zweiten Weltkrieg erlitt der Friedhof 1944/45 schwere Beschädigungen. Es erfolgte ein vereinfachter Wiederaufbau durch Hans Döllgast. Neben den künstlerisch und historisch wertvollen Grabsteinen beeindruckt der alte Baumbestand und die hohe Klinkermauer. Sie zeigt im Süden an der Kapuzinerstraße einen imposanten Bewuchs mit wildem Wein.

Auf dem Südlichen Friedhof liegen viele lokale bis internationale Größen begraben. Nachfolgend seien einige wenige benannt: Karl Spitzweg, Apothekerprovisor und ab 1835 Genremaler, Hauptmeister der Münchner Genremalerei. Von ihm stammt „Der arme Poet“ in der Bayerischen Staatsgemäldesammlung. Sein Grabstein hat die Form einer Medizinflasche. Friedrich Ludwig von Sckell, Gartenkünstler und seit 1804 Hofgärtenintendant in München. Er führte den englischen Gartenstil in Deutschland ein (Schwetzingen, Englischer Garten und Nymphenburg in München). Karl von Effner, Hofgartendirektor, stammt aus einer der ältesten Hofgärtnerfamilien Bayerns. Er gestaltete die Königsgärten Linderhof, Herrenchiemsee und Neuschwanstein. Dr. Georg Simon Ohm, Physiker und ab 1841 Universitätsprofessor in München, untersuchte die Widerstände in verschiedenen Leitern und begründete das Ohmsche Widerstandsgesetz. Dr. Justus Freiherr von Liebig, Chemiker und Universitätsprofessor, begründete den Laboratoriumsunterricht und die Lehre der Pflanzenernährung und entdeckte u.a. das Chloroform.

Grab von Karl Spitzweg im Alten Teil

20 Gärtnerplatz

Der Gärtnerplatz ist als runder Schmuckplatz gestaltet. Er ist Zentrum eines Kreisverkehrs am Gärtnerplatztheater. Im Mittelpunkt steht leicht erhöht ein Brunnen mit radial umlaufenden Sommerblumenbeeten. Die Büsten der beiden Baumeister Leo von Klenze und Friedrich von Gärtner ergänzen den Schmuckcharakter. Gärtners Büste war Teil eines Denkmals, das im Zweiten Weltkrieg eingeschmolzen worden war. Die Büste von Klenze wurde nach dem Originalmodell von 1867 gegossen. Der Brunnen stammt von 1866. Zur Straße stehen drei Kastanien.

Baron Simon von Eichthal erschloss und bebaute das Gärtnerplatzviertel in den Jahren 1847 und 1863. In diesem Zusammenhang erfolgte 1860 die Verbindung der Altstadt mit den 1854 eingemeindeten Vororten Au, Giesing und Haidhausen. Herzstück des Viertels war der sternförmig angelegte Platz am Gärtnerplatztheater. 1870 führte der Oberleiter der Stadtgärtnerei Max Kolb die Verwendung von Sommerblumen und Pflanzenexoten wie Geranie und Begonie, und später auch Banane ein. Es entstanden die ersten Schmuckplätze mit erhöhten Teppichbeeten in München, die nur zum Betrachten, nicht zum Betreten angelegt wurden. Durch die Erhöhung zur Kreismitte entstand ein zusätzlicher räumlicher Eindruck, der die Schmuckwirkung steigerte. So entwickelten sich unansehnliche Plätze wie der Gärtnerplatz und der Karolinenplatz zu den ersten Schmuckplätzen der Stadt.

Trotz der exponierten Lage innerhalb eines Kreisverkehrs wird der Rasen auf dem Gärtnerplatz an warmen Tagen als Liegewiese genutzt.

GÄRTNERPLATZ

• **Stadtbezirk 2:**	Ludwigvorstadt – Isarvorstadt
• **Adresse:**	Gärtnerplatz
• **Zugänglichkeit:**	öffentlich
• **Erreichbarkeit:**	Bus 52/152 Gärtnerplatz, Tram 17/18 Reichenbachplatz
• **Größe in Hektar:**	ca. 0,3 ha

Brunnen mit Teppichbeet

Blick über die Grünanlage

21 Grünanlage Herzog-Wilhelm-Straße

HERZOG-WILHELM-STRASSE

- **Stadtbezirk 1:** Altstadt – Lehel
- **Adresse:** Herzog-Wilhelm-Str.
- **Zugänglichkeit:** öffentlich
- **Erreichbarkeit:** S-, U- und Trambahnen Karlsplatz, Sendlinger-Tor-Platz
- **Größe in Hektar:** ca. 0,30 ha

Die lang gestreckte Anlage beschreibt einen Bereich der mittelalterlichen Stadtbefestigung. Bis zur Umgestaltung diente die Stelle als Parkplatz. Heute ist sie von Kastanien eingerahmt. Am östlichen Ende zum Sendlinger Tor steht ein Brunnen mit der Skulptur „Auffliegende Vögel" von Karl Potzler von 1967. In Richtung Westen folgt ein Spielplatz, eine Plastik zweier springender Pferde und eine Plastik für den Romantiker Clemens von Brentano von Angelika Fazekas (1981). Von 1894 bis 1942 stand der „Schlangenbrunnen" in der Anlage. Die beiden Spielplätze wurden zu Beginn der 1970er und 80er Jahre angelegt.

22 Isar in der Innenstadt

In der Innenstadt begann man bereits im 19. Jahrhundert damit, die Isar durch den Bau eines festen Wasserbettes sowie von Ufermauern zu kanalisieren. So sollten die tiefer gelegenen Stadtteile und Brücken vor Hochwasser geschützt, und neue Siedlungsgebiete erschlossen werden (vgl. auch Einleitung). Später zähmten die Wasserbauer den auch im Innenstadtbereich einst reißenden Wildfluss zusätzlich durch die Ausleitung großer Wassermengen in die Kraftwerkskanäle, mit deren Hilfe noch heute das starke Gefälle zur Stromerzeugung genutzt wird. Mit diesen Maßnahmen verschwanden auch die typischen, auf Überschwemmungen eingestellten Auwälder aus Weiden und durch Hochwasser aufgeschüttete Kiesflächen. Stattdessen siedelten sich am Isarufer die üblichen Baum- und Straucharten wie Buche, Esche und Ahorn an, oder wurden im Zug der gärtnerischen Gestaltung gepflanzt.

WANDERVORSCHLAG

Isarostseite von der Corneliusbrücke entlang der Kleinen Isar bis zum Praterwehr bzw. Kabelsteg.

ISAR

- **Stadtbezirk 1:** Altstadt – Lehel
- **Adresse:** Tivolistr., Prinzregentenstr., Maximilianstr., Zweibrückenstr., Frauenhoferstr., Wittelsbacher Brücke
- **Zugänglichkeit:** öffentlich
- **Erreichbarkeit:** U2/U5/U8 Frauenhoferstraße, U4/U5 Lehel, S-Bahnen Isartor

Die Kleine Isar ist ein Seitenarm im Bereich des Deutschen Museums, an dem sich Weidenauen und Kiesinseln entwickelten. Hier haben auch manche störungsempfindliche Tierarten ein Rückzugsgebiet mitten in der Innenstadt gefunden.

Isar südlich der Braunauer Brücke: Heute prägen Betonverbauungen und das feste Wasserbett das Bild der Isarauen in der Innenstadt. Auch dieser Abschnitt soll in den nächsten Jahren naturnäher gestaltet werden.

BESONDERS INTERESSANT

- Geplante Isarrenaturierung .
- Älterer Baumbestand (Buchen, Eschen, Ulmen) außerhalb des Hochwasserbettes, besonders am Westufer.
- Kiesbänke und Weidenauen an der Kleinen Isar (Seitenarm beim Deutschen Museum).

TIPPS FÜR NATURFREUNDE

- **Frühling:** Zur Vogelbeobachtung eignet sich besonders die Zeit vor der Belaubung der Bäume, später bieten sich morgendliche Vogelstimmenwanderungen an.
- **Sommer:** Jagende Fledermäuse und Schwalben nutzen den insektenreichen Luftraum über der Isar.
- **Herbst:** Die Blätter der Laubbäume verfärben sich. Besonders auf rastende Sing- und Wasservögel an den Kiesbänken achten.
- **Winter:** Überwinternde Wasservögel auf Isar und Kanal.

Das heutige Bild der Isarauen im Innenstadtbereich wird immer noch stark durch die Betonverbauungen, Wehre und Kanalanlagen geprägt. Im Zug des vorerst letzten Abschnitts der Hochwassersanierung soll aber auch dieser Bereich wie die südlich angrenzenden Isarabschnitte naturnäher gestaltet werden. Zum Redaktionsschluss des Buchs standen die Details noch nicht fest.

Allerdings sind an wenigen Stellen auch heute naturnahe Bereiche zu finden, so an der „Kleinen Isar", ein Seitenarm im Bereich des Deutschen Museums. Hier wachsen in einem gärtnerisch nicht gepflegten Teil des Hochwasserbettes Weidenauen, die noch regelmäßig überschwemmt werden. Auch einige Buchten und Kiesbänke werden immer wieder abgetragen und neu aufgebaut. Es ist also im Lauf der Jahrzehnte ein Stück „Wildnis" mitten in der Innenstadt neu entstanden. So kann man sich vielleicht vorstellen, wie früher die Landschaft hier ausgesehen hat. Das Gebiet ist schlecht zugänglich und dient deshalb sogar störungsempfindlichen Tierarten wie dem Biber und dem Eisvogel (Wintergast) als Rückzugsgebiet. Zu den Brutvögeln gehören Bach- und Gebirgsstelze.

23 Vater-Rhein-Anlage

Die lang gestreckte Anlage liegt auf einer Insel der Isar nördlich des Deutschen Museums (Kongresssaal/ Kinogebäude). Von der Ludwigsbrücke gelangt man über Treppen und Rampen zur tiefer liegenden Ebene mit dem dominierenden „Vater-Rhein-Brunnen". Dieser wurde 1897-1903 von Adolf von Hildebrand für Straßburg erbaut, 1929 im Tausch mit dem „Meiselocker-Brunnen" nach München gebracht und 1932 hier errichtet. Der Brunnenplatz liegt erhöht und wird von Linden eingerahmt. Zur Zeit seiner Errichtung wurde der Brunnen von 40 geschnittenen Krimlinden, sieben Kastanien und einer Hecke aus Kornelkirsche (Hartriegel) eingerahmt. Am Ende des Granitbeckens erhebt sich die Bronzefigur des „Vater-Rhein", der seitlich von je einem Figurenpaar begleitet wird. Vom Brunnen gelangt man zur tieferen Ebene an der Isarpromenade. Dort begleiten Roßkastanienreihen den Weg. Sie wurden 1936 zusammen mit Linden im Zuge der Parkerweiterung als äußere Rahmenpflanzung eingebracht. Im Norden der Anlage befindet sich eine Wiesenfläche mit einem Kinderspielplatz. Von dort erreicht man über den Wehrsteg die Praterinsel mit dem „Alpinengarten" und bekommt einen herrlichen Eindruck von den Kiesbänken der Isar. Östlich der Anlage befindet sich in Richtung Gasteig das Müller' sche Volksbad, ein sehenswertes und beliebtes historisches Hallenbad im Jugendstil.

Detail am Vater-Rhein-Brunnen

Die Vater-Rhein-Anlage ist ein typisches Gestaltungsbeispiel der 1930er Jahre und eine Bereicherung der dortigen Isarlandschaft.

VATER-RHEIN-ANLAGE

- **Stadtbezirk 1:** Altstadt - Lehel
- **Adresse:** Auf der Insel
- **Zugänglichkeit:** öffentlich
- **Erreichbarkeit:** Tram 18 Ludwigsbrücke (Deutsches Museum)
- **Größe in Hektar:** ca. 1,4 ha

Vater - Rhein - Brunnen

Blick von der Reichenbachbrücke auf die Isarwiesen

24 Freizeitpark „Eduard-Schmid-Straße“

Frühlingsanlagen (vormals „Schreyerkultur“)

Die Frühlingsanlagen reichen am rechten Isarufer von der Wittelsbacher- bis zur Corneliusbrücke. Sie wurden ab 1867 im Zug der ersten Ausbauphase des rechtsseitigen Isarufers angelegt. Ab dieser Zeit entstand eine durchgängige Verbindung der rechtsseitigen Isarauen. Während das linke Isarufer planmäßig gärtnerisch gestaltet wurde, handelte es sich am rechten Ufer vorerst vermutlich nur um die Errichtung von Spazierwegen mit Begleitpflanzung in den Isarwiesen. Bei den Planungen dürfte ein vorliegender, jedoch nie amtlich beschlossener „Plan über Schmuck- und Grenzzüge“ von Peter-Joseph-Lenné als ungefähre Vorlage gedient haben. Die ersten gärtnerisch durchdachten Gestaltungen erfolgten in der Zeit zwischen 1888 und 1893 unter Stadtgärtner Jakob Heiler. In dieser Zeit wurde der Kulturgarten, die spätere Stadtgärtnerei, in die Frühlingsanlagen verlegt. So entstand von der Reichenbachbrücke bis zur Corneliusbrücke ein Park im landschaftlichen Stil mit geschwungenen Wegen, begleitenden Strauchgruppen und Sitzplätzen. Bis zum Jahr 2000 war hier der Sitz der Stadtgartendirektion. Heute tragen die Frühlingsanlagen die offizielle Bezeichnung „Freizeitpark Eduard-Schmidt-Straße“.

Der Park zeigt sich auch heute noch in einer landschaftlichen Form mit altem Baumbestand. Weite Rasenflächen und die Gruppierung der Bäume auf den Wiesen erzeugen stimmungsvolle Bilder. Neben heimischen Gehölzen wie Esche, Spitzahorn, Hainbuche und Winterlinde, beein-

EDUARD-SCHMID-STRASSE

- **Stadtbezirk 5:** Au - Haidhausen
- **Adresse:** Eduard-Schmid-Str.
- **Zugänglichkeit:** öffentlich
- **Erreichbarkeit:** U2/U5/U8 Kolumbusplatz, Bus 58 Humboldtstr.
- **Größe in Hektar:** ca. 10 ha

Große Wiese in den „Frühlingsanlagen“

drucken große Exemplare der Rotbuche, Platane, Stieleiche und Flügelnuss. Weiterhin befinden sich Robinie, Gleditsie und Catalpa als Einzelexemplare im Park. Im Bereich der Stadtgärtnerei steht am stadtseitigen Eingang eine Kapelle. Die breite Promenade auf dem Damm schließt den Park zum Flussbett ab. Der Fußweg wird von einer Winterlinden-Allee begleitet. Unterhalb des Dammes verläuft der Radweg entlang der Isar. An der Reichenbachbrücke wurde ein Kinderspielplatz eingerichtet. Dort treffen Promenade und Radweg zusammen. Zwischen Reichenbach- und Corneliusbrücke läuft der Stadtpark aus. Dort befinden sich weitere Spiel- und Freizeiteinrichtungen.

Im Park stehen mehrere Skulpturen. So im Bereich der großen nördlichen Wiese unter einer alten Platane eine Mädchenstatue aus Bronze von Hans Stangl, und weiter entfernt an der Wittelsbacherbrücke zwei Steinfiguren eines Wasser schöpfenden Mannes von Karl Max und der des Holzsammlers von Rupert Miller. Südlich der Stadtgärtnerei schließen sich zwei weitere große Wiesen an. Dort verläuft auch ein Bach. Im Bereich der Promenade befindet sich ein kleines rundes Wasserbecken. Auf dem im Becken stehenden Sockel liegt die Skulptur eines Rehs. Der Brunnen ist von einem Rundgitter umgeben.

Die Frühlingsanlagen sind ein beliebtes Naherholungsziel und daher stark frequentiert. Von der Promenade und den Brücken entlang der Frühlingsanlagen hat man einen herrlichen Blick auf die Isarwiesen und das gegenüber liegende Ufer mit der dominierenden neuromanischen Kirche St.-Maximilian.

25 Weißenburger Platz

Der Weißenburger Platz ist 1896 als Schmuckplatz im Zug der Erbauung des Ostbahnhofviertels (auch „Franzosenviertel“ genannt) entstanden. Er ist über die Weißenburger Straße mit dem Pariser- und Orleansplatz verbunden. Heute bildet er das Zentrum eines „halben Kreisverkehrs“. In der Platzmitte steht ein Brunnen mit mehreren Etagen.

Über dem unteren Becken werden auf drei Etagen kleinere Becken von Säulen getragen. Vom unteren Hauptbecken gelangt das Wasser über seitliche Speier in das unterste umlaufende Becken auf Platzniveau. Der Mittelkreis besteht aus Beeten mit verschiedenen Sommerblumen. Im äußeren Kreis wachsen Funkien. Die Anlage wird zur Straße von Linden begrenzt.

Am Weißenburger Platz findet jährlich der Haidhauser Christkindlmarkt statt.

WEISSENBURGER PLATZ

- **Stadtbezirk 5:** Au - Haidhausen
- **Adresse:** Weißenburger Platz
- **Zugänglichkeit:** öffentlich
- **Erreichbarkeit:** S-Bahn Rosenheimer Platz
- **Größe in Hektar:** ca. 0,13 ha

Sommerblumen und Lindenalleen mitten in Haidhausen

26 Bordeauxplatz

Die lang gestreckte Grünanlage ist im Zug der Erbauung des Ostbahnhofviertels (auch „Franzosenviertel" genannt) zwischen 1873 und 1874 entstanden. Der Platz ist über die Wörthstraße mit dem Orleansplatz verbunden. Er besteht aus zwei Wiesenflächen und dem zentralen Bordeauxplatz-Brunnen. In den Brunnenecken befinden sich Tierskulpturen von Widder, Eber, Steinbock und Ziegenbock jeweils auf einem Sockel. Im Zentrum des Wasserbeckens ist eine Fontäne. Der Brunnen wurde 1929 von Keller und Seibel gestaltet. Vormals stand hier der „Kustermannbrunnen" von 1897. An den Längsseiten werden die Wege von jeweils einer Linden-Allee begleitet. Die alten Bäume wurden in jüngerer Zeit durch die jetzigen ersetzt. Die äußere Einfassung des Platzes besteht aus einer niedrigen geschnittenen Hainbuchenhecke. Dies steht im Gegensatz zu vielen anderen Stadtplätzen. Dort begrenzen Hecken den Raum nach innen, Baumreihen oder Alleen nach außen. Die beiden Stirnseiten schließen mit Blumenrabatten ab. Am westlichen Brunnenende befindet sich ein runder Sandspielbereich.

BORDEAUXPLATZ

- **Stadtbezirk 5:** Au - Haidhausen
- **Adresse:** Bordeauxplatz
- **Zugänglichkeit:** öffentlich
- **Erreichbarkeit:** S-Bahnen und U5 Ostbahnhof
- **Größe in Hektar:** ca. 0,38 ha

Ruhezone: Brunnenanlage mit Steinbock und Eber

27 Johannisplatz

Beim Bau der St.-Johann-Baptist-Kirche (Kirche St.-Johannis) 1852 bis 1874 entstanden zwei von einander getrennte Kirchplätze. 1877 wurden beide Plätze mit den ersten Bäumen bepflanzt und ein Dultplatz mit einem Kiesbelag und Klinkerwegen angelegt. Als an dieser Stelle keine Dulten mehr stattfanden, wurden 1903/04 die beiden Plätze gärtnerisch überarbeitet. Die Planung erfolgte in Zusammenarbeit zwischen Stadtgartendirektor Jakob Heiler und Stadtbaurat Hans Grässel. Heiler führte ab etwa 1900 den so genannten gemischten Stil für Stadtplätze in München ein. Hierbei verwendete er landschaftliche und formale Formen in einer Anlage. Zudem richtete er funktionale Kinderspielflächen und Flächen für Erholung ein. Die Bereiche waren räumlich getrennt, hatten aber eine gemeinsame Eingrünung. Diese Prinzipien sind am Johannisplatz deutlich zu erkennen. Der Platz im Norden wurde als Jugendturnspielplatz gestaltet. Er war eine von Bäumen und Sträuchern umgebene Rasenfläche. Der südliche Platz war eine dreiteilige Schmuckanlage im formalen Stil. Im Zentrum des Platzes befand sich eine heute noch erhaltene abgesenkte Rasenfläche mit begleitendem Sommerblumenschmuck. Weiterhin befand sich dort ein formales Wasserbecken. Im Lauf der Jahrzehnte wurde dieses Prinzip jedoch durch Einbau von Spielflächen auch im „Erholungsbereich" aufgegeben. Beide Platzbereiche werden von einer Ahornreihe abgegrenzt.

Der südliche Platz ist als vertiefte Rasenfläche mit umgebender Bepflanzung aus Sommerblumen und geschnittener Hecke (Hartriegel) gestaltet. Etwas abseits wurde ein Spielplatz angelegt. Der Platz wird von einer Baumreihe aus Spitzahorn begrenzt.

Im Norden befindet sich ein Kinderspielplatz mit Bolzplatz und Tischtennisplatten. Die Einfassung besteht aus einer geschnittenen Hainbuchenhecke. Auch hier grenzt eine Spitzahornreihe den Platz ab.

JOHANNISPLATZ

• **Stadtbezirk 5:**	Au - Haidhausen
• **Adresse:**	Johannisplatz
• **Zugänglichkeit:**	öffentlich
• **Erreichbarkeit:**	U4/U5, Tram 18 Max-Weber-Platz
• **Einkehrmöglichkeit:**	„Hofbräukeller" (Biergarten), Innere Wiener Str. 19, Unions-Bräu, Einsteinstr. 42
• **Größe in Hektar:**	ca. jeweils 0,25 ha

Südlicher Teil des Johannisplatz

28 Hypopark

Freizeitzentrum Elsässerstraße

Der Hypopark wurde 1971 errichtet und ist überwiegend formal gestaltet. Ein rechteckiger Platz, Wegeflächen sowie rechteckig angeordnete Beetpflanzungen unterstreichen dies. Neben zwei Bolzplätzen liegt im nördlichen Bereich ein Spielplatz. Dieser Bereich hat einen Rodelhügel und ist in geschwungeneren Formen als die benachbarte Fläche angelegt. Im Park stehen Kastanie, Linde, Spitzahorn, Hainbuche, Esche und Catalpa.

HYPOPARK

- **Stadtbezirk 5:** Au - Haidhausen
- **Adresse:** Elsässerstr.
- **Zugänglichkeit:** öffentlich
- **Erreichbarkeit:** S-Bahnen und U5 Ostbahnhof, Bus 159 Kirchenstr.
- **Einkehrmöglichkeit:** „Preysinggarten“, Preysingstr. 69
- **Größe in Hektar:** ca. 1,3 ha

Im Hypopark

29 Postwiese

Die Postwiese wurde 1937 als erste öffentliche Grünanlage mit ausschließlicher Spielfunktion gestaltet. Gleichzeitig galt sie als die erste Anlage mit einer klaren räumlichen Gliederung in einzelne Spiel- und Aufenthaltsbereiche für jede Altersgruppe. Sie war an drei Seiten zur Straße mit einer Hecke von Liguster- und Kornelkirsche unter einer Lindenallee eingefasst. An der vierten Seite wurden Säulenpappeln vor den Hauswänden gepflanzt. Den größten Flächenanteil der Postwiese nahmen zwei Spielwiesen und ein Planschbecken ein. Weitere Einrichtungen waren ein Kleinkinderspielplatz mit Schaukeln und Wippen, ein Kinderspielplatz mit Klettergerüst und Rutschbahnen, ein Kiesspielplatz, ein von Hecken eingefasster „Müttergarten“ und weitere kleinräumige, von Bäumen beschattete Bereiche wie einer Rundbank ein Brunnen und Tische.

Die Postwiese ist auch heute noch eine attraktive und viel besuchte Grünanlage mit Kinderspielplatz und diversen Freizeiteinrichtungen. Trotz einiger Veränderungen in den vergangenen Jahrzehnten sind noch ursprüngliche Strukturen erhalten geblieben. So ist ihre lang gestreckte, rechteckige Form auch heute von einer Baumreihe aus Linden und einer geschnittenen Hecke aus Hartriegel (Kornelkirsche) umgeben. Weitere Gehölze sind Linde, Pappel und Eibe.

Blick über die Postwiese

POSTWIESE

- **Stadtbezirk 5:** Au - Haidhausen
- **Adresse:** Lothringer Str./ Orleansstr.
- **Zugänglichkeit:** öffentlich
- **Erreichbarkeit:** S-Bahnen Rosenheimer Platz, Ostbahnhof (U5 und Busse)
- **Größe in Hektar:** 1,17 ha

30 Tassiloplatz

Der Tassiloplatz wurde 1899 bis 1901 im landschaftlichen Stil angelegt. Ein geschwungener Weg führte im Randbereich um die Anlage herum und verband kleine ovale und runde Sitzplätze. Ein Diagonalweg verband den umlaufenden Weg. An den Weggabelungen waren Strauchgruppen gepflanzt. Durch den Diagonalweg wurde der Rasen in zwei Flächen geteilt. Diese waren etwas abgesenkt angelegt. Die Randbepflanzung bestand aus Kastanie, Ulme und diversen Sträuchern. In der Südostecke der Anlage befand sich ein etwa 300 Quadratmeter großer geschwungener künstlicher Betonteich, etwa an der Stelle der heutigen Skaterbahn. Am Teich sorgte eine Tuffsteingrotte (von 1900) mit einem Wasserfall für Aufsehen. Die Bepflanzung mit Trauerweiden und Stauden am Teichrand zeichneten ein stimmungsvolles Bild.

Im Volksmund wurde der Teich „Vierwaldstätter See en miniature“ genannt. 1927 bis 1933 gestaltete Dörflinger die Anlage um. Teich und Grotte mit Wasserfall verschwanden. Die Wegeführung orientierte sich an den Außenkanten, verlief also nicht mehr landschaftlich geschwungen. Die in der Mitte des Platzes stehenden Bäume wurden entfernt und entlang der Ost- und Westseite Bänke aufgestellt. Im Süden wurde ein großer Sandkasten gebaut. Mit der Umgestaltung wandelte sich das Bild von einer landschaftlichen Anlage in eine formale. Zwischen 1934 und 1941 befand sich der Brunnen „Bäumende Pferde“ von Franz Mikorey in der Anlage.

Heute erscheint der Tassiloplatz als längsovale Grünanlage mit zentraler Wiesenfläche. Er korrespondiert mit dem kleineren nördlichen Schwester-Eubulina-Platz. Dort sind die Bäume im Raster gepflanzt. Kinderspiel- und Freizeiteinrichtungen wie Skaterbahn und Basketball bereichern den Platz. Optisch dominieren Hänge- und Blutbuchen. Weiterhin stehen in der Anlage Rotbuche, Spitzahorn und Eiche. Der Platz ist von Straßen umgeben. Im Süden verlaufen die Gleisanlagen in Richtung Ostanbahnhof.

TASSILOPLATZ

- **Stadtbezirk 5:** Au - Haidhausen
- **Adresse:** Tassiloplatz/ Welfenstr.
- **Zugänglichkeit:** öffentlich
- **Erreichbarkeit:** Tram 15/25 Gebsattelstr. Bus 152 Auerfeldstr.
- **Größe in Hektar:** ca. 0,4 ha

Gehölzkulisse aus Blutbuche, Rotbuche und Hängebuche

31 Kronepark am Nockherberg

Schmedererweg

Rotbuchen im Kronepark

Der Park wurde von der bekannten Familie des Zirkusdirektors Krone in den 1920er Jahren errichtet. Nördlich der Anlage führt der Hang hinunter zur Nockherstraße (Obere Falkenau). Dort und am Nockherberg gelangt man über Treppen und Rampen in den Park. Der „bequemere“ Eingang liegt jedoch etwas weiter südlich. Hier erreicht man das Gelände über den Eisenbahnsteg „Am Bergsteig“ von Obergiesing aus, wozu die Anlage früher gehörte. Eine Fußgängerbrücke führt vom Park über die Straße „Am Nockherberg“ zum Biergarten des Paulanerbräu.

Der Park besteht aus großen Rasenflächen mit Einzelbäumen. Gebüsche und Baumgruppen gliedern weiterhin den Raum. In der Mitte des großen freien Platzes befand sich die schlossähnliche „Schmederer-Villa“, die 1944 dem Bombenkrieg zum Opfer fiel. An den Parkrändern steht eine Schutzpflanzung aus Sträuchern. Für Kinder wurde ein Spielplatz eingerichtet. Im Park stehen Linde, Bergahorn, Kastanie, Eibe, Rotbuche, Blutbuche.

NOCKHERBERG

- **Stadtbezirk 5:** Au - Haidhausen
- **Adresse:** Am Nockherberg/ Schmiedererweg
- **Zugänglichkeit:** öffentlich
- **Erreichbarkeit:** Tram 27 Mariahilfplatz, Tram 15/25/27 Ostfriedhof
- **Einkehrmöglichkeit:** Paulaner-Keller am Nokherberg
- **Größe in Hektar:** ca. 0,92 ha

Blick zur Kirche am Friedhof Bogenhausen

32 Maximilians- und Gasteiganlagen

Die Maximiliansanlagen erstrecken sich auf etwa zwei Kilometer Länge an den östlichen Isarhängen vom Gasteig im Süden bis zum Friedhof Bogenhausen im Norden. Sie werden im Süden durch die Achse der Maximilianstraße mit dem Bayerischen Landtag (Maximilianeum) und in der Mitte von der Achse Prinzregentenstraße und Prinzregententerrasse mit dem Friedensengel gekreuzt. Beide Bauwerke sind am Hang errichtet und vom jeweiligen Straßenraum umgeben. Der Bereich am Gasteig wird auch als Gasteiganlagen bezeichnet.

Die Maximiliansanlagen sind zwischen 1856 und 1861 auf Initiative des König Max II. als Bestandteil einer städtebaulichen Masterplanung nach Peter Josef Lenné entstanden. In diesem „Plan über Schmuck- und Grenzzüge“ von 1854 bestand die Funktion der Grünanlage in der Verbindung der rechten Isarpromenade von Harlaching nach Bogenhausen. Die Gestaltung und Umsetzung oblag Karl von Effner. Dieser sollte die durch Schafbeweidung erodierten Hänge in einen Landschaftspark umgestalten.

Im Bereich der Gasteiganlagen bildet das Kirchlein St.-Nikolai den Auftakt für einen Spa-

MAXIMILIANS- UND GASTEIGANLAGEN

- **Stadtbezirk 5:** Au - Haidhausen (Gasteig bis Friedensengel)
- **Stadtbezirk 13:** Bogenhausen (Friedensengel bis Friedhof Bogenhausen)
- **Adresse:** Maria-Theresia-Str./ Innere Wiener Str.
- **Zugänglichkeit:** öffentlich
- **Erreichbarkeit:** S-Bahnen Rosenheimer-Platz, U4/U5 Max-Weber-Platz, Tram 18
- **Einkehrmöglichkeit:** Hofbräukeller, Innere Wiener Str. 19, Cafés und Kneipen am Wiener Platz
- **Größe in Hektar:** ca. 30 ha

ziergang. Die Gasteiganlagen sind zwischen 1861 bis 1866 als Teil der Maximiliansanlagen entworfen worden. St.-Nikolai steht in einer Rasenfläche und wird von hainartigem Baumbestand umgeben. Hinter dem Kirchlein befindet sich ein Spielplatz. Ein breiter Weg führt in Richtung Maximilianeum. Nördlich der Kirche liegt die ausgedehnte städtische Schulsportanlage auf ehemaligem Parkgelände. Westlich des Wegs führen die Isarhänge (Leiten) hinunter zum Fluss. Zwischen der Schulsportanlage und dem Maximilianeum liegt ein kleiner Parkbereich mit einer Wiese, Einzelbäumen und dem Denkmal für Franz von Kobell, Mineraloge und Volksdichter.

Nördlich des Maximilianeums (Bayerischer Landtag) ist der obere Parkbereich im landschaftlichen Stil gestaltet. Geschwungene Wege führen durch Wiesen vorbei an Einzelbäumen, Baum- und Strauchgruppen. Man gelangt über den „König-Ludwig II.-Weg“ zu einem Platz mit dem Denkmal für Ludwig II. von 1967. Die Königsstatue steht auf einem Granitfindling. Im unteren Sockelbereich sind in vier Erzschilden die Königsschlösser Herrenchiemsee, Linderhof, Neuschwanstein und das (nicht gebaute) Festspielhaus dargestellt. Der Platz ist etwas versenkt zur Umgebung angelegt und wird von Kübelpflanzen begleitet. Unterhalb des Hanges befinden sich entlang der Isar weite Rasenflächen und eine gepflegte Promenade. Unterhalb des Landtags steht das so genannte „Maxwerk“. Vom Landtag führt ein romantisches Tälchen herab zur Promenade. Über das Tälchen führt eine Brücke aus Ziegelstein. Für die Kinder gibt es dort einen Spielplatz.

Nördlich des Friedensengels an der Prinzregententerrasse (siehe dort) steht auf der Hangterrasse der „Joseph-Ruederer-Brunnen“ (1920 von Eduard Beyerer). Am nördlichen Ende der Anlagen bietet sich ein herrlicher Blick auf die unterhalb liegende „Königswiese“. Den Endpunkt markiert hier das Denkmal für den von den Nationalsozialisten ermordeten Widerstandskämpfer Pater Alfred Delp SJ am Wilhelm-Hausenstein-Weg. Wenige Schritte entfernt gelangt man zum „Prominenten“-Friedhof Bogenhausen. Unterhalb des Hangs führt der Weg durch den Landschaftspark, vorbei am Achtersee entlang der Isar zurück zum Friedensengel. Alternativ bieten sich Wege in der Hangmitte an.

Bäume sind hier Kastanie, Spitzahorn, Bergahorn, Baumhasel, Winterlinde, Feldahorn, Rotbuche, Eibe, Robinie, Stieleiche, Roteiche.

Am Achtersee

Pergola mit Philosophen

33 Garten der Villa Stuck

Als junger Mann von 15 Jahren kommt der spätere Maler, Bildhauer und Architekt Franz Stuck aus dem niederbayerischen Tettenweis nach München, wo er die Kunstgewerbeschule und die Kunstakademie besucht. Im Alter von 24 Jahren beginnt Stuck mit der Malerei. Sofort startet sein kometenhafter Aufstieg. Stuck war mit anderen Künstlern Begründer der Münchner „Sezession". Damit trat er in Konkurrenz zu Lenbachs „Künstlergenossenschaft". 1895 wurde er Professor an der Münchner Kunstakademie und 1905 in den Adelsstand erhoben.

Vor diesem Hintergrund erschuf sich der „Malerfürst" Franz von Stuck zwischen 1897 und 1898 eine Künstler-Villa. Zu dieser Zeit zeigte sich die Villa noch frei von Nachbarbebauung an der äußeren Prinzregentenstraße. 1914 bis 1915 kam ein Atelierbau hinzu. Im August 1928 starb Franz Ritter von Stuck, und das Anwesen wurde versteigert. Nach schweren Zerstörungen im Zweiten Weltkrieg und Nutzung durch US-Militär wurde die Villa von 1965 bis 1968 von Hans Joachim und Amélie Ziersch originalgetreu restauriert. Von 1998 bis 2005 sanierte man den Ateliertrakt und die Villa erneut und baute sie teilweise um. Von 1965 bis 1992 nutzte man die Villa als halbprivates Museum. Seit 1992 beherbergt sie das städtische „Museum Villa Stuck". In der Villa befinden sich die historischen Atelier- und Wohnräume Stucks. Das Obergeschoss der Villa und der Ateliertrakt werden für Wechselausstellungen genutzt.

Vom Foyer gelangt man in den formalen Villengarten. Mehrere kleine rechteckige Rasenflächen werden dort von Rosenrabatten begleitet. Zwei Treppenaufgänge führen zu einer Terrasse, deren Säulen den darüber liegenden Balkon tragen. Gegenüber steht eine Mauer mit zwei, durch transparentes Holzlattenwerk gefüllte Arkaden. Drei Deckelvasen bilden den oberen Mauerabschluss.

VILLA STUCK

- **Stadtbezirk 5:** Au - Haidhausen
- **Adresse:** Prinzregentenstr. 60
- **Zugänglichkeit:** öffentlich, Eintrittsgeld für Museum, Garten frei
- **Erreichbarkeit:** Tram 18 und Bus 100 Prinzregentenstr. (Europaplatz)

Vor der Mauer stehen Kastanien und Linden, in die Mauer sind Reliefs mit Themen der klassischen Antike eingefügt. Ein weiteres prägendes Element im Garten ist eine sehenswerte Pergola mit verputzen Säulen und einer Holzauflage. Am Ende der Pergola befindet sich eine Steinbank. Darüber prangt ein antikes Wandrelief. Das entgegengesetzte Ende der Pergola ist als Treppenaufgang zur Prinzregentenstraße mit Blick auf die „Kapitolinische Wölfin“ gestaltet. Der Garten wird von antiken Philosophen „bewacht“. Drei von ihnen befinden sich vor der Mauer und sechs an der Pergola. Sie sind als frei stehende Büstenstelen ausgearbeitet, in Waschbeton gefertigt und original aus der Erstanlage erhalten. Zwischen der Pergola und dem Terrassenaufgang entdeckt man an der Hauswand einen Wandbrunnen mit kleinem Wasserspeier und rechteckigem Becken. Im Übergangsbereich von Garten und Ateliertrakt steht ein von Säulen flankiertes Mauerstück, das „Gartenmonument“, mit Stucks Bronzerelief „Tänzerinnen“ und das Steinrelief „Blasender Faun“. Die Großplastik der „Amazone“ wird nach ihrer Restaurierung vor der Villa zur Prinzregentenstraße zu sehen sein.

Das heutige Erscheinungsbild des Gartens orientiert sich vor allem an historischen Fotografien und der Publikation von Fritz von Ostini über die Villa Stuck aus dem Jahr 1909. Der Künstlergarten wurde als Teil des Gesamtkunstwerks der Villa Stuck 1992 bis 2005 restauriert und im März 2005 fertiggestellt.

Philosophen vor den Arkaden

Weitere Plätze in der Münchner Innenstadt

Die in Klammern gesetzten Zahlen stehen für die Stadtbezirke

Blumenstraße-Marionettentheater (1)

Grünanlage mit Altbaumbestand. Landschaftliche Anlage 1873 angelegt. Marionettentheater von 1900, das erste seiner Art. Portikus mit Säulen.

Garten Radspielerhaus, ehemaliges Palais Rechberg von 1678 (1)

Der Dichter Heinrich Heine hat hier von 1827 bis 1828 gewohnt. Gehört heute einem Nachfahr der von Rechbergs und trägt den Namen Radspielerhaus. Der Gartenhof wird von der Firma Radspieler als Ausstellungsfläche für Gartenmöbel und Gartenaccessoirs genutzt. Er ist für Kunden zugänglich. Alte Kastanie. Von ursprünglicher Anlage in barocken, geometrischen Formen historische Unterlagen erhalten. Wasserbecken mit der Brunnenfigur eines wasserspeienden Fisches und darauf reitendem Putto.

Marienhof (1)

Grünanlage nördlich des Rathauses. Gleditsienhain; Hainbucheneinfassung; Sommerblumenrabatten; Im Jahr 2004 U-Bahn-Baustelle.

Maximilanstraße mit Maximiliandenkmal (1)

Als dritte Prachtstraße Münchens 1857 bis 1875 entstanden. Begrünte Plätze mit Allee als Forum und begleitenden Denkmälern bayerischer Persönlichkeiten. Im Zentrum Denkmal für Maximilian II. Dort auch auf jeder Straßenseite kleine ummauerte Haine mit öffentlichen Durchgängen. Störung des Architekturgefüges seit 1968/69 durch den Durchbruch des Altstadtrings (Bereich Thomas-Wimmer-/ Scharnagl-Ring).

Rindermarkt (1)

Platz mit begehbarem „Rinderbrunnen" im Zentrum und umgebenden Bäumen. Linden oberhalb des Brunnens, nach unten Platanen und eine Kastanie. Brunnen von Josef Henselmann entworfen und 1964 eingeweiht.

Viktualienmarkt (1)

Traditioneller grüner Markt in München. Feste Stände. Baumbestand. Brunnen und Denkmale für berühmte Münchner wie Karl Valentin, Liesl Karlstadt und Weiß Verdl.

Thierschplatz (1)

Platz 1895 bis 1900 mit Häusern umbaut. Unregelmäßiger, dreieckiger Platz an der U-Bahnstation. Von Linden und Bergahorn eingerahmter „Schnitterinbrunnen", 1905 errichtet. Entwurf von Erwin Kurz. Blickbeziehung zum Denkmal Maximilians II. in der Maximiliansstraße.

Theresienwiese (2)

Ursprünglich etwa doppelte Fläche. Westteil als Festwiese erhalten. Ostteil bebaut. Dort befindet sich der Kaiser-Ludwig-Platz als ovale Insel mit Reiterstandbild, von Allee umrundet. Vom Kaiser-Ludwig-Platz (1900) gehen sternförmig Straßen zu weiteren Plätzen ab (Beethovenplatz, Georg-Hith-Platz, Esperantoplatz und Goetheplatz). Bavariaring als östlicher Abschluss der Theresienwiese, wurde 1897 mit doppelter Lindenallee bepflanzt.

Denkmal Franz Xaver Gabelsberger (3)

In der Gabelung Ottostraße und Barerstraße steht das Denkmal für Franz Xaver Gabelsberger. Der kleine dreieckige Platz besteht aus einer Rasenfläche und Robinien. Er ist von einem niedrigen Metallband eingefasst.

Geschwister-Scholl-Platz und Professor-Haber-Platz (3)

Die Ludwigstraße war vor Umgestaltung zur Prachtstraße 1823 traditioneller Fürstenweg von der Residenz zum Schloss Schleißheim. Beide Plätze erst 1871 begrünt. Der Geschwister-Scholl-Platz liegt vor dem Universitätsgebäude etwas zurückgesetzt von der Ludwigstraße. Zentraler Schalenbrunnen, Rasenflächen und im Halbkreis gepflanzte Eschen. Der gegenüber liegende Professor-Haber-Platz hat ein ähnliches Aussehen.

Josephsplatz (3)

Platz 1901 an der Josephskirche entstanden. Seit 1996 als Kinderspielplatz gestaltet. Einfassung durch Lindenreihe. Spielplatz und Rasenfläche sind von einer geschnittenen Hainbuchenhecke begrenzt. Im westlichen Bereich des Platzes und außerhalb der Hecke befindet sich der Franziskusbrunnen, vormals „Jonasbrunnen". Das Becken wurde 1911 von Herbert Netzer gestaltet, die Franziskusfigur 1961 von Josef Erber.

Kaulbachvilla (3)

1887 von Gabriel von Seidl für den Malerfürsten Friedrich August von Kaulbach erbaut. Die Villa wird heute vom „Historischen Kolleg" genutzt. Der Garten hat eine lang gestreckte Form und besteht aus einer großen Wiese mit umlaufenden Bäumen und Sträuchern. Vom Fußweg aus einsehbar.

Odeonsplatz (3)

1901/02 entstanden. Odeonsplatz wird zur Ludwigstraße von Reiterstatue des König Ludwig I. bestimmt. Sie wurde „aus Dankbarkeit" am 25. August 1862 von der Stadt München errichtet. Um das Denkmal Rasenflächen und Beete mit Sommerblumen. Platzecken werden von Eschen eingefasst.

Wittelsbacher Platz (3)

Quadratischer Platz mit zentraler Reiterstatue des Maximilian Kurfürst von Bayern (1839). Die Grünstruktur beschränkt sich auf eine Einfassung mit Kugelahorn. Bäume 1908 gepflanzt. Im Rücken des Reiterstandbilds steht das den Platz bestimmende Palais Ludwig Ferdinands, erbaut 1825 von Leo von Klenze.

Platz der Opfer des Nationalsozialismus (3)

1958 entstanden. Befindet sich zwischen dem Wittelsbacher Platz und dem Maximiliansplatz. Zentrales Element ist eine Rasenfläche mit Denkmal und ewiger Flamme. In der Nähe steht die Büste des Prinzregenten Leopold mit einem Brunnen. Platanen weisen den Weg zum Maximiliansplatz.

Friedhof Haidhausen (5)

Friedhof an der alten Haidhausener Kirche. Wird bereits 1315 erwähnt. 1670 überbelegt und 1741 nach Norden erweitert. 1854 Eingemeindung Haidhausens und Übernahme durch die Stadt München. 1944 Einstellung des Bestattungsbetriebs, jedoch 1955 in Folge Gräbermangels und Vollbelegung des Ostfriedhofs wieder aufgenommen. Ab dieser Zeit wird Wert „auf eine Auflockerung der Gräberfelder durch Baum- und Strauchpflanzungen" gelegt.

Grünanlage Schneckenburgerstraße/Kuglerstraße (5)

1912 vermutlich von Otto Multerer gepant. 1914 formal angelegt. Originalzustand nicht belegt, vermutlich jedoch gärtnerisch hochwertig ausgeführt. Heute rechteckiger pflegeleichter Spielplatz mit umgebenden Kastanien und umlaufender geschnittener Hartriegelhecke. Im Platz ein Kirschbaum.

Orleansplatz (5)

Halbkreisförmiger Platz gegenüber dem Ostbahnhof 1873/74 entstanden. Entlang der Orleansstraße lang gestreckte Brunnenanlage mit zwei Figuren. Dort Baumreihe aus Bergahorn. Auf dem übrigen Platz Kastanien. Vom Orleansplatz führen die Weißenburger-Straße und Wörthstraße strahlenförmig zum Pariserplatz, Weißenburger-Platz und zum Bordeauxplatz. Ein dritter Strahl zweigt über die Belfortstraße nach Norden ab. Der Orleansplatz entstand im Zug der städtebaulichen Erweiterung im Anschluss an den Ostbahnhof in den 1870er Jahren. 1976 Plastik der „Daphne" abgebaut und an der Wahnfriedallee wieder aufgebaut (siehe dort).

Pariser-Platz (5)

Kreisverkehr. Zentrum ist gepflastert. Einziges Grünelement ist die umlaufende Lindeneinfassung als Begrenzung zum Straßenraum. Der Pariser-Platz ist über die Weißenburger-Straße mit dem Weißenburger- und Orleansplatz verbunden. Im Zug der Erbauung des Franzosenviertels in den 1870er Jahren entstanden.

Regerplatz (5)

Kleiner dreieckiger Schmuckplatz mit Rasenfläche und niedriger Ligustereinfassung. „Reiherbrunnen" gestaltet 1899 von Theodor Fischer und Joseph Flossmann.

Übersicht der Bezirke der Landeshauptstadt München

Bezirk 1	Altstadt – Lehel
Bezirk 2	Ludwigsvorstadt – Isarvorstadt
Bezirk 3	Maxvorstadt
Bezirk 4	Schwabing-West
Bezirk 5	Au – Haidhausen
Bezirk 6	Sendling
Bezirk 7	Sendling – Westpark
Bezirk 8	Schwanthalerhöhe
Bezirk 9	Neuhausen – Nymphenburg
Bezirk 10	Moosach
Bezirk 11	Milbertshofen – Am Hart
Bezirk 12	Schwabing – Freimann
Bezirk 13	Bogenhausen
Bezirk 14	Berg am Laim
Bezirk 15	Trudering – Riem
Bezirk 16	Ramersdorf – Perlach
Bezirk 17	Obergiesing
Bezirk 18	Untergiesing – Harlaching
Bezirk 19	Thalkirchen – Obersendling – Forstenried – Fürstenried – Solln
Bezirk 20	Hadern
Bezirk 21	Pasing – Obermenzing
Bezirk 22	Aubing – Lochhausen – Langwied
Bezirk 23	Allach – Untermenzing
Bezirk 24	Feldmoching – Hasenbergl
Bezirk 25	Laim

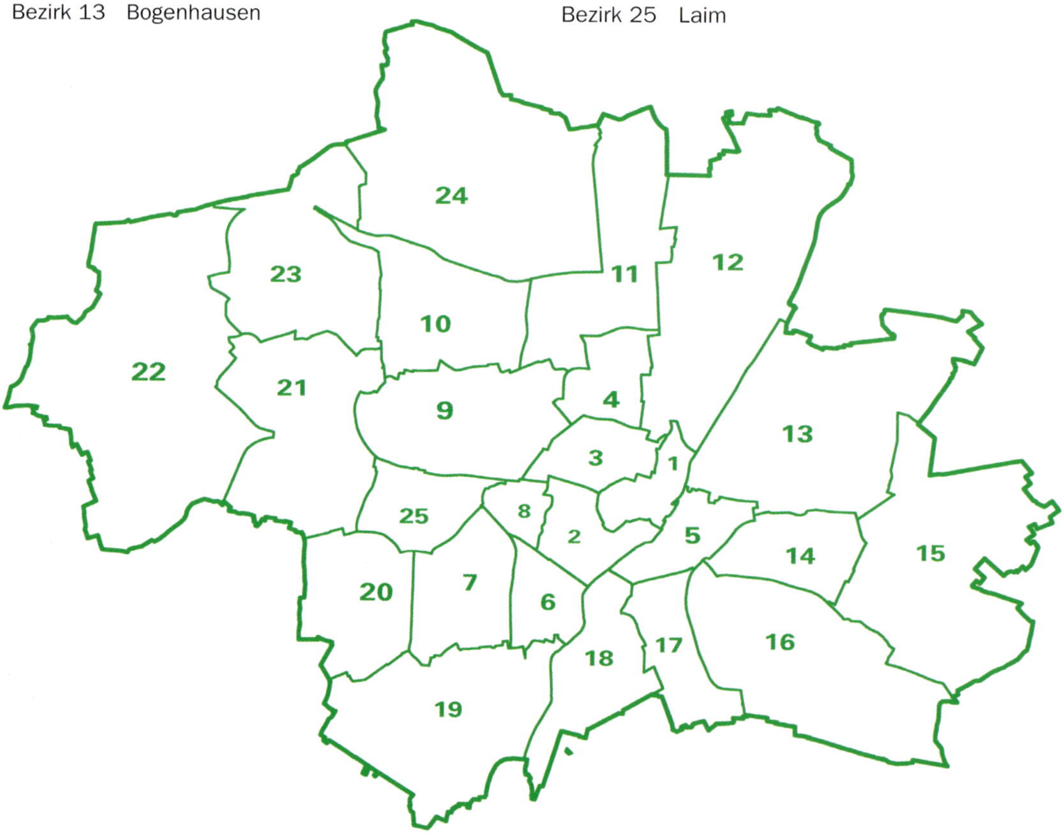

Bildnachweis

Jakob Kachelmann: 16 – 25/ 27 – 33/ 36 – 63/ 65/ 67 – 73 (oben und unten)/ 76 – 114 (oben)/ 115 – 123/ 125 (oben und unten)/ 131 – 132/ 135/ 142 – 149 (oben 2x und unten)/ 152 – 155 (oben und unten)/ 158 – 163 (oben und unten)/ 166 – 213/ 215 (oben und unten) – 228

Beatrix Dargel, München: 88

Claus Obermeier: 25 – 26/ 34 – 35 (oben und unten)/ 64/ 74 – 75 (oben und unten)/ 114 (Mitte und unten)/ 124 (oben und Mitte)/ 126 – 130/ 133 – 134/ 136 – 137/ 150 – 151/ 156 – 157/ 164 – 165/ 214

5 Stadtteilkarten: © Landeshauptstadt München – Kommunalreferat – Vermessungsamt, 2004

Literatur

Amphibien in München. Hrsg. Bund Naturschutz in Bayern. München, 2004.

Amtlicher Stadtplan München, Stand 2004. CD-ROM. München, 2004.

Architekturführer München. Hrsg. Katharina Blohm u.a. Berlin, 1994.

Ausgleich oder grünes Mäntelchen – Ausgleichsmaßnahmen für die Eingriffe in Natur und Landschaft beim Bau der A 99. Hrsg. Gregor Louisoder Umweltstiftung. München, 2003.

Bernst, K. und H. Hofstetter u. a.: Der Bürgerpark Oberföhring – Vom Lazarett zur Kulturoase. München, 2004.

Biotope in der Stadt. Hrsg. Landeshauptstadt München, 1995.

Borst, Gertraud Line: Kunst in der Borstei. München, 2000.

Clark, Ronald: Gärten 1998/99. Reiseführer zu privaten und öffentlichen Gärten in Deutschland. 2.Aufl. München, 1998.

Denkmäler in Bayern: Band 1.1 – Landeshauptstadt München. Hrsg. Michael Petzet. 3. verb. und erw. Aufl. München, 1991.

Denkmalschutz und Denkmalpflege in München – 25 Jahre Denkmalschutzgesetz. o. O., 1999.

Ellenrieder, Stefan: Das Schloss Fürstenried. In: Forstenrieder-Fürstenrieder Hefte 4. München, 1996.

Der Englische Garten in München. Hrsg. Bayerische Verwaltung der Staatlichen Schlösser und Seen. München, 2000.

Exerzitienhaus Schloss Fürstenried. Schnell-Kunstführer Nr. 1238. München, 1981.

Gärten- und Seenland Bayern... Hrsg. Bayerische Verwaltung der Staatlichen Schlösser, Gärten und Seen. München, o. J.

Geipel, R. u. a.: München – ein sozialgeographischer Exkursionsführer. Regensburg, 1978.

Gothein, Marie Luise: Geschichte der Gartenkunst. 2. Band. Von der Renaissance in Frankreich bis zur Gegenwart. Nachdruck der 2. Aufl. von 1926. 4. Aufl. München, 1997.

Gribl, Dorle: Villenkolonien in München und Umgebung. Der Einfluß Jakob Heilmanns auf die Stadtentwicklung. München, 1999.

Heinritz, Günther u. a. (Hrsg.): Der München-Atlas. Die Metropole im Spiegel faszinierender Karten. o. O., 2003.

Herzog, Rainer: Friedrich Ludwig von Sckell und Nymphenburg: Zur Geschichte, Gestaltung und Pflege des Schlossparks Nymphenburg. Begleitheft zur Ausstellung. München, 2003.

Hojer, Gerhard und Elmar D. Schmid: Nymphenburg: Amtlicher Führer. München, 1999.

Hufnagel, Max-Joseph: Berühmte Tote im Südlichen Friedhof zu München: 500 Zeugen des Münchner kulturellen, geistigen und politischen Lebens im 19. Jahrhundert. 2. Aufl. München, 1969.

Internetangebot zu den Münchner Biotopen. Hrsg. Landesbund für Vogelschutz. <www.lbv-muenchen.de>.

Karl, Willibald (Hrsg.): Trudering – Waldtrudering – Riem. München, 2003.

Koller, Josef: Geliebtes Schwarzhölzl – Schicksal einer Landschaft im Münchner Nordwesten. München, 1994.

Krieg, Nina A.: Schon Ordnung ist Schönheit. Hans Grässels Münchner Friedhofsarchitektur. (Neue Schriftenreihe des Stadtarchivs München). München, 1990.

Loschwitz, Gesa: Der Kabinettsgarten in München. In: Garten und Landschaft. Heft 1. München, 2004.

Managementpläne für Münchner Biotope. Band 1 und 2. Hrsg. Landesbund für Vogelschutz. München, 2003 und 2004.

Megele, Max: Baugeschichtlicher Atlas der Landeshauptstadt München. (Neue Schriftenreihe des Stadtarchivs München). München, 1951.

Mosbauer, Amrei und Christoph Valentien: Die Kommunale Grünentwicklung in München. In: Oberbayerisches Archiv. Band 115. München, 1991.

München blüht – ein Projekt für mehr Blumenwiesen in München. Hrsg. Landesbund für Vogelschutz in Bayern. München, 2002.

München und seine Bauten nach 1912. Hrsg. Bayerischer Architekten- und Ingenieurverband. München, 1984.

Obermeier, Claus: Grün ist nicht gleich grün – Flächenansprüche aus der Sicht des Naturschutzes. In: Standpunkte – eine Publikation des Münchner Forums, Heft 2. München, 2001.

Obermeier, Claus: Naturführer München – das Stadtgebiet. Waakirchen, 1996.

Römmelt, Bernhard: Der Nymphenburger Park – Naturparadies in der Stadt. München, 2001.

Scharff-Platz, Nicole und Roger Weninger: Zwischen Tradition und Moderne – Architekt Bernhard Borst (1883 – 1963). Begleitheft zur Ausstellung... München, 1998.

Schattenhofer, Michael: Schloss Suresnes in Schwabing. 3. Aufl. München, 1993.

Scheibmayr, Erich: Letzte Heimat – Persönlichkeiten in Münchner Friedhöfen 1784 – 1984. München, 1985.

Scheibmayr, Erich: Wer? Wann? Wo? Persönlichkeiten in Münchner Friedhöfen. München, 1989.

Scheibmayr, Erich: Weitere Persönlichkeiten in Münchner Friedhöfen. München, 1997.

Scheibmayr, Erich: Persönlichkeiten in Münchner Friedhöfen (Letzter Teil). München, 2002.

Schröther, Franz: S'Geld muaß unter d'Leit: Die Lebensgeschichte des Lorenz Hauser... München, 2002.

Selig, Wolfram (Hrsg.): Synagogen und Jüdische Friedhöfe in München. München, 1988.

Umweltatlas der Stadt München. Hrsg. Landeshauptstadt München, 1993.

Winterstein, Axel: Borstei. Bernhard Borst – Leben für eine Idee. München, 2005.

Zöch, Peter: Georg-Freundorfer-Platz. In: Gärten + Landschaft. Heft 9. München, 2002.

Zuber, Elfi: Der Alte Nördliche Friedhof. 2. überarb. Aufl. München, 1984.

Register